校企合作土木建筑类专业精品教材

建设工程法律法规

主审　周　鹏
主编　许艺馨　王　健　黄丙利

内容提要

本书依据国家最新的法律法规并结合相关职业资格考试要求编写而成，以工程建设过程为主线，对建设工程法律法规进行了系统论述。全书共分为八部分，分别为绪论、建设工程许可法律法规、建设工程发包和承包法律法规、建设工程合同法律法规、建设工程安全生产法律法规、建设工程质量法律法规、建设工程纠纷处理法律法规、建设工程其他法律法规。

本书内容丰富、结构严谨、条理清晰、实用性强，可作为职业院校土木建筑类专业学生的教材。

图书在版编目（CIP）数据

建设工程法律法规 / 许艺馨，王健，黄丙利主编.
上海 : 上海交通大学出版社，2025. 3. -- ISBN 978-7-313-32363-7

Ⅰ. D922.297

中国国家版本馆 CIP 数据核字第 2025JB6697 号

建设工程法律法规

JIANSHE GONGCHENG FALÜ FAGUI

主　　编：许艺馨　王　健　黄丙利

出版发行：上海交通大学出版社　　地　　址：上海市番禺路 951 号

邮政编码：200030　　电　　话：021-64071208

印　　制：三河市祥达印刷包装有限公司　　经　　销：全国新华书店

开　　本：787 mm×1092 mm　1/16　　印　　张：15.5

字　　数：358 千字

版　　次：2025 年 3 月第 1 版　　印　　次：2025 年 3 月第 1 次印刷

书　　号：ISBN 978-7-313-32363-7　　电子书号：ISBN 978-7-89564-257-7

定　　价：49.80 元

PREFACE »

前言

当前，我国建筑业正处在由高速增长向高质量发展的转型升级阶段。在新形势下，建设工程法律法规在规范建设行为、保障生产安全和工程质量等方面的重要性更加凸显。因此，加快建设工程法治建设，推进建设工程法治教育，不仅是时代的要求，也是推动建筑业高质量发展的根本措施。

为了培养高素质的建设工程领域人才，提高从业人员的法律素养，编者精心编写了本书。具体而言，本书具有以下特色。

1 素质引领，铸魂育人

党的二十大报告指出："育人的根本在于立德。"本书积极贯彻党的二十大精神，积极践行立德树人根本任务，以培养学生正确的世界观、人生观和价值观为己任，充分挖掘课程所蕴含的素质教育元素，将爱国精神、法治意识与社会责任等有机融入教学，从而实现"润物细无声"的教育效果。例如，本书在每个项目开头明确了"素质目标"，引导学生树立理想信念，养成优秀精神和品质；在正文相关知识点设置了"寻法问道"模块，将法治理念和社会主义核心价值观融入知识学习中。

2 校企合作，注重实用

本书在编写过程中得到了一线教师和企业专业人员的大力支持，充分考虑了相关职业资格考试要求和岗位实际需求，在系统介绍建设工程常用法律法规的同时，通过"以案释法"模块对相关典型案例进行了介绍和分析，将抽象的法律条文转化为具体的实践指南，以便于学生学以致用。

3 体例新颖，模块多样

本书采用项目式体例编写，每个项目以"项目导读→项目引入→项目工单→相关知识→项目检测→项目评价"的结构安排内容。

项目导读：简要介绍项目背景，明确项目的知识目标、技能目标、素质目标，让学生有目的地开展理论学习和实训活动。

项目引入：以案例等形式引入学习任务，从而提高学生的学习兴趣。

项目工单：承接项目引入中的案例，设置法律法规运用场景，引导学生"学中做，做中学"，培养学生的自主学习能力。

相关知识：以"必需、够用"为原则精讲理论，条理清晰，逻辑连贯，内容精准且全面。

项目检测：包括选择题、判断题、简答题等，以帮助学生巩固所学知识。

项目评价：以自评、师评的形式，在知识、技能和素养等方面对学生进行综合评价，从而检验学生的学习成果。

此外，本书还设置了“法苑广角”“法律锦囊”“头脑风暴”“笔记”等模块，以拓展学生的知识面，提高学生分析问题和解决问题的能力，引导学生养成持续学习、勤于思考、及时总结的良好习惯。

4 平台支撑，资源丰富

本书配有丰富的数字资源，读者可借助手机或其他移动设备扫描二维码观看微课视频，也可登录文旌综合教育平台“文旌课堂”查看和下载本书配套资源，如教学课件、课后习题答案等。读者在学习过程中有任何疑问，都可以登录该平台寻求帮助。

此外，本书还提供了在线题库，支持“教学作业，一键发布”，指导教师只需要通过微信或“文旌课堂”App 扫描扉页二维码，即可迅速选题、一键发布、智能批改，并查看学生的作业分析报告，提高教学效率，提升教学体验。学生可在线完成作业，巩固所学知识，提高学习效率。

本书由周鹏担任主审，许艺馨、王健、黄丙利担任主编，李波、赵倩倩、陈汉易、郑淑芬、胡慧、覃荣琛担任副主编。由于编者水平有限，书中难免存在疏漏或不当之处，敬请广大读者批评指正。

特别说明：

（1）本书在编写过程中，参考了大量资料并引用了部分内容和图片。这些引用的资料大部分已获授权，但由于部分注明来源的资料来自网络，我们暂时无法联系到原作者。对此，我们深表歉意，并欢迎原作者随时与我们联系，我们将按规定支付稿酬。

（2）本书没有注明资料来源的案例均为编者根据真实事件改编。

本书配套资源下载网址和联系方式

网址：https://www.wenjingketang.com
电话：400-117-9835
邮箱：book@wenjingketang.com

片 头

CONTENTS

目录

绪 论

0.1 建设工程法律法规的概念

建设工程法律法规是由国家立法机关或其授权的行政机关制定的法律规范的总称，旨在调整国家及其有关机构、企事业单位、社会团体、公民之间，在建设活动中所产生的各种社会关系。这些社会关系包括建设活动中的行政管理关系、经济协作关系和民事关系等。建设工程法律法规明确了各方的责任、权利和义务，以及纠纷的解决方式和依据，确保了建设活动规范有序地进行。

0.2 建设工程法律法规体系

建设工程法律法规体系是由宪法、法律、法规、规章等有机结合而成的一个相互联系、相互补充、相互协调、完整统一的体系。

0.2.1 宪法

宪法以法律的形式确认了中国各族人民奋斗的成果，规定了国家的根本制度和根本任务，是国家的根本法，具有最高的法律效力。一切法律、行政法规和地方性法规都不得同宪法相抵触。

0.2.2 法律

法律由全国人民代表大会和全国人民代表大会常务委员会制定和通过，由国家主席签署主席令予以公布。法律的效力低于宪法，高于法规和规章。

建设工程有关法律法规

与建设工程有关的法律很多，如《中华人民共和国建筑法》（以下简称《建筑法》）、《中华人民共和国招标投标法》（以下简称《招标投标法》)、《中华人民共和国民法典》(以下简称《民法典》)等。

0.2.3 法规

法规包括行政法规、地方性法规、自治条例和单行条例。

1. 行政法规

行政法规由国务院根据宪法和法律制定，由国务院总理签署国务院令予以公布，其效力高于地方性法规、规章。

与建设工程有关的行政法规很多，如《建设工程质量管理条例》《建设工程勘察设计管理条例》《国家重点建设项目管理办法》等。

2. 地方性法规

地方性法规由省、自治区、直辖市的人民代表大会及其常务委员会根据本行政区域的具体情况和实际需要，在不同宪法、法律、行政法规相抵触的前提下制定。设区的市的人民代表大会及其常务委员会根据本市的具体情况和实际需要，在不同宪法、法律、行政法规和本省、自治区的地方性法规相抵触的前提下，可以对城乡建设与管理、生态文明建设、历史文化保护、基层治理等方面的事项制定地方性法规。地方性法规只在本行政区域内有效，其效力高于本级和下级地方政府规章。

省、自治区、直辖市的人民代表大会制定的地方性法规由大会主席团发布公告予以公布。省、自治区、直辖市的人民代表大会常务委员会制定的地方性法规由常务委员会发布公告予以公布。设区的市、自治州的人民代表大会及其常务委员会制定的地方性法规报经批准后，由设区的市、自治州的人民代表大会常务委员会发布公告予以公布。

与建设工程有关的地方性法规很多，如由山西省人民代表大会常务委员会制定的《山西省建筑市场管理条例》、由郑州市人民代表大会常务委员会制定的《郑州市建设工程施工安全管理条例》等。

3. 自治条例和单行条例

自治条例和单行条例由民族自治地方的人民代表大会依照当地民族的政治、经济和文化的特点制定。自治条例和单行条例可以依照当地民族的特点，对法律和行政法规的规定作出变通规定，但不得违背法律或行政法规的基本原则，不得对宪法和民族区域自治法的规定以及其他有关法律、行政法规专门就民族自治地方所作的规定作出变通规定。

自治条例和单行条例报经批准后，分别由自治区、自治州、自治县的人民代表大会常务委员会发布公告予以公布。

与建设工程有关的自治条例和单行条例很多，如由黔东南苗族侗族自治州人民代表大会制定的《黔东南苗族侗族自治州城乡规划建设管理条例》、由彭水苗族土家族自治县人民代表大会制定的《彭水苗族土家族自治县城乡建设管理条例》等。

0.2.4 规章

规章包括国务院部门规章和地方政府规章。

1. 国务院部门规章

国务院部门规章（以下简称部门规章）由国务院各部、委员会、中国人民银行、审计署和具有行政管理职能的直属机构以及法律规定的机构，根据法律和国务院的行政法规、决定、命令，在本部门的权限范围内制定；由部门首长签署命令予以公布。

与建设工程有关的部门规章很多，如住房城乡建设部制定的《建设工程质量检测管理办法》《建筑工程设计招标投标管理办法》等。

2. 地方政府规章

地方政府规章由省、自治区、直辖市和设区的市、自治州的人民政府，根据法律、行政法规和本省、自治区、直辖市的地方性法规制定，由省长、自治区主席、市长或自治州州长签署命令予以公布。省、自治区的人民政府制定的规章的效力高于本行政区域内设区的市、自治州的人民政府制定的规章。

建设工程法律法规体系

与建设工程有关的地方政府规章很多，如江苏省人民政府制定的《江苏省建设工程勘察设计管理办法》、浙江省人民政府制定的《浙江省建设工程造价管理办法》等。

法律锦囊

法律、行政法规、地方性法规、自治条例和单行条例的制定、修改和废止，适用《中华人民共和国立法法》（以下简称《立法法》）。部门规章和地方政府规章的制定、修改和废止，依照《立法法》的有关规定执行。法规一般用“条例”“规定”“办法”等称谓；规章一般用“规定”“办法”称谓，但不能用“条例”称谓。

法苑广角

法律、法规、规章的适用性规定

《立法法》对法律、法规、规章的适用性作出如下规定。

（1）同一机关制定的法律、行政法规、地方性法规、自治条例和单行条例、规章，特别规定与一般规定不一致的，适用特别规定；新的规定与旧的规定不一致的，适用新的规定。

（2）法律之间对同一事项的新的一般规定与旧的特别规定不一致，不能确定如何适用时，由全国人民代表大会常务委员会裁决。

（3）行政法规之间对同一事项的新的一般规定与旧的特别规定不一致，不能确定如何适用时，由国务院裁决。

（4）地方性法规、规章之间不一致时，由有关机关依照下列规定的权限作出裁决。

① 同一机关制定的新的一般规定与旧的特别规定不一致时，由制定机关裁决。

② 地方性法规与部门规章之间对同一事项的规定不一致，不能确定如何适用时，由国务院提出意见，国务院认为应当适用地方性法规的，应当决定在该地方适用地方性法规的规定；认为应当适用部门规章的，应当提请全国人民代表大会常务委员会裁决。

③ 部门规章之间、部门规章与地方政府规章之间对同一事项的规定不一致时，由国务院裁决。

（5）根据授权制定的法规与法律规定不一致，不能确定如何适用时，由全国人民代表大会常务委员会裁决。

0.3 建设工程法律关系

建设工程法律关系是指在建设活动中，依据法律所形成的权利和义务关系。

0.3.1 建设工程法律关系的构成要素

建设工程法律关系是由主体、客体和内容三个要素构成的，缺少其中任何一个要素都不能构成建设工程法律关系。

1. 建设工程法律关系的主体

建设工程法律关系的主体是指参加建设活动，受有关法律规范和调整，享有相应权利和承担相应义务的当事人。建设工程法律关系的主体包括自然人、法人及非法人组织等。

1）自然人

自然人是指依自然规律出生、具有民事权利能力和民事行为能力、成为民事法律关系主体的有生命的人，包括公民、外国人和无国籍的人。在建设活动中，自然人可以是施工人员、监理人员、建设单位人员等。自然人从出生时起到死亡时止，依法享有民事权利，承担民事义务。

2）法人

法人是指具有民事权利能力和民事行为能力，依法独立享有民事权利和承担民事义务的组织，如建筑公司、建筑设计院等。法人应当依法成立，有自己的名称、组织机构、住所、财产或经费。法人的民事权利能力和民事行为能力，从法人成立时产生，到法人终止时消灭。法人以其全部财产独立承担民事责任。

3）非法人组织

非法人组织是指不具有法人资格，但是能够依法以自己的名义从事民事活动的组织。非法人组织包括个人独资企业、合伙企业、不具有法人资格的专业服务机构等。在建设活动中，非法人组织可以作为建设单位、设计单位、工程监理单位等参与项目。

法律锦囊

建设单位一般是建设工程的投资人，也称“业主”。

2. 建设工程法律关系的客体

建设工程法律关系的客体是指建设工程法律主体享有的权利和承担的义务所共同指向的对象。建设工程法律关系的客体表现为财、物、行为和智力成果等。

1）表现为财的客体

财是指资金及各种有价证券。在建设工程法律关系中，表现为财的客体主要是建设资金，如建设工程贷款合同的标的，即一定数量的货币。

2）表现为物的客体

物是指可由人们控制和支配的，并具有经济价值的生产资料和消费资料。在建设工程法律关系中，表现为物的客体主要有建筑材料、机械设备、建筑物等。

3）表现为行为的客体

行为是指人的有意识的活动。在建设工程法律关系中，表现为行为的客体主要是完成一定的工作，如施工安装、检查验收等活动。

4）表现为智力成果的客体

智力成果是指人的脑力劳动成果或智力方面的创作。在建设工程法律关系中，表现为智力成果的客体主要有设计图纸、施工方案等。

3. 建设工程法律关系的内容

建设工程法律关系的内容是指建设工程法律关系的主体对他方享有的权利和承担的义务。权利是指建设工程法律关系的主体在法定范围内，根据国家建设工程管理要求和自身业务活动的需要有权进行各种建设活动。义务是指建设工程法律关系的主体必须按法律规定或合同约定承担相应的责任。

权利和义务是相辅相成的。例如，施工单位有义务按合同中的设计要求和施工标准完成施工任务，建设单位则有义务按合同约定为其支付相应的工程款，同时双方有权要求对方履行合同中约定的义务。

以案释法

【案例 0-1】某建设单位与某施工单位签订了一份办公楼施工合同，合同中明确说明了该施工单位要保质、保量、按期完成办公楼的施工任务，该建设单位要按时、足额支付工程款。工程竣工后，该施工单位向该建设单位提交了竣工报告。请分析该案例中建设工程法律关系的主体、客体和内容。

【分析】该案例中的建设工程法律关系的主体是该建设单位和该施工单位，客体是施工的办公楼，内容是主体双方各自应当享受的权利和应当承担的义务。该建设单位的权利是要求该施工单位按时交付质量合格的办公楼，义务是按照合同的约定，按时、足额支付工程款。该施工单位的权利是获取该建设单位的工程款，义务是按时交付质量合格的办公楼。

0.3.2 建设工程法律关系的产生、变更和终止

1. 建设工程法律关系的产生

建设工程法律关系的产生是指建设工程法律关系的主体之间产生了一定的权利和义务关系。例如，建设单位与设计单位签订了设计合同，约定了双方之间的权利和义务，则这两个单位之间便产生了建设工程法律关系。

2. 建设工程法律关系的变更

建设工程法律关系的变更是指建设工程法律关系的主体、客体和（或）内容发生了变更。

1）主体变更

主体变更是指主体数目或主体发生了变化。例如，施工单位将所承揽的工程进行了分包，主体数目随之增加；建设单位将合作的施工单位进行了更换，主体随之改变。

2）客体变更

客体变更是指建设工程法律关系的客体的范围和性质发生了变化。

（1）客体范围的变更表现为客体的规模、数量发生了变化。例如，一个原本只包括住宅楼建设的项目，增加了商业设施、公共设施等建设内容后，客体的规模随之扩大。

（2）客体性质的变更表现为原有的客体已经不复存在，而由新的客体代替了原来的客体。例如，建设单位与施工单位最初签订合同的内容是建设住宅，将原合同中的住宅改为商场后，客体的性质将随之改变。

3）内容变更

内容变更是指建设工程法律关系因主体和客体的变更，而使相应的权利和义务发生了变化。例如，建设单位和施工单位协商后，决定将原合同中“定时支付工程款”改为

“达到一定工程量后支付工程款”，双方的权利和义务发生了变化，建设工程法律关系的内容因此发生了变更。

某市政府计划修建地铁线路，与某施工单位签订施工合同。然而，在施工过程中，因城市发展规划调整，原定地铁线路的站点位置需要进行变更。这就导致原有合同条款无法继续执行。该市政府与该施工单位经过多轮协商才达成了一致，并签订了变更协议。该案例中建设工程法律关系的哪个要素发生了变更？

3. 建设工程法律关系的终止

建设工程法律关系的终止是指建设工程法律关系的主体之间的权利和义务不复存在，丧失了约束力。建设工程法律关系的终止方式包括自然终止、协议终止和违约终止。

1）自然终止

自然终止是指建设工程法律关系所规范的权利和义务得到履行，主体取得了各自的利益，从而使建设工程法律关系终结。例如，在一个建设工程项目中，施工单位保质保量完成了施工任务，建设单位按时、足额支付了工程款，双方取得了各自的利益后，他们的法律关系也相应终止。

2）协议终止

协议终止是指建设工程法律关系的主体之间通过协商达成一致，解除建设工程法律关系所规范的权利和义务，从而使建设工程法律关系消失。例如，建设单位与施工单位经过协商达成一致，决定提前终止合同。

3）违约终止

违约终止是指建设工程法律关系因主体中的一方违约或因不可抗力，而使建设工程法律关系所规范的权利不能实现。例如，施工单位因自身原因未能按合同约定的工期完成施工任务，建设单位依据合同条款单方面终止合同。

某建设单位与某施工单位签订了施工合同。然而，在施工过程中，由于市场环境变化和资金链断裂，该建设单位陷入严重的财务危机，无法继续按合同约定的条款支付工程款。经过多次协商，该建设单位与该施工单位均认识到项目已无法继续推进。于是，该建设单位与该施工单位就合同终止事宜进行了协商，最终达成一致，同意提前终止合同，并就已完成工程的结算、已采购材料的处理、现场清理等事宜达成一致。该建设单位支付了一定的违约金和工程款后，该施工单位撤出了施工现场。该案例中建设工程法律关系的终止属于哪种终止方式？

0.4 建设工程法律责任

建设工程法律责任是指在建设活动中，各方主体因违反法律规范或合同约定而必须承担的法律后果。它包括行政责任、民事责任和刑事责任等。

0.4.1 民事责任

民事责任、行政责任和刑事责任的区别

民事责任是指民事主体因违反民事法律规范而应承担的法律责任。承担民事责任的方式主要有：停止侵害，排除妨碍，消除危险，返还财产，恢复原状，修理、重作、更换，继续履行，赔偿损失，支付违约金，消除影响、恢复名誉，赔礼道歉。

民事责任包括违约责任和侵权责任。建设活动中的违约责任表现为违反约定义务。例如，建设单位与施工单位签订了施工合同，而施工单位未按照合同约定的工程质量要求进行施工。建设活动中的侵权责任表现为违反法定义务。例如，施工单位因建筑质量不合格而造成他人人身伤害或财产损失。

0.4.2 行政责任

行政责任是指建设工程法律关系的主体因违反行政法律规范而应当承担的法律责任。承担行政责任的方式包括政务处分和行政处罚。

1）政务处分

政务处分是指监察机关对违法公职人员给予的惩戒。政务处分包括警告、记过、记大过、降级、撤职、开除六种。例如，某市开发区违反城市总体规划，擅自扩大建设用地范围，该市监察部门给予了该市开发区管委会主任警告处分。

2）行政处罚

行政处罚是指行政机关对违反行政管理秩序的公民、法人或者其他组织，以减损权益或者增加义务的方式予以惩戒的行为。行政处罚包括警告、通报批评，罚款、没收违法所得、没收非法财物，暂扣许可证件、降低资质等级、吊销许可证件，限制开展生产经营活动、责令停产停业、责令关闭、限制从业，行政拘留，法律、行政法规规定的其他行政处罚。

在建设活动中，常见的行政处罚是对建设单位、勘察设计单位、施工单位、工程监理单位等单位的行政处罚。例如，施工单位在施工过程中未按照国家规定的安全生产标准进行施工，或未取得相应的施工许可就擅自开工，都会受到行政主管部门的行政处罚。

0.4.3 刑事责任

刑事责任是指行为人因违反刑事法律规范而应承担的法律责任。它主要体现在对犯罪行为的惩罚和制裁，具有强制性和严厉性，是维护社会秩序、经济秩序和保障社会主义建设事业顺利进行的重要手段。刑事责任的主要承担方式是刑罚。刑罚分为主刑和附加刑。其中，主刑包括管制、拘役、有期徒刑、无期徒刑、死刑，附加刑包括罚金、剥夺政治权利、没收财产。

在建设活动中，刑事责任是最为重大的法律责任。常见的刑事罪名有工程重大安全事故罪、消防责任事故罪、重大劳动安全事故罪、串通投标罪等。例如，建设单位、设计单位、施工单位、工程监理单位违反国家规定，降低工程质量标准，造成重大安全事故的，对直接责任人员，处 5 年以下有期徒刑或者拘役，并处罚金；后果特别严重的，处 5 年以上 10 年以下有期徒刑，并处罚金。

项目 1

定准绳
——建设工程许可法律法规

项目导读

建设工程许可法律法规是为了保障建设活动的合法性与合规性而确立的，它包括建设工程规划许可、建设工程施工许可、从业单位资质许可、执业人员资格许可等内容。这些法律法规有效保障了建设工程的规划实施，规范了施工活动，确保了建设活动从业单位和人员的资质符合要求，从而保证了工程质量，维护了建设工程行业的秩序。

知识目标

（1）熟悉建设工程规划许可证申请、核发和规划条件变更的有关规定。

（2）掌握施工许可证适用范围和申请程序的有关规定。

（3）熟悉施工许可证管理的有关规定。

（4）掌握建筑业企业资质的有关规定。

（5）了解工程监理和工程勘察设计企业资质的有关规定。

（6）掌握建造师执业资格的有关规定。

（7）了解监理工程师执业资格的有关规定。

技能目标

（1）能指出建设工程许可案件中的法律依据。

（2）能运用建设工程许可法律法规分析有关案件。

素质目标

（1）养成精益求精、追求卓越的职业作风。

（2）具有严谨细致、勤奋踏实的学习态度。

项目引入

小张是一家律师事务所的律师，主要负责建设工程领域的案件。最近，他遇到了一个案件：某建筑工程有限公司对某商业街进行改造，但施工不久收到了当地综合行政执法局的行政处罚告知书，得知该项目存在未办理施工许可证而擅自建设的违法行为。小张接受了该建筑工程有限公司的委托，需要在一周内为该案件出具法律意见书。假设你是小张，你将如何编制该法律意见书呢？

项目工单——编制建设工程施工许可案件法律意见书

1. 学生分组

学生以3～5人为一组进行分组，各小组选出组长并进行任务分工，将小组成员及分工情况填入表1-1中。

表1-1　小组成员及分工情况

<table>
<tr><td>班级</td><td></td><td>组号</td><td></td><td>指导教师</td><td></td></tr>
<tr><td>小组成员</td><td>姓名</td><td>学号</td><td colspan="3">任务分工</td></tr>
<tr><td>组长</td><td></td><td></td><td colspan="3"></td></tr>
<tr><td rowspan="4">组员</td><td></td><td></td><td colspan="3"></td></tr>
<tr><td></td><td></td><td colspan="3"></td></tr>
<tr><td></td><td></td><td colspan="3"></td></tr>
<tr><td></td><td></td><td colspan="3"></td></tr>
</table>

2. 工作计划

各小组查阅资料，了解与建设工程施工许可有关的法律知识，制订工作计划，并将其填入表1-2中。

表1-2　工作计划

序号	工作内容	负责人

3. 制订方案

（1）各小组针对工作计划展开讨论，制订实施方案。

（2）指导教师对各小组的实施方案进行评价。

（3）各小组根据指导教师的评价对实施方案进行调整。

（4）调整合格后的实施方案即最终实施方案。

4. 项目实施

各小组按照最终实施方案，编制建设工程施工许可案件法律意见书，将实施步骤及内容补充完整。

（1）了解案件的具体情况。

① 案件背景：________________。

② 案件所涉及的法律问题：________________。

③ 客户的具体需求：________________。

（2）明确法律意见书的目的和范围。

① 法律意见书的目的：________________。

② 法律意见书的范围：________________。

（3）搜集、审查资料。

① 搜集与案件有关的所有资料，包括________________。

② 对搜集到的资料进行审查。审查时，需要注意的关键点：________________。

（4）深入研究与建设工程施工许可有关的法律法规，包括________________等，以确保法律意见书的内容符合现行法律法规的要求。

（5）分析和评估案件中的关键问题，并形成初步的法律意见。

① 关键问题和争议点：________________。

② 评估的标准：________________。

（6）撰写法律意见书，主要内容如下。

① 案件事实：________________。

② 法律分析和论证：________________。

③ 法律意见和建议：________________。

④ 其他：________________。

（7）仔细审查并修改法律意见书，以确保法律意见书逻辑清晰、论据充分、意见明确。

（8）确认法律意见书的有效性，即确认法律意见书的内容是否准确无误，是否符合现行法律法规的要求和实际情况等。

□ 是，可提交给客户。

□ 否，原因是________________，具体的解决方法是________________。

（9）提交法律意见书。将法律意见书正式提交给客户或有关决策者，供其参考。

（10）跟踪和反馈。正式提交法律意见书后，根据客户的反馈或案件的发展及时跟进和调整。

1.1 建设工程规划许可的有关规定

在规划区内进行建设活动，必须遵守《中华人民共和国城乡规划法》（以下简称《城乡规划法》）的规定，符合城乡规划的实施要求。

城乡规划包括城镇体系规划、城市规划、镇规划、乡规划和村庄规划。城市规划、镇规划可分为总体规划和详细规划两种。其中，详细规划又可分为控制性详细规划和修建性详细规划两种。修建性详细规划应当符合控制性详细规划。

规划区是指城市、镇和村庄的建成区，以及因城乡建设和发展需要，必须实行规划控制的区域。规划区的具体范围由有关人民政府在组织编制的城市总体规划、镇总体规划、乡规划和村庄规划中，根据城乡经济社会发展水平和统筹城乡发展的需要划定。

城乡规划主管部门不得在城乡规划确定的建设用地范围以外作出规划许可。

1.1.1 建设工程规划许可证的申请

1. 城市、镇规划区内建设工程规划许可证的申请

在城市、镇规划区内进行建筑物、构筑物、道路、管线和其他工程建设的，建设单位或者个人应当向城市、县人民政府城乡规划主管部门或者省、自治区、直辖市人民政府确定的镇人民政府申请办理建设工程规划许可证（见图 1-1）。

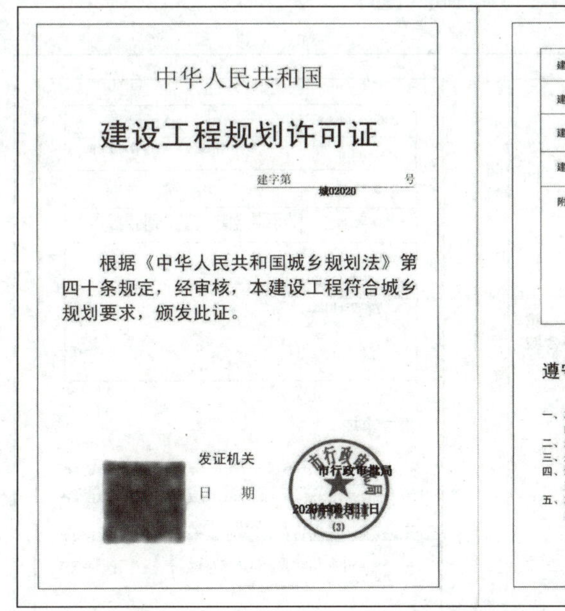

中华人民共和国

建设工程规划许可证

建字第 城02020 号

根据《中华人民共和国城乡规划法》第四十条规定，经审核，本建设工程符合城乡规划要求，颁发此证。

发证机关 市行政审批局

日　期

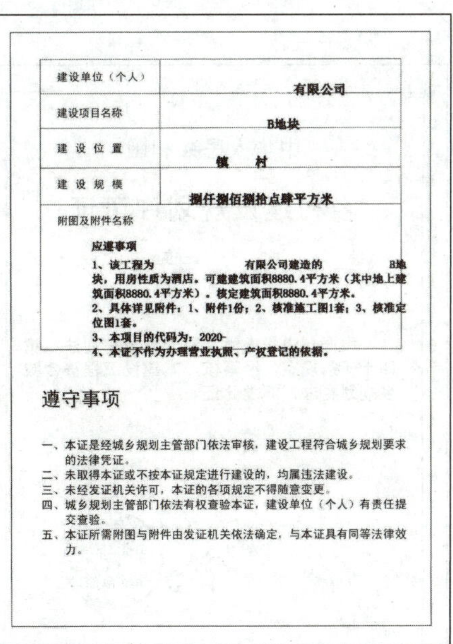

建设单位（个人）	有限公司
建设项目名称	B地块
建 设 位 置	镇　村
建 设 规 模	捌仟捌佰捌拾点肆平方米
附图及附件名称	

应遵事项

1、该工程为　有限公司建造的　B地块，用房性质为酒店。可建建筑面积8880.4平方米（其中地上建筑面积8880.4平方米）。核定建筑面积8880.4平方米。

2、具体详见附件：1、附件1份；2、核准施工图1套；3、核准定位图1套。

3、本项目的代码为：2020-

4、本证不作为办理营业执照、产权登记的依据。

遵守事项

一、本证是经城乡规划主管部门依法审核，建设工程符合城乡规划要求的法律凭证。

二、未取得本证或不按本证规定进行建设的，均属违法建设。

三、未经发证机关许可，本证的各项规定不得随意变更。

四、城乡规划主管部门依法有权查验本证，建设单位（个人）有责任提交查验。

五、本证所需附图与附件由发证机关依法确定，与本证具有同等法律效力。

图 1-1 建设工程规划许可证示例

申请办理建设工程规划许可证，应当提交使用土地的有关证明文件、建设工程设计方案等材料。需要建设单位编制修建性详细规划的建设项目，还应当提交修建性详细规划。

城市、县人民政府城乡规划主管部门或者省、自治区、直辖市人民政府确定的镇人民政府应当依法将经审定的修建性详细规划、建设工程设计方案的总平面图予以公布。

2. 乡、村庄规划区内建设工程规划许可证的申请

在乡、村庄规划区内进行乡镇企业、乡村公共设施（见图 1-2）和公益事业建设的，建设单位或者个人应当向乡、镇人民政府提出申请，由乡、镇人民政府报城市、县人民政府城乡规划主管部门核发乡村建设规划许可证（见图 1-3）。

图 1-2　乡村公共设施

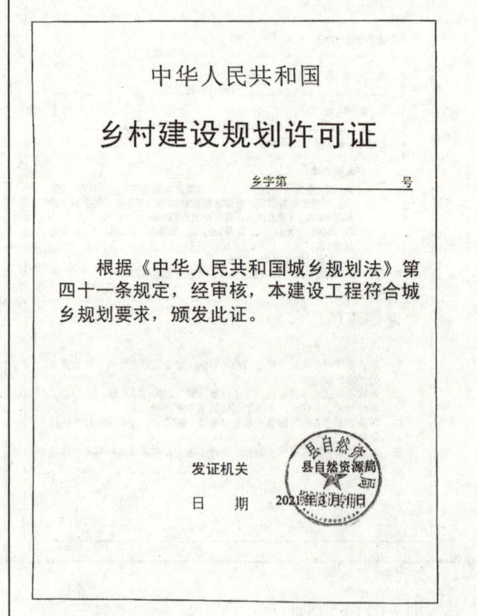

中华人民共和国

乡村建设规划许可证

乡字第　　　号

根据《中华人民共和国城乡规划法》第四十一条规定，经审核，本建设工程符合城乡规划要求，颁发此证。

发证机关　县自然资源局

日　　期　2021年3月 日

建设单位（个人）	县　镇人民政府
建设项目名称	镇　村生态宜居美丽乡村建设工程
建 设 位 置	县　镇　村
建 设 规 模	道路工程、给排水工程、电气工程、绿化工程、环境整治提升工程、外立面修缮及相关配套设施。

附图及附件名称

1. 府请〔2020〕3 号；
2. 发改投审〔2020〕145 号；
3. 方案设计图纸。

遵守事项

一、本证是经城乡规划主管部门依法审核，在集体土地上有关建设工程符合城乡规划要求的法律凭证。
二、依法应当取得本证，但未取得本证或违反本证规定的，均属违法行为。
三、未经发证机关许可，本证的各项规定不得随意变更。
四、城乡规划主管部门依法有权查验本证，建设单位(个人)有责任提交查验。
五、本证所需附图与附件由发证机关依法确定，与本证具有同等法律效力。

图 1-3　乡村建设规划许可证示例

1.1.2　建设工程规划许可证的核发

1. 城市、镇规划区内建设工程规划许可证的核发

对符合控制性详细规划和规划条件的，由城市、县人民政府城乡规划主管部门或者省、自治区、直辖市人民政府确定的镇人民政府核发建设工程规划许可证。

2. 乡、村庄规划区内建设工程规划许可证的核发

在乡、村庄规划区内进行乡镇企业、乡村公共设施和公益事业建设以及农村村民住宅建设，不得占用农用地；确需占用农用地的，应当依照《中华人民共和国土地管理法》有关规定办理农用地转用审批手续后，由城市、县人民政府城乡规划主管部门核发乡村建设规划许可证。

建设单位或者个人在取得乡村建设规划许可证后，方可办理用地审批手续。

法律锦囊

在乡、村庄规划区内使用原有宅基地进行农村村民住宅建设的规划管理办法，由省、自治区、直辖市制定。

1.1.3　规划条件的变更

建设单位应当按照规划条件进行建设；确需变更的，必须向城市、县人民政府城乡规划主管部门提出申请。变更内容不符合控制性详细规划的，城乡规划主管部门不得批准。城市、县人民政府城乡规划主管部门应当及时将依法变更后的规划条件通报同级土地主管部门并公示。建设单位应当及时将依法变更后的规划条件报有关人民政府土地主管部门备案。

县级以上地方人民政府城乡规划主管部门按照国务院规定对建设工程是否符合规划条件予以核实。未经核实或者经核实不符合规划条件的，建设单位不得组织竣工验收。

建设单位应当在竣工验收后6个月内向城乡规划主管部门报送有关竣工验收资料。

法苑广角

对未取得建设工程规划许可证进行建设行为的处罚

未取得建设工程规划许可证或者未按照建设工程规划许可证的规定进行建设的，由县级以上地方人民政府城乡规划主管部门责令停止建设；尚可采取改正措施消除对规划实施的影响的，限期改正，处建设工程造价5%以上10%以下的罚款；无法采取改

正措施消除影响的，限期拆除，不能拆除的，没收实物或者违法收入，可以并处建设工程造价10%以下的罚款。

在乡、村庄规划区内未依法取得乡村建设规划许可证或者未按照乡村建设规划许可证的规定进行建设的，由乡、镇人民政府责令停止建设、限期改正；逾期不改正的，可以拆除。

1.2 建设工程施工许可的有关规定

《建筑法》规定，建筑工程开工前，建设单位应当按照国家有关规定向工程所在地县级以上人民政府建设主管部门申请办理建筑工程施工许可证（以下简称施工许可证）。《建筑工程施工许可管理办法》进一步规定，应当申请办理施工许可证的建筑工程未取得施工许可证的，一律不得开工。

1.2.1 施工许可证的适用范围

1. 需要申请办理施工许可证的建设工程

在我国境内从事各类房屋建筑及其附属设施的建造、装修装饰和与其配套的线路、管道、设备的安装，以及城镇市政基础设施工程的施工，建设单位在开工前应当依照《建筑工程施工许可管理办法》的规定，向工程所在地的县级以上地方人民政府住房城乡建设主管部门（以下简称发证机关）申请办理施工许可证。

2. 不需要申请办理施工许可证的建设工程

以下五种情况可以不申请办理施工许可证。

（1）国务院建设主管部门确定的限额以下的小型工程。工程投资额在30万元以下或者建筑面积在300平方米以下的建筑工程，可以不申请办理施工许可证。省、自治区、直辖市人民政府住房城乡建设主管部门可以根据当地的实际情况，对限额进行调整，并报国务院住房城乡建设主管部门备案。

（2）按照国务院规定的权限和程序批准开工报告的建筑工程，不再办理施工许可证。

（3）作为文物保护的纪念建筑物和古建筑等的修缮。依法核定作为文物保护的纪念建筑物和古建筑等的修缮，依照文物保护的有关法律规定执行。

法苑广角

文物修缮工程的报批程序

《文物保护工程管理办法》规定，修缮工程是指为保护文物本体所必需的结构加固处理和维修，包括结合结构加固而进行的局部复原工程。文物保护工程按照文物保护单位级别实行分级管理，并按以下规定履行报批程序。

修缮工程的审批流程

（1）全国重点文物保护单位保护工程，以省、自治区、直辖市文物行政部门为申报机关，国家文物局为审批机关。

（2）省、自治区、直辖市级文物保护单位保护工程，以文物所在地的市、县级文物行政部门为申报机关，省、自治区、直辖市文物行政部门为审批机关。市县级文物保护单位及未核定为文物保护单位的不可移动文物的保护工程的申报机关、审批机关由省级文物行政部门确定。

（4）抢险救灾及其他临时性房屋建筑和农民自建低层住宅的建筑活动。

（5）军用房屋建筑工程建筑活动。军用房屋建筑工程建筑活动的具体管理办法，由国务院、中央军事委员会依据《建筑法》制定。

某工程的建筑面积在200平方米以下，该工程需要申请办理施工许可证吗？

1.2.2 施工许可证的申请

1. 申请办理施工许可证的主体

申请办理施工许可证的主体是建设单位。

2. 申请办理施工许可证的条件

建设单位申请办理施工许可证，应当具备下列条件，并提交相应的证明文件。

（1）依法应当办理用地批准手续的，已经办理该建筑工程用地批准手续。

（2）依法应当办理建设工程规划许可证的，已经取得建设工程规划许可证。

（3）施工场地已经基本具备施工条件，需要征收房屋的，其进度符合施工要求。

（4）已经确定施工企业。按照规定应当招标的工程没有招标，应当公开招标的工程没有公开招标，或者肢解发包工程，以及将工程发包给不具备相应资质条件的企业的，所确定的施工企业无效。

（5）有满足施工需要的资金安排、施工图纸及技术资料，建设单位应当提供建设资金已经落实承诺书，施工图设计文件已按规定审查合格。

（6）有保证工程质量和安全的具体措施。施工企业编制的施工组织设计中有根据建筑工程特点制定的相应质量、安全技术措施。建立工程质量安全责任制并落实到人。专业性较强的工程项目编制了专项质量、安全施工组织设计，并按照规定办理了工程质量、安全监督手续。

法律锦囊

发证机关不得违反法律法规规定，增设办理施工许可证的其他条件。

3. 申请办理施工许可证的程序

申请办理施工许可证，应当按照下列程序进行。

（1）建设单位向发证机关领取《建筑工程施工许可证申请表》。

（2）建设单位持加盖单位及法定代表人印鉴的《建筑工程施工许可证申请表》，并附《建筑工程施工许可管理办法》规定的证明文件，向发证机关提出申请。

（3）发证机关在收到建设单位报送的《建筑工程施工许可证申请表》和所附证明文件后，对于符合条件的，应当自收到申请之日起 7 日内颁发施工许可证；对于证明文件不齐全或者失效的，应当当场或者 5 日内一次告知建设单位需要补正的全部内容，审批时间可以自证明文件补正齐全后作相应顺延；对于不符合条件的，应当自收到申请之日起 7 日内书面通知建设单位，并说明理由。

在建筑工程施工过程中，建设单位或者施工单位发生变更的，应当重新申请办理施工许可证。

1.2.3 施工许可证的管理

1. 延期开工

建设单位应当自领取施工许可证之日起 3 个月内开工。因故不能按期开工的，应当在期满前向发证机关申请延期，并说明理由；延期以 2 次为限，每次不超过 3 个月。既不开工又不申请延期或者超过延期次数、时限的，施工许可证自行废止。

2. 核验施工许可证

在建的建筑工程因故中止施工的，建设单位应当自中止施工之日起 1 个月内向发证机关报告，报告内容包括中止施工的时间、原因、在施部位、维修管理措施等，并按照规定做好建筑工程的维护管理工作。

建筑工程恢复施工时，应当向发证机关报告；中止施工满 1 年的工程恢复施工前，建设单位应当报发证机关核验施工许可证。

3．重新办理批准手续

按照国务院有关规定批准开工报告的建筑工程，因故不能按期开工或者中止施工的，应当及时向批准机关报告情况。因故不能按期开工超过 6 个月的，应当重新办理开工报告的批准手续。

笔记

1.3　从业单位资质的有关规定

1.3.1　建筑业企业资质的有关规定

建筑业企业是指从事土木工程、建筑工程、线路管道设备安装工程的新建、扩建、改建等施工活动的企业。

企业应当按照其拥有的资产、主要人员、已完成的工程业绩和技术装备等条件申请建筑业企业资质，经审查合格，取得建筑业企业资质证书后，方可在资质许可的范围内从事建筑施工活动。

1．建筑业企业资质的等级

建筑业企业资质分为施工总承包资质、专业承包资质、施工劳务资质三个序列。施工总承包资质、专业承包资质按照工程性质和技术特点分别划分为若干资质类别，各资质类别按照规定的条件划分为若干资质等级。施工劳务资质不分类别与等级。

2．建筑业企业的业务范围

（1）取得施工总承包资质的企业可以从事资质证书许可范围内的相应工程总承包、工程项目管理等业务。取得施工总承包资质的企业，可以对所承接的施工总承包工程内各专业工程全部自行施工，也可以将专业工程依法进行分包。对设有资质的专业工程进行分包时，应分包给具有相应专业承包资质的企业。施工总承包企业将劳务作业分包时，应分包给具有施工劳务资质的企业。

（2）取得专业承包资质的企业可以承接具有施工总承包资质的企业依法分包的专业工程或建设单位依法发包的专业工程。取得专业承包资质的企业应对所承接的专业工程全部自行组织施工，劳务作业可以分包，但应分包给具有施工劳务资质的企业。

（3）取得施工劳务资质的企业可以承接具有施工总承包资质或专业承包资质的企业分包的劳务作业。

3. 建筑业企业资质的申请和管理

1）建筑业企业资质的申请

（1）下列建筑业企业资质，由国务院住房城乡建设主管部门许可：① 施工总承包资质序列特级资质、一级资质及铁路工程施工总承包二级资质；② 专业承包资质序列公路、水运、水利、铁路、民航方面的专业承包一级资质及铁路、民航方面的专业承包二级资质；涉及多个专业的专业承包一级资质。

（2）下列建筑业企业资质，由企业工商注册所在地省、自治区、直辖市人民政府住房城乡建设主管部门许可：① 施工总承包资质序列二级资质及铁路、通信工程施工总承包三级资质；② 专业承包资质序列一级资质（不含公路、水运、水利、铁路、民航方面的专业承包一级资质及涉及多个专业的专业承包一级资质）；③ 专业承包资质序列二级资质（不含铁路、民航方面的专业承包二级资质）；铁路方面专业承包三级资质；特种工程专业承包资质。

（3）下列建筑业企业资质，由企业工商注册所在地设区的市人民政府住房城乡建设主管部门许可：① 施工总承包资质序列三级资质（不含铁路、通信工程施工总承包三级资质）；② 专业承包资质序列三级资质（不含铁路方面专业承包资质）及预拌混凝土、模板脚手架专业承包资质；③ 施工劳务资质；④ 燃气燃烧器具安装、维修企业资质。

企业申请建筑业企业资质，在资质许可机关的网站或审批平台提出申请事项，提交资金、专业技术人员、技术装备和已完成业绩等电子材料。企业申请建筑业企业资质，应当如实提交有关申请材料。资质许可机关收到申请材料后，应当按照《中华人民共和国行政许可法》的规定办理受理手续。

法苑广角

不予批准企业资质升级申请和增项申请的规定

企业申请建筑业企业资质升级、资质增项，在申请之日起前1年至资质许可决定作出前，有下列情形之一的，资质许可机关不予批准其建筑业企业资质升级申请和增项申请。

(1) 超越本企业资质等级或以其他企业的名义承揽工程，或允许其他企业或个人以本企业的名义承揽工程的。

(2) 与建设单位或企业之间相互串通投标，或以行贿等不正当手段谋取中标的。

(3) 未取得施工许可证擅自施工的。

(4) 将承包的工程转包或违法分包的。

(5) 违反国家工程建设强制性标准施工的。

(6) 恶意拖欠分包企业工程款或劳务人员工资的。

(7) 隐瞒或谎报、拖延报告工程质量安全事故，破坏事故现场、阻碍对事故调查的。

(8) 按照国家法律法规和标准规定需要持证上岗的现场管理人员和技术工种作业人员未取得证书上岗的。

(9) 未依法履行工程质量保修义务或拖延履行保修义务的。

(10) 伪造、变造、倒卖、出租、出借或以其他形式非法转让建筑业企业资质证书的。

(11) 发生过较大以上质量安全事故或发生过2起以上一般质量安全事故的。

(12) 其他违反法律法规的行为。

2）建筑业企业资质的管理

建筑业企业资质证书分为正本和副本，由国务院住房城乡建设主管部门统一印制，正、副本具备同等法律效力。

（1）建筑业企业资质证书的延续。

建筑业企业资质证书有效期为5年。建筑业企业资质证书有效期届满，企业继续从事建筑施工活动的，应当于资质证书有效期届满3个月前，向原资质许可机关提出延续申请。资质许可机关应当在建筑业企业资质证书有效期届满前作出是否准予延续的决定；逾期未作出决定的，视为准予延续。

（2）建筑业企业资质证书的变更。

企业在建筑业企业资质证书有效期内名称、地址、注册资本、法定代表人等发生变更的，应当在工商部门办理变更手续后1个月内办理资质证书变更手续。

由国务院住房城乡建设主管部门颁发的建筑业企业资质证书的变更，企业应当向企业工商注册所在地省、自治区、直辖市人民政府住房城乡建设主管部门提出变更申请，省、自治区、直辖市人民政府住房城乡建设主管部门应当自受理申请之日起2日内将有关变更证明材料报国务院住房城乡建设主管部门，由国务院住房城乡建设主管部门在2日内办理变更手续。

上述规定以外的资质证书的变更，由企业工商注册所在地的省、自治区、直辖市人民政府住房城乡建设主管部门或者设区的市人民政府住房城乡建设主管部门依法另行规定。变更结果应当在资质证书变更后15日内，报国务院住房城乡建设主管部门备案。

涉及公路、水运、水利、通信、铁路、民航等方面的建筑业企业资质证书的变更，办理变更手续的住房城乡建设主管部门应当将建筑业企业资质证书变更情况告知同级有关部门。

法苑广角

重新核定资质等级和补办资质证书的规定

企业发生合并、分立、重组以及改制等事项，需要承继原建筑业企业资质的，应当申请重新核定建筑业企业资质等级。

企业需要更换、遗失补办建筑业企业资质证书的，应当持建筑业企业资质证书更换、遗失补办申请等材料向资质许可机关申请办理。资质许可机关应当在 2 个工作日内办理完毕。企业遗失建筑业企业资质证书的，在申请补办前应当在公众媒体上刊登遗失声明。

（3）建筑业企业资质证书的撤回。

取得建筑业企业资质证书的企业，应当保持资产、主要人员、技术装备等方面满足相应建筑业企业资质标准要求的条件。企业不再符合相应建筑业企业资质标准要求条件的，县级以上地方人民政府住房城乡建设主管部门、其他有关部门，应当责令其限期改正并向社会公告，整改期限最长不超过 3 个月；企业整改期间不得申请建筑业企业资质的升级、增项，不能承揽新的工程；逾期仍未达到建筑业企业资质标准要求条件的，资质许可机关可以撤回其建筑业企业资质证书。被撤回建筑业企业资质证书的企业，可以在资质被撤回后 3 个月内，向资质许可机关提出核定低于原等级同类别资质的申请。

以案释法

【案例 1-1】某市的一家建筑业企业已取得建筑工程施工总承包三级资质。该市住建局在建筑业企业资质动态核查中发现，该企业取得资质后未保持注册建造师、中级以上职称人员、技术工人等主要人员满足资质标准要求的条件。该市住建局通报要求该企业在 3 个月内完成整改，但整改期届满该企业中级以上职称人员的专业、人数仍未达到资质标准要求的条件，因此该市住建局通报了资质动态核查不达标企业整改情况并抄送市行政审批局。市行政审批局依据通报文件，按照相关法律程序要求，发布公告撤回该企业已取得的建筑工程施工总承包三级资质证书。

【分析】本案中的企业在取得建筑业企业资质证书后，并未重视后期资质的维护，且在 3 个月整改期届满后，仍未达到资质标准要求的条件。

因此，根据《建筑业企业资质管理规定》，该企业已取得的建筑工程施工总承包三级资质证书被有关部门撤回。

（4）建筑业企业资质证书的撤销。

有下列情形之一的，资质许可机关应当撤销建筑业企业资质：① 资质许可机关工作人员滥用职权、玩忽职守准予资质许可的；② 超越法定职权准予资质许可的；③ 违反法定程序准予资质许可的；④ 对不符合资质标准条件的申请企业准予资质许可的；⑤ 依法可以撤销资质许可的其他情形。此外，以欺骗、贿赂等不正当手段取得资质许可的，应当予以撤销。

（5）建筑业企业资质证书的注销。

有下列情形之一的，资质许可机关应当依法注销建筑业企业资质，并向社会公布其建筑业企业资质证书作废，企业应当及时将建筑业企业资质证书交回资质许可机关：① 资质证书有效期届满，未依法申请延续的；② 企业依法终止的；③ 资质证书依法被撤回、撤销或吊销的；④ 企业提出注销申请的；⑤ 法律法规规定的应当注销建筑业企业资质的其他情形。

寻法问道

建筑业是国民经济的支柱产业，与公共安全和人民生命财产息息相关。实行建设工程企业资质市场准入，是我国建筑市场监管的重要制度之一。为了规范建筑市场秩序，激发企业活力，2023 年 9 月 6 日，住房城乡建设部印发了《关于进一步加强建设工程企业资质审批管理工作的通知》（以下简称《通知》）。

从 2021 年开始，住房城乡建设部分两批，选择了 15 个地区开展了建设工程企业资质审批权限下放试点工作，将部分资质下放到试点地区省级住房城乡建设主管部门审批。试点过程中，一些企业反映，不同地区对资质标准的理解把握不完全一致，审查尺度宽严不一，跨省核查业绩难度大，各地资质审批管理不平衡。因此，《通知》提出，试点地区不再受理试点企业资质申请事项，原试点下放审批的企业资质依法由住房城乡建设部统一审批。试点颁发的资质，在资质证书有效期届满前继续有效。对企业依法处以停业整顿、降低资质等级、吊销或者撤销资质证书的事项，由试点地区住房城乡建设主管部门实施。

（资料来源：《完善资质审批制度 强化建筑市场监管——部建筑市场监管司相关负责人解读〈关于进一步加强建设工程企业资质审批管理工作的通知〉》，中国建设报，2023 年 9 月 20 日）

1.3.2　工程监理企业资质的有关规定

为了加强工程监理企业资质管理，规范建设工程监理活动，维护建筑市场秩序，根据《建筑法》《中华人民共和国行政许可法》《建设工程质量管理条例》等法律、行政法规，住房城乡建设部制定了《工程监理企业资质管理规定》。

1. 工程监理企业资质的等级

工程监理企业资质分为综合资质、专业资质和事务所资质。其中，专业资质按照工程性质和技术特点划分为若干工程类别。

综合资质、事务所资质不分级别。专业资质分为甲级、乙级；其中，房屋建筑、水利水电、公路和市政公用专业资质可设立丙级。

法律锦囊

《工程监理企业资质管理规定》于2007年8月1日起施行，先后经历了2015年、2016年和2018年3次修正。

2. 工程监理企业的业务范围

（1）综合资质可承担所有专业工程类别建设工程项目的工程监理业务，以及建设工程的项目管理、技术咨询等相关服务。

（2）专业甲级资质可承担相应专业工程类别建设工程项目的工程监理业务，以及相应类别建设工程的项目管理、技术咨询等相关服务。

（3）专业乙级资质可承担相应专业工程类别二级以下（含二级）建设工程项目的工程监理业务，以及相应类别和级别建设工程的项目管理、技术咨询等相关服务。

（4）专业丙级资质可承担相应专业工程类别三级建设工程项目的工程监理业务，以及相应类别和级别建设工程的项目管理、技术咨询等相关服务。

（5）事务所资质可承担三级建设工程项目的工程监理业务，以及相应类别和级别建设工程项目管理、技术咨询等相关服务，但国家规定必须实行强制监理的建设工程监理业务除外。

3. 工程监理企业资质的申请和管理

从事建设工程监理活动的企业，应当按照《工程监理企业资质管理规定》取得工程监理企业资质，并在工程监理企业资质证书许可的范围内从事工程监理活动。

1）工程监理企业资质的申请

申请综合资质、专业甲级资质的，可以向企业工商注册所在地的省、自治区、直辖市人民政府住房城乡建设主管部门提交申请材料。省、自治区、直辖市人民政府住房城乡建设主管部门收到申请材料后，应当在5日内将全部申请材料报审批部门。

专业乙级、丙级资质和事务所资质由企业所在地省、自治区、直辖市人民政府住房城乡建设主管部门审批。

2）工程监理企业资质的管理

工程监理企业资质证书分为正本和副本，每套资质证书包括1本正本，4本副本。正、副本具有同等法律效力。工程监理企业资质证书由国务院住房城乡建设主管部门统一印制并发放。

（1）工程监理企业资质证书的延续。

工程监理企业资质证书的有效期为5年。资质有效期届满，工程监理企业需要继续从事工程监理活动的，应当在资质证书有效期届满60日前，向原资质许可机关申请办理延续手续。

对在资质有效期内遵守有关法律、法规、规章、技术标准，信用档案中无不良记录，且专业技术人员满足资质标准要求的企业，经资质许可机关同意，有效期延续5年。

（2）工程监理企业资质证书的变更。

工程监理企业在资质证书有效期内名称、地址、注册资本、法定代表人等发生变更的，应当在工商行政管理部门办理变更手续后30日内办理资质证书变更手续。

涉及综合资质、专业甲级资质证书中企业名称变更的，由国务院住房城乡建设主管部门负责办理，并自受理申请之日起3日内办理变更手续。

上述规定以外的资质证书变更手续，由省、自治区、直辖市人民政府住房城乡建设主管部门负责办理。省、自治区、直辖市人民政府住房城乡建设主管部门应当自受理申请之日起3日内办理变更手续，并在办理资质证书变更手续后15日内将变更结果报国务院住房城乡建设主管部门备案。

法律锦囊

申请资质证书变更，应当提交以下材料：① 资质证书变更的申请报告；② 企业法人营业执照副本原件；③ 工程监理企业资质证书正、副本原件。工程监理企业改制的，除上述规定材料外，还应当提交企业职工代表大会或股东大会关于企业改制或股权变更的决议、企业上级主管部门关于企业申请改制的批复文件。

1.3.3 工程勘察设计企业资质的有关规定

《建设工程勘察设计资质管理规定》中指出，从事建设工程勘察、工程设计活动的企业，应当按照其拥有的资产、专业技术人员、技术装备和勘察设计业绩等条件申请资质，经审查合格，取得建设工程勘察、工程设计资质证书后，方可在资质许可的范围内从事建设工程勘察、工程设计活动。

1. 工程勘察设计企业资质的等级

1）工程勘察资质等级

工程勘察资质分为工程勘察综合资质、工程勘察专业资质、工程勘察劳务资质。

工程勘察综合资质只设甲级；工程勘察专业资质设甲级、乙级，根据工程性质和技术特点，部分专业可以设丙级；工程勘察劳务资质不分等级。

2）工程设计资质等级

工程设计资质分为工程设计综合资质、工程设计行业资质、工程设计专业资质和工程设计专项资质。

工程设计综合资质只设甲级，工程设计行业资质、工程设计专业资质、工程设计专项资质设甲级、乙级。根据工程性质和技术特点，个别行业、专业、专项资质可以设丙级，建筑工程专业资质可以设丁级。

2. 工程勘察设计企业的业务范围

1）工程勘察资质

取得工程勘察综合资质的企业，可以承接各专业（海洋工程勘察除外）、各等级工程勘察业务；取得工程勘察专业资质的企业，可以承接相应等级相应专业的工程勘察业务；取得工程勘察劳务资质的企业，可以承接岩土工程治理、工程钻探、凿井等工程勘察劳务业务。

2）工程设计资质

取得工程设计综合资质的企业，可以承接各行业、各等级的建设工程设计业务；取得工程设计行业资质的企业，可以承接相应行业相应等级的工程设计业务及本行业范围内同级别的相应专业、专项（设计施工一体化资质除外）工程设计业务；取得工程设计专业资质的企业，可以承接本专业相应等级的专业工程设计业务及同级别的相应专项工程设计业务（设计施工一体化资质除外）；取得工程设计专项资质的企业，可以承接本专项相应等级的专项工程设计业务。

法苑广角

建筑工程设计事务所资质的规定

根据《建筑工程设计事务所资质标准》，建筑工程设计事务所资质分为建筑设计事务所、结构设计事务所、机电设计事务所三种，均只设甲级。

建筑设计事务所可以承接所有等级的各类建筑工程项目方案设计、初步设计及施工图设计中的建筑专业设计与技术服务。

结构设计事务所可以承接所有等级的各类建筑工程项目方案设计、初步设计及施工图设计中的结构专业（包括轻钢结构）设计与技术服务。

机电设计事务所可以承接所有等级的各类建筑工程（包括建筑智能化设计）方案设计、初步设计及施工图设计中的机电设备专业的设计与技术服务。

3. 工程勘察设计企业资质的申请和管理

1）工程勘察设计企业资质的申请

申请工程勘察甲级资质、工程设计甲级资质，以及涉及铁路、交通、水利、信息产业、民航等方面的工程设计乙级资质的，可以向企业工商注册所在地的省、自治区、直辖市人民政府住房城乡建设主管部门提交申请材料。

法律锦囊

《建设工程勘察设计资质管理规定》规定，企业申请工程勘察、工程设计资质，应在资质许可机关的官方网站或审批平台上提出申请，提交资金、专业技术人员、技术装备和已完成的业绩等电子材料。

2）工程勘察设计企业资质的管理

工程勘察、工程设计资质证书分为正本和副本，正本1份，副本6份，由国务院住房城乡建设主管部门统一印制，正、副本具备同等法律效力。

（1）工程勘察设计企业资质证书的延续。

工程勘察设计企业资质证书有效期为5年。资质有效期届满，企业需要延续资质证书有效期的，应当在资质证书有效期届满60日前，向原资质许可机关提出资质延续申请。

对在资质有效期内遵守有关法律、法规、规章、技术标准，信用档案中无不良行为记录，且专业技术人员满足资质标准要求的企业，经资质许可机关同意，有效期延续5年。

（2）工程勘察设计企业资质证书的变更。

企业在资质证书有效期内名称、地址、注册资本、法定代表人等发生变更的，应当在工商部门办理变更手续后30日内办理资质证书变更手续。

取得工程勘察甲级资质、工程设计甲级资质，以及涉及铁路、交通、水利、信息产业、民航等方面的工程设计乙级资质的企业，在资质证书有效期内发生企业名称变更的，应当向企业工商注册所在地省、自治区、直辖市人民政府住房城乡建设主管部门提出变更申请，省、自治区、直辖市人民政府住房城乡建设主管部门应当自受理申请之日起2日内将有关变更证明材料报国务院住房城乡建设主管部门，由国务院住房城乡建设主管部门在2日内办理变更手续。

上述规定以外的资质证书变更手续，由企业工商注册所在地的省、自治区、直辖市人民政府住房城乡建设主管部门负责办理。省、自治区、直辖市人民政府住房城乡建设主管部门应当自受理申请之日起2日内办理变更手续，并在办理资质证书变更手续后

15日内将变更结果报国务院住房城乡建设主管部门备案。

涉及铁路、交通、水利、信息产业、民航等方面的工程设计资质的变更，国务院住房城乡建设主管部门应当将企业资质变更情况告知国务院有关部门。

法律锦囊

企业申请资质证书变更，应当提交以下材料：① 资质证书变更申请；② 企业法人、合伙企业营业执照副本复印件；③ 资质证书正、副本原件；④ 与资质变更事项有关的证明材料。

企业改制的，除提供上述材料外，还应当提供改制重组方案、上级资产管理部门或者股东大会的批准决定、企业职工代表大会同意改制重组的决议。

1.4 执业人员资格的有关规定

注册建筑师和注册建造师的区别

《建筑法》规定，从事建筑活动的专业技术人员，应当依法取得相应的执业资格证书，并在执业资格证书许可的范围内从事建筑活动。

1.4.1 建造师执业资格的有关规定

国家对建设工程项目总承包和施工管理关键岗位的专业技术人员实行执业资格制度，纳入全国专业技术人员执业资格制度统一规划。建造师分为一级建造师和二级建造师。一级建造师执业资格实行统一大纲、统一命题、统一组织的考试制度；二级建造师执业资格实行全国统一大纲，各省、自治区、直辖市命题并组织考试的制度。取得建造师执业资格证书的人员，必须经过注册登记，方可以建造师名义执业。

1. 建造师执业资格考试

1）建造师执业资格考试科目

根据《建造师执业资格考试实施办法》，一级建造师执业资格考试设《建设工程经济》《建设工程法规及相关知识》《建设工程项目管理》《专业工程管理与实务》4个科目。二级建造师执业资格考试设《建设工程施工管理》《建设工程法规及相关知识》《专业工程管理与实务》3个科目。

2）建造师执业资格考试报考条件

凡遵守国家法律法规，具备下列条件之一者，可以申请参加一级建造师执业资格考试。

（1）取得工程类或工程经济类专业大学专科学历，从事建设工程项目施工管理工作满 4 年。

（2）取得工学门类、管理科学与工程类专业大学本科学历，从事建设工程项目施工管理工作满 3 年。

（3）取得工学门类、管理科学与工程类专业硕士学位，从事建设工程项目施工管理工作满 2 年。

（4）取得工学门类、管理科学与工程类专业博士学位，从事建设工程项目施工管理工作满 1 年。

凡遵纪守法并具备工程类或工程经济类中等专科以上学历并从事建设工程项目施工管理工作满 2 年，可报名参加二级建造师执业资格考试。

2. 建造师注册

注册建造师实行注册执业管理制度，注册建造师分为一级注册建造师和二级注册建造师。取得建造师执业资格证书的人员，必须经过注册登记，方可以注册建造师名义执业。注册证书和执业印章是注册建造师的执业凭证，由注册建造师本人保管、使用。注册证书与执业印章有效期为 3 年。

建造师注册根据注册内容的不同分为四种类别，即初始注册、延续注册、变更注册和增项注册。注册建造师不同注册类别的申请条件及申请材料如表 1-3 所示。

表 1-3　注册建造师不同注册类别的申请条件及申请材料

注册类别	申请条件	申请材料
初始注册	申请初始注册时应当具备以下条件 （1）经考核认定或考试合格取得资格证书 （2）受聘于一个相关单位 （3）达到继续教育要求 （4）没有《注册建造师管理规定》中不予注册的情形 初始注册者，可自资格证书签发之日起 3 年内提出申请。逾期未申请者，须符合本专业继续教育的要求后方可申请初始注册	（1）注册建造师初始注册申请表 （2）资格证书、学历证书和身份证明复印件 （3）申请人与聘用单位签订的聘用劳动合同复印件或其他有效证明文件 （4）逾期申请初始注册的，应当提供达到继续教育要求的证明材料
延续注册	注册有效期满需要继续执业的，应当在注册有效期届满 30 日前，按照规定申请延续注册。延续注册的，有效期为 3 年	（1）注册建造师延续注册申请表 （2）原注册证书 （3）申请人与聘用单位签订的聘用劳动合同复印件或其他有效证明文件 （4）申请人注册有效期内达到继续教育要求的证明材料

（续表）

注册类别	申请条件	申请材料
变更注册	在注册有效期内，注册建造师变更执业单位，应当与原聘用单位解除劳动关系，并按规定办理变更注册手续，变更注册后仍延续原注册有效期	（1）注册建造师变更注册申请表 （2）注册证书和执业印章 （3）申请人与新聘用单位签订的聘用合同复印件或有效证明文件 （4）工作调动证明（与原聘用单位解除聘用合同或聘用合同到期的证明文件、退休人员的退休证明）
增项注册	取得一级建造师资格证书并受聘于一个建设工程勘察、设计、施工、监理、招标代理、造价咨询等单位的人员，应当通过聘用单位向单位工商注册所在地的省、自治区、直辖市人民政府建设主管部门提出注册申请	按规定提供相应的资格证明

法苑广角

《注册建造师管理规定》中不予注册的情形

申请人有下列情形之一的，不予注册。

（1）不具有完全民事行为能力的。

（2）申请在两个或者两个以上单位注册的。

（3）未达到注册建造师继续教育要求的。

（4）受到刑事处罚，刑事处罚尚未执行完毕的。

（5）因执业活动受到刑事处罚，自刑事处罚执行完毕之日起至申请注册之日止不满 5 年的。

（6）因上述规定以外的原因受到刑事处罚，自处罚决定之日起至申请注册之日止不满 3 年的。

（7）被吊销注册证书，自处罚决定之日起至申请注册之日止不满 2 年的。

（8）在申请注册之日前 3 年内担任项目经理期间，所负责项目发生过重大质量和安全事故的。

（9）申请人的聘用单位不符合注册单位要求的。

（10）年龄超过 65 周岁的。

（11）法律法规规定不予注册的其他情形。

小李曾因建造师执业活动受到刑事处罚，处罚完毕刚好满4年，请问他现在可以再次申请注册建造师吗？

3. 建造师执业

注册建造师可以从事建设工程项目总承包管理或施工管理，建设工程项目管理服务，建设工程技术经济咨询，以及法律、行政法规和国务院建设主管部门规定的其他业务。

一级注册建造师可在全国范围内以一级注册建造师名义执业。通过二级建造师资格考核认定，或参加全国统考取得二级建造师资格证书并经注册人员，可在全国范围内以二级注册建造师名义执业。

《注册建造师执业管理办法》（试行）规定，注册建造师应当在其注册证书所注明的专业范围内从事建设工程施工管理活动，具体执业按照《注册建造师执业工程范围》执行。大中型工程施工项目负责人必须由本专业注册建造师担任。一级注册建造师可担任大、中、小型工程施工项目负责人，二级注册建造师可以承担中、小型工程施工项目负责人。

法律锦囊

各专业大、中、小型工程分类标准按《关于印发〈注册建造师执业工程规模标准〉（试行）的通知》（建市[2007]171号）执行。

除规定的情形外，注册建造师不得同时在两个及两个以上的建设工程项目上担任施工单位项目负责人。

4. 注册建造师的权利、义务和禁止性行为

注册建造师的权利、义务和禁止性行为如表1-4所示。

表1-4 注册建造师的权利、义务和禁止性行为

权利	义务	禁止性行为
（1）使用注册建造师名称 （2）在规定范围内从事执业活动 （3）在本人执业活动中形成的文件上签字并加盖执业印章	（1）遵守法律、法规和有关管理规定，恪守职业道德 （2）执行技术标准、规范和规程 （3）保证执业成果的质量，并承担相应责任	（1）不履行注册建造师义务 （2）在执业过程中，索贿、受贿或者谋取合同约定费用外的其他利益 （3）在执业过程中实施商业贿赂 （4）签署有虚假记载等不合格的文件 （5）允许他人以自己的名义从事执业活动

（续表）

权利	义务	禁止性行为
（4）保管和使用本人注册证书、执业印章 （5）对本人执业活动进行解释和辩护 （6）接受继续教育 （7）获得相应的劳动报酬 （8）对侵犯本人权利的行为进行申述	（4）接受继续教育，努力提高执业水准 （5）保守在执业中知悉的国家秘密和他人的商业、技术等秘密 （6）与当事人有利害关系的，应当主动回避 （7）协助注册管理机关完成相关工作	（6）同时在两个或者两个以上单位受聘或者执业 （7）涂改、倒卖、出租、出借或以其他形式非法转让资格证书、注册证书和执业印章 （8）超出执业范围和聘用单位业务范围从事执业活动 （9）法律、法规、规章禁止的其他行为

以案释法

【案例 1-2】某省住房和城乡建设厅执法检查组在对某市进行监督检查时发现，该市市政道路基础设施建设项目存在“施工项目经理支某未写带班生产记录，安排由他人代写”等违法违规问题。该市城市管理局行政执法人员调查核实后，确认了支某的注册建造师身份，并按照《注册建造师管理规定》，认定支某的行为属于轻微违法行为。该局对支某责令改正，处以警告、罚款 3 000 元的行政处罚。

【分析】本案中支某“未写带班生产记录，安排由他人代写”的行为违反了注册建造师应当履行相关义务的规定。

根据《注册建造师管理规定》，注册建造师应当遵守法律、法规和有关管理规定，恪守职业道德，不得有不履行注册建造师义务的行为。同时，《注册建造师管理规定》还规定，注册建造师在执业活动中有禁止性行为之一的，由县级以上地方人民政府建设主管部门或者其他有关部门给予警告，责令改正，没有违法所得的，处以 1 万元以下的罚款；有违法所得的，处以违法所得 3 倍以下且不超过 3 万元的罚款。

因此，支某受到了该市城市管理局的行政处罚。

1.4.2 监理工程师执业资格的有关规定

国家设置监理工程师准入类职业资格，纳入国家职业资格目录。监理工程师职业资格考试全国统一大纲、统一命题、统一组织。监理工程师职业资格考试合格者，由各省、自治区、直辖市人力资源社会保障行政主管部门颁发中华人民共和国监理工程师职业资格证书（或电子证书）。

1. 监理工程师职业资格考试

1）监理工程师职业资格考试科目

根据《监理工程师职业资格考试实施办法》，监理工程师职业资格考试设《建设工程监理基本理论和相关法规》《建设工程合同管理》《建设工程目标控制》《建设工程监理案例分析》4个科目。其中，《建设工程监理基本理论和相关法规》《建设工程合同管理》为基础科目，《建设工程目标控制》《建设工程监理案例分析》为专业科目。

监理工程师职业资格考试专业科目分为土木建筑工程、交通运输工程、水利工程3个专业类别，考生在报名时可根据实际工作需要选择。

2）监理工程师职业资格考试报考条件

凡遵守中华人民共和国宪法、法律、法规，具有良好的业务素质和道德品行，具备下列条件之一者，可以申请参加监理工程师职业资格考试。

（1）具有各工程大类专业大学专科学历（或高等职业教育），从事工程施工、监理、设计等业务工作满6年。

（2）具有工学、管理科学与工程类专业大学本科学历或学位，从事工程施工、监理、设计等业务工作满4年。

（3）具有工学、管理科学与工程一级学科硕士学位或专业学位，从事工程施工、监理、设计等业务工作满2年。

（4）具有工学、管理科学与工程一级学科博士学位。

经批准同意开展试点的地区，申请参加监理工程师职业资格考试的，应当具有大学本科及以上学历或学位。

2. 监理工程师注册

国家对监理工程师职业资格实行执业注册管理制度。取得监理工程师职业资格证书且从事工程监理及相关业务活动的人员，经注册方可以监理工程师名义执业。住房城乡建设部、交通运输部、水利部按专业类别分别负责监理工程师注册及相关工作。经批准注册的申请人，由住房城乡建设部、交通运输部、水利部分别核发《中华人民共和国监理工程师注册证》（或电子证书）。

监理工程师注册，根据注册内容的不同分为初始注册、延续注册、变更注册三种类别。注册监理工程师不同注册类别的申请条件及申请材料如表1-5所示。

表 1-5 注册监理工程师不同注册类别的申请条件及申请材料

注册类别	申请条件	申请材料
初始注册	申请初始注册，应当具备以下条件 （1）经全国注册监理工程师执业资格统一考试合格，取得资格证书 （2）受聘于一个相关单位 （3）达到继续教育要求 （4）没有规定中不予注册的情形 初始注册者，可自资格证书签发之日起3年内提出申请。逾期未申请者，须符合继续教育的要求后方可申请初始注册	（1）申请人的注册申请表 （2）申请人的资格证书和身份证复印件 （3）申请人与聘用单位签订的聘用劳动合同复印件 （4）所学专业、工作经历、工程业绩、工程类中级及中级以上职称证书等有关证明材料 （5）逾期初始注册的，应当提供达到继续教育要求的证明材料
延续注册	注册监理工程师每一注册有效期为3年，注册有效期满需要继续执业的，应当在注册有效期满30日前，按照规定的程序申请延续注册。延续注册有效期3年	（1）申请人延续注册申请表 （2）申请人与聘用单位签订的聘用劳动合同复印件 （3）申请人注册有效期内达到继续教育要求的证明材料
变更注册	在注册有效期内，注册监理工程师变更执业单位，应当与原聘用单位解除劳动关系，并按规定的程序办理变更注册手续，变更注册后仍延续原注册有效期	（1）申请人变更注册申请表 （2）申请人与新聘用单位签订的聘用劳动合同复印件 （3）申请人的工作调动证明（与原聘用单位解除聘用劳动合同或者聘用劳动合同到期的证明文件、退休人员的退休证明）

法苑广角

《注册监理工程师管理规定》中不予注册的情形

申请人有下列情形之一的，不予初始注册、延续注册或者变更注册。

（1）不具有完全民事行为能力的。

（2）刑事处罚尚未执行完毕或者因从事工程监理或相关业务受到刑事处罚，自刑事处罚执行完毕之日起至申请注册之日止不满2年的。

（3）未达到监理工程师继续教育要求的。

（4）在两个或者两个以上单位申请注册的。

（5）以虚假的职称证书参加考试并取得资格证书的。

（6）年龄超过65周岁的。

（7）法律法规规定不予注册的其他情形。

3. 监理工程师执业

取得资格证书的人员，应当受聘于一个具有建设工程勘察、设计、施工、监理、招标代理、造价咨询等一项或多项资质的单位，经注册后方可从事相应的执业活动。从事工程监理执业活动的，应当受聘并注册于一个具有工程监理资质的单位。

注册监理工程师可以从事工程监理、工程经济与技术咨询、工程招标与采购咨询、工程项目管理服务以及国务院有关部门规定的其他业务。

4. 注册监理工程师的权利、义务和禁止性行为

注册监理工程师的权利、义务和禁止性行为如表1-6所示。

表1-6 注册监理工程师的权利、义务和禁止性行为

权利	义务	禁止性行为
（1）使用注册监理工程师称谓 （2）在规定范围内从事执业活动 （3）依据本人能力从事相应的执业活动 （4）保管和使用本人的注册证书和执业印章 （5）对本人执业活动进行解释和辩护 （6）接受继续教育 （7）获得相应的劳动报酬 （8）对侵犯本人权利的行为进行申诉	（1）遵守法律、法规和有关管理规定 （2）履行管理职责，执行技术标准、规范和规程 （3）保证执业活动成果的质量，并承担相应责任 （4）接受继续教育，努力提高执业水准 （5）在本人执业活动所形成的工程监理文件上签字、加盖执业印章 （6）保守在执业中知悉的国家秘密和他人的商业、技术秘密 （7）不得涂改、倒卖、出租、出借或以其他形式非法转让注册证书或执业印章 （8）不得同时在两个或两个以上单位受聘或者执业 （9）在规定的执业范围和聘用单位业务范围内从事执业活动 （10）协助注册管理机构完成相关工作	注册监理工程师在执业活动中有下列行为之一的，由县级以上地方人民政府住房城乡建设主管部门给予警告，责令其改正，没有违法所得的，处以1万元以下罚款，有违法所得的，处以违法所得3倍以下且不超过3万元的罚款；造成损失的，依法承担赔偿责任；构成犯罪的，依法追究刑事责任 （1）以个人名义承接业务的 （2）涂改、倒卖、出租、出借或者以其他形式非法转让注册证书或执业印章的 （3）泄露执业中应当保守的秘密并造成严重后果的 （4）超出规定执业范围或者聘用单位业务范围从事执业活动的 （5）弄虚作假提供执业活动成果的 （6）同时受聘于两个或者两个以上的单位，从事执业活动的 （7）其他违反法律、法规、规章的行为

项目检测

1. 选择题

（1）关于施工许可证的适用范围，下列说法中正确的是（　　）。

A. 工程投资额在 50 万元以下的建筑工程，可以不申请办理施工许可证

B. 抢险救灾类建筑活动，必须申请办理施工许可证

C. 建筑面积超过 300 平方米的临时性房屋建筑必须办理施工许可证

D. 军用房屋建筑工程建筑活动，不需要申请办理施工许可证

（2）建设工程应当自领取施工许可证之日起（　　）个月内开工。

A. 1　　B. 2

C. 3　　D. 6

（3）关于施工许可证申请延期，下列说法中错误的是（　　）。

A. 自领取施工许可证之日起 3 个月内因故不能按期开工的，应当申请延期

B. 延期以 2 次为限，每次不得超过 3 个月

C. 既不开工又不申请延期的，施工许可证由发证机关废止

D. 超过延期时限的施工许可证，自行废止

（4）关于建筑企业资质证书变更，下列说法中正确的是（　　）。

A. 企业遗失建筑业企业资质证书的，在申请补办前应当在公众媒体上刊登遗失声明

B. 企业在建筑企业资质证书有效期内注册资本发生变更的，不必办理资质证书变更手续

C. 国务院住房城乡建设主管部门颁发的建筑业企业资质证书的变更，企业应当直接向国务院住房城乡建设主管部门提出变更申请

D. 企业发生合并、分立、重组以及改制等事项时，可以直接承继原建筑业企业资质

（5）取得建造师资格证书的人员，以建造师名义执业的前提是按规定（　　）。

A. 备案　　B. 注册

C. 审批　　D. 认证

（6）工程师李某经考试合格取得注册建造师执业资格后工作单位变动，通过新聘用单位进行的注册属于（　　）。

A. 初始注册　　B. 延续注册

C. 变更注册　　D. 增项注册

(7) 注册建造师延续执业，应在注册有效期满30日前申请延续注册，延续注册的有效期为（　　）年。

A. 2　　B. 3
C. 4　　D. 5

2. 判断题

(1) 工程勘察设计资质有效期届满，企业需要延续资质证书有效期的，应当在资质证书有效期届满30日前，向原资质许可机关提出资质延续申请。（　　）

(2) 工程勘察设计企业资质证书有效期为3年。（　　）

(3) 在申请注册之日前4年内担任项目经理期间，所负责的项目发生过重大质量和安全事故的，不予允许注册建造师。（　　）

(4) 一级注册建造师可在全国范围内以一级注册建造师名义执业。（　　）

(5) 注册建造师有权超出聘用单位业务范围从事执业活动。（　　）

(6) 监理工程师执业时应持注册证书和执业印章。（　　）

(7) 在注册有效期内，注册监理工程师变更执业单位的，无须与原聘用单位解除劳动合同，直接到新聘用单位工商注册所在地的省、自治区、直辖市人民政府住房城乡建设主管部门或国务院有关专业部门办理变更注册手续即可。（　　）

3. 简答题

(1) 简述申请办理施工许可证的条件。

(2) 简述不需要申请办理施工许可证的建设工程。

(3) 简述一级建造师执业资格考试科目。

(4) 简述注册建造师的权利、义务和禁止性行为。

项目评价

指导教师对学生的实际学习成果进行评价，学生配合指导教师共同完成表 1-7。

表 1-7 项目评价

<table>
<tr><td>班级</td><td></td><td>组号</td><td></td><td>日期</td><td colspan="2"></td></tr>
<tr><td>姓名</td><td></td><td>学号</td><td></td><td>指导教师</td><td colspan="2"></td></tr>
<tr><td>项目名称</td><td colspan="6">定准绳——建设工程许可法律法规</td></tr>
<tr><td>评价项目</td><td colspan="3">评价内容</td><td>评价方式</td><td>满分/分</td><td>评分/分</td></tr>
<tr><td rowspan="7">知识
（40%）</td><td colspan="3">建设工程规划许可证的申请、核发和规划条件的变更</td><td rowspan="7">理论测试</td><td>6</td><td></td></tr>
<tr><td colspan="3">施工许可证的适用范围和申请</td><td>8</td><td></td></tr>
<tr><td colspan="3">施工许可证的管理</td><td>6</td><td></td></tr>
<tr><td colspan="3">建筑业企业资质的有关规定</td><td>6</td><td></td></tr>
<tr><td colspan="3">工程监理和工程勘察设计企业资质的有关规定</td><td>4</td><td></td></tr>
<tr><td colspan="3">建造师执业资格的有关规定</td><td>6</td><td></td></tr>
<tr><td colspan="3">监理工程师执业资格的有关规定</td><td>4</td><td></td></tr>
<tr><td rowspan="2">技能
（40%）</td><td colspan="3">指出建设工程许可案件中的法律依据</td><td rowspan="2">实践操作</td><td>20</td><td></td></tr>
<tr><td colspan="3">运用建设工程许可法律法规分析有关案件</td><td>20</td><td></td></tr>
<tr><td rowspan="5">素养
（20%）</td><td colspan="3">积极参加教学活动，主动学习、思考、讨论</td><td rowspan="5">综合评判</td><td>6</td><td></td></tr>
<tr><td colspan="3">认真负责，按时完成学习、实践任务</td><td>4</td><td></td></tr>
<tr><td colspan="3">团结协作，与组员之间密切配合</td><td>4</td><td></td></tr>
<tr><td colspan="3">服从指挥，遵守课堂纪律</td><td>4</td><td></td></tr>
<tr><td colspan="3">守正创新，自信自强</td><td>2</td><td></td></tr>
<tr><td colspan="5">合计</td><td>100</td><td></td></tr>
<tr><td>自我评价</td><td colspan="6"></td></tr>
<tr><td>指导教师评价</td><td colspan="6"></td></tr>
</table>

项目 2

明秩序
——建设工程发包和承包法律法规

项目导读

在建设活动中，发包是指发包单位将其拥有的建设工程项目的某项工作委托给承包单位，并向其支付报酬的行为；承包是指承包单位接受发包单位的委托，按双方订立的合同完成某项工作，并收取报酬的行为。招标和投标是在工程项目发包和承包时所采用的一种交易方式。发包单位通过招标来择优选定承包单位。承包单位需要通过投标来展示自己的能力和优势，从而争取到承揽工程的机会。

知识目标

（1）了解建设工程发包和承包的一般规定。
（2）掌握建设工程总承包的有关规定。
（3）了解建设工程共同承包和分包的有关规定。
（4）掌握建设工程发包和承包违法行为的法律责任。
（5）掌握建设工程招标和投标的有关规定。
（6）了解建设工程开标、评标和中标的有关规定。
（7）掌握建设工程招标和投标违法行为的法律责任。

技能目标

（1）能指出建设工程案件中与发包和承包法律法规有关的法律依据。
（2）能运用建设工程发包和承包法律法规分析有关案件。

素质目标

（1）具有诚实守信、尽职尽责的职业素养。
（2）培养明辨是非、质疑求真的批判性思维。

项目引入

小李是一家建设单位的员工，在一次与承包单位的谈判中，他发现双方在发包方式、分包的要求和承包单位的法律责任方面存在分歧。为了更好地解决这些分歧，他意识到需要深入了解与发包和承包有关的法律知识。因此，小李向公司汇报后，公司安排法务部门举办了一场关于发包和承包法律案件的研讨会。下面就让我们同小李一起，通过这次研讨会学习与建设工程发包和承包有关的法律知识吧。

项目工单——研究讨论建设工程发包和承包法律案件

1. 学生分组

学生以3～5人为一组进行分组，各小组选出组长并进行任务分工，将小组成员及分工情况填入表2-1中。

表2-1 小组成员及分工情况

班级		组号		指导教师	
小组成员	姓名	学号	任务分工		
组长					
组员					

2. 工作计划

各小组查阅资料，了解与建设工程发包和承包有关的法律知识，制订工作计划，并将其填入表2-2中。

表2-2 工作计划

序号	工作内容	负责人

3. 制订方案

（1）各小组针对工作计划展开讨论，制订实施方案。

（2）指导教师对各小组的实施方案进行评价。

（3）各小组根据指导教师的评价对实施方案进行调整。

（4）调整合格后的实施方案即最终实施方案。

4. 项目实施

各小组按照最终实施方案，研究讨论建设工程发包和承包法律案件，将实施步骤及内容补充完整。

（1）在裁判文书网选择案件。案件：____________________。

（2）收集与案件有关的资料。

① 所有有关的资料：____________________。

② 深入研究与建设工程发包和承包有关的法律法规、司法解释、指导性案件等（包括____________________等）。

（3）研究讨论。

① 指导教师发言。简要介绍案件的背景和研讨会议程：____________________。

② 小组代表发言。小组代表向参会人员详细介绍案情：____________________。

③ 小组讨论。案件中的争议焦点：____________________。

④ 小组讨论。原告方的诉讼请求与举证：____________________。

⑤ 小组讨论。被告方的应辩与举证：____________________。

⑥ 提问环节。参会人员提出的问题：____________________。

⑦ 回答环节。主持人和其他参会人员对问题的回答：____________________。

（4）总结归纳。

指导教师选取案件核心点与重要法律概念，辨析法律内涵与外延：____________________。

（5）反思评估。

① 案件的性质：____________________。

② 适用法律：____________________。

③ 补查事项：____________________。

（6）撰写案件研讨报告。

2.1 建设工程发包和承包的有关规定

2.1.1 建设工程发包和承包的一般规定

建设工程的发包单位（通常为建设单位）与承包单位应当依法订立书面合同，明确双方的权利和义务。发包单位和承包单位应当全面履行合同约定的义务。不按照合同约定履行义务的，依法承担违约责任。建设工程造价应当按照国家有关规定，由发包单位与承包单位在合同中约定。

1. 建设工程发包

建设工程依法实行招标发包，对不适于招标发包的可以直接发包。

建设工程实行招标发包的，发包单位应当将建设工程发包给依法中标的承包单位。建设工程实行直接发包的，发包单位应当将建设工程发包给具有相应资质条件的承包单位。

建设工程实行公开招标的，发包单位应当依照法定程序和方式，发布招标公告，提供载有招标项目的主要技术要求、主要的合同条款、评标的标准和方法以及开标、评标、定标的程序等内容的招标文件。开标应当在招标文件规定的时间、地点公开进行。开标后应当按照招标文件规定的评标标准和程序对标书进行评价、比较，在具备相应资质条件的投标者中，择优选定中标者。

公开招标发包的，其造价的约定，须遵守招标投标法律的规定。发包单位应当按照合同的约定，及时拨付工程款项。

发包单位及其工作人员在建设工程发包中不得收受贿赂、回扣或者索取其他好处。

法律锦囊

政府及其所属部门不得滥用行政权力，限定发包单位将招标发包的建设工程发包给指定的承包单位。

2. 建设工程承包

承包建设工程的单位应当持有依法取得的资质证书，并在其资质等级许可的业务范围内承揽工程。禁止建筑施工企业超越本企业资质等级许可的业务范围或者以任何形式用其他建筑施工企业的名义承揽工程。禁止建筑施工企业以任何形式允许其他单位或者个人使用本企业的资质证书、营业执照，以本企业的名义承揽工程。

承包单位及其工作人员不得利用向发包单位及其工作人员行贿、提供回扣或者给予其他好处等不正当手段承揽工程。

法律锦囊

建设工程发包与承包的招标投标活动，应当遵循公开、公正、平等竞争的原则，择优选择承包单位。

2.1.2　建设工程总承包的有关规定

建设工程总承包（简称“工程总承包”）是指依据合同约定对建设项目的设计、采购、施工和试运行实行全过程或若干阶段的承包。建设工程的发包单位可以将建设工程的勘察、设计、施工、设备采购一并发包给一个工程总承包单位，也可以将建设工程勘察、设计、施工、设备采购的一项或者多项发包给一个工程总承包单位；但是，不得将应当由一个承包单位完成的建设工程肢解成若干部分发包给几个承包单位。

1. 工程总承包的模式

工程总承包的模式主要包括设计—采购—施工总承包和设计—施工总承包等。

1）设计—采购—施工总承包

设计—采购—施工总承包是指工程总承包单位按照合同约定，承担工程项目的设计、采购、施工、试运行服务等工作，并对工程总承包项目的质量、安全、工期、造价全面负责。

2）设计—施工总承包

设计—施工总承包是指工程总承包单位按照合同约定，承担工程项目设计和施工，并对工程总承包项目的质量、安全、工期、造价全面负责。

法律锦囊

根据工程项目规模、类型和建设单位的要求，工程总承包还可采用设计—采购总承包、采购—施工总承包等模式。

2. 工程总承包项目的风险分担

建设单位和工程总承包单位应当加强风险管理，合理分担风险。其中，房屋建筑和市政基础设施项目的建设单位承担的风险主要包括以下方面。

（1）主要工程材料、设备、人工价格与招标时基期价相比，波动幅度超过合同约定幅度的部分。

（2）因国家法律法规政策变化引起的合同价格的变化。

（3）不可预见的地质条件造成的工程费用和工期的变化。

（4）因建设单位原因产生的工程费用和工期的变化。

（5）不可抗力造成的工程费用和工期的变化。

具体风险分担内容由双方在合同中约定。

 法律锦囊

招标时基期价一般是指基准日期的价格，即投标截止日前28天的价格。

3. 工程总承包的责任

1）质量责任

《建设工程质量管理条例》对工程总承包的质量责任作出了以下规定。

（1）建设工程实行总承包的，总承包单位应当对全部建设工程质量负责；建设工程勘察、设计、施工、设备采购的一项或者多项实行总承包的，总承包单位应当对其承包的建设工程或者采购的设备的质量负责。

（2）总承包单位依法将建设工程分包给其他单位的，分包单位应当按照分包合同的约定对其分包工程的质量向总承包单位负责，总承包单位与分包单位对分包工程的质量承担连带责任。

寻法问道

《房屋建筑和市政基础设施项目工程总承包管理办法》规定，工程总承包单位、工程总承包项目经理依法承担质量终身责任。

工程质量在工程建设中处于核心地位。质量终身责任的实施，强化了个人责任追究，从法律层面明确了责任主体。作为未来的建筑行业从业者，我们不仅要学习与工程质量有关的法律知识，还要培养安全意识，以便以后在实际工作中，更好地遵循工程质量标准和规范，确保每一项工程都经得起时间的考验，确保自身和他人的安全。

2）安全责任

《建设工程安全生产管理条例》对工程总承包的安全责任作出了以下规定。

（1）建设工程实行施工总承包的，由总承包单位对施工现场的安全生产负总责。

（2）总承包单位依法将建设工程分包给其他单位的，分包合同中应当明确各自的安全生产方面的权利、义务。总承包单位和分包单位对分包工程的安全生产承担连带责

任。分包单位应当服从总承包单位的安全生产管理，分包单位不服从管理导致生产安全事故的，由分包单位承担主要责任。

2.1.3 建设工程共同承包的有关规定

1. 建设工程共同承包的适用范围

大型建筑工程或者结构复杂的建筑工程，可以由两个以上的承包单位联合共同承包。

2. 建设工程共同承包的资质要求

两个以上不同资质等级的单位实行联合共同承包的，应当按照资质等级低的单位的业务许可范围承揽工程。

法律锦囊

联合共同承包是指由两个以上的单位共同组成非法人的联合体，以该联合体的名义承包某项建设工程的承包形式。共同承包工程的联合体各方通过订立的合同约定各自的权利义务，包括约定管理机构、管理方式、职责范围、利益分配、风险分担方式等。

3. 建设工程共同承包的责任

共同承包的各方对承包合同的履行承担连带责任。

联合体中标的，联合体各方应当共同与招标人签订合同，就中标项目向招标人承担连带责任。

法律锦囊

连带责任是指在建筑工程中，各个参与方因合同约定或法律规定，需要共同承担因工程质量、安全等问题而产生的责任。例如，某大型建设项目由甲、乙两家承包单位共同承包，该项目工程在施工过程中因两家承包单位配合不当而出现了严重质量问题，发包单位起诉这两家承包单位，要求这两家承包单位赔偿损失，人民法院审理该案件后，判决甲单位、乙单位因共同承包关系被判定承担连带责任，共同赔偿发包单位损失。

2.1.4 建设工程分包的有关规定

建设工程分包是指建设工程总承包单位将其承包工程的部分工程依法发包给具有相应资质的分包单位的行为。

根据《房屋建筑和市政基础设施工程施工分包管理办法》，房屋建筑和市政基础设施工程施工分包分为专业工程分包和劳务作业分包两种。其中，专业工程分包是指施工总承包企业将其承包工程中的专业工程发包给具有相应资质的其他建筑业企业完成的活动，劳务作业分包是指施工总承包企业或者专业承包企业将其承包工程中的劳务作业发包给劳务分包企业完成的活动。

1. 建设工程分包的条件

建设工程总承包单位可以将承包工程中的部分工程发包给具有相应资质条件的分包单位；但是，除总承包合同中约定的分包外，必须经建设单位认可。施工总承包的，建设工程主体结构的施工必须由总承包单位自行完成。

2. 建设工程分包的责任

建设工程总承包单位按照总承包合同的约定对建设单位负责，分包单位按照分包合同的约定对总承包单位负责。总承包单位和分包单位就分包工程对建设单位承担连带责任。

《建筑法》规定，禁止承包单位将其承包的全部建筑工程转包给他人，禁止承包单位将其承包的全部建筑工程肢解以后以分包的名义分别转包给他人；禁止总承包单位将工程分包给不具备相应资质条件的单位；禁止分包单位将其承包的工程再分包。

以案释法

【案例 2-1】甲公司将某工程发包给具有一级资质的乙公司并签订了总承包合同，总承包合同约定由乙公司承揽该工程的勘察、设计和施工。乙公司承包该工程后，在征得甲公司的同意后，分别与具有三级资质的丙公司和丁公司签订了分包合同，将该工程全部勘察、设计任务和施工任务分别发包给丙公司和丁公司。乙公司的行为合法吗？

【分析】在本案中，乙公司作为总承包单位，却将全部工程肢解以后以分包的名义转包给了丙公司和丁公司，虽然这一行为征得了甲公司的同意，但违反了《建筑法》中“禁止承包单位将其承包的全部建筑工程肢解以后以分包的名义分别转包给他人”的规定。因此，乙公司的行为不合法。

2.1.5 建设工程发包和承包违法行为的法律责任

1. 发包单位违法行为的法律责任

发包单位将工程发包给不具有相应资质条件的承包单位的，或者违反规定将建筑工程肢解发包的，责令改正，处以罚款。

2. 承包单位违法行为的法律责任

1）对转包或违法分包行为的处罚

承包单位将承包的工程转包的，或者违反规定进行分包的，责令改正，没收违法所得，并处罚款，可以责令停业整顿，降低资质等级；情节严重的，吊销资质证书。

承包单位有这一违法行为的，对因转包工程或者违法分包的工程不符合规定的质量标准造成的损失，与接受转包或者分包的单位承担连带赔偿责任。

2）对超越本单位资质等级承揽工程等行为的处罚

超越本单位资质等级承揽工程的，责令停止违法行为，处以罚款，可以责令停业整顿，降低资质等级；情节严重的，吊销资质证书；有违法所得的，予以没收。

未取得资质证书承揽工程的，予以取缔，并处罚款；有违法所得的，予以没收。以欺骗手段取得资质证书的，吊销资质证书，处以罚款；构成犯罪的，依法追究刑事责任。

3）对转让、出借资质证书行为的处罚

建筑施工企业转让、出借资质证书或者以其他方式允许他人以本企业的名义承揽工程的，责令改正，没收违法所得，并处罚款，可以责令停业整顿，降低资质等级；情节严重的，吊销资质证书。对因该项承揽工程不符合规定的质量标准造成的损失，建筑施工企业与使用本企业名义的单位或者个人承担连带赔偿责任。

4）对允许其他单位或者个人以本单位名义承揽工程行为的处罚

建筑施工企业转让、出借资质证书或者以其他方式允许他人以本企业的名义承揽工程的，责令改正，没收违法所得，并处罚款，可以责令停业整顿，降低资质等级；情节严重的，吊销资质证书。对因该项承揽工程不符合规定的质量标准造成的损失，建筑施工企业与使用本企业名义的单位或者个人承担连带赔偿责任。

3. 索贿、受贿、行贿违法行为的法律责任

在工程发包与承包中索贿、受贿、行贿，构成犯罪的，依法追究刑事责任；不构成犯罪的，分别处以罚款，没收贿赂的财物，对直接负责的主管人员和其他直接责任人员给予处分。对在工程承包中行贿的承包单位，除依照规定处罚外，可以责令停业整顿，降低资质等级或者吊销资质证书。

法苑广角

建筑工程施工发包与承包违法行为的认定

发包与承包违法行为具体是指违法发包、转包、违法分包及挂靠等违法行为。

1. 违法发包

违法发包是指建设单位将工程发包给个人或不具有相应资质的单位、肢解发包、违反法定程序发包及其他违反法律法规规定发包的行为。存在下列情形之一的，属于违法发包。

（1）建设单位将工程发包给个人的。

（2）建设单位将工程发包给不具有相应资质的单位的。

（3）依法应当招标未招标或未按照法定招标程序发包的。

（4）建设单位设置不合理的招标投标条件，限制、排斥潜在投标人或者投标人的。

肢解发包的认定及危害

（5）建设单位将一个单位工程的施工分解成若干部分发包给不同的施工总承包或专业承包单位的。

2. 转包

转包是指承包单位承包工程后，不履行合同约定的责任和义务，将其承包的全部工程或者将其承包的全部工程肢解后以分包的名义分别转给其他单位或个人施工的行为。存在下列情形之一的，应当认定为转包（有证据证明属于挂靠或者其他违法行为的除外）。

（1）承包单位将其承包的全部工程转给其他单位（包括母公司承接建筑工程后将所承接工程交由具有独立法人资格的子公司施工的情形）或个人施工的。

（2）承包单位将其承包的全部工程肢解以后，以分包的名义分别转给其他单位或个人施工的。

（3）施工总承包单位或专业承包单位未派驻项目负责人、技术负责人、质量管理负责人、安全管理负责人等主要管理人员，或派驻的项目负责人、技术负责人、质量管理负责人、安全管理负责人中一人及以上与施工单位没有订立劳动合同且没有建立劳动工资和社会养老保险关系，或派驻的项目负责人未对该工程的施工活动进行组织管理，又不能进行合理解释并提供相应证明的。

（4）合同约定由承包单位负责采购的主要建筑材料、构配件及工程设备或租赁的施工机械设备，由其他单位或个人采购、租赁，或施工单位不能提供有关采购、租赁合同及发票等证明，又不能进行合理解释并提供相应证明的。

（5）专业作业承包人承包的范围是承包单位承包的全部工程，专业作业承包人计取的是除上缴给承包单位“管理费”之外的全部工程价款的。

（6）承包单位通过采取合作、联营、个人承包等形式或名义，直接或变相将其承包的全部工程转给其他单位或个人施工的。

（7）专业工程的发包单位不是该工程的施工总承包或专业承包单位的，但建设单位依约作为发包单位的除外。

（8）专业作业的发包单位不是该工程承包单位的。

（9）施工合同主体之间没有工程款收付关系，或者承包单位收到款项后又将款项转拨给其他单位和个人，又不能进行合理解释并提供材料证明的。

（10）两个以上的单位组成联合体承包工程，在联合体分工协议中约定或者在项目实际实施过程中，联合体一方不进行施工也未对施工活动进行组织管理的，并且向联合体其他方收取管理费或者其他类似费用的，视为联合体一方将承包的工程转包给联合体其他方。

3. 违法分包

违法分包是指承包单位承包工程后违反法律法规规定，把单位工程或分部分项工程分包给其他单位或个人施工的行为。存在下列情形之一的，属于违法分包。

（1）承包单位将其承包的工程分包给个人的。

（2）施工总承包单位或专业承包单位将工程分包给不具备相应资质单位的。

（3）施工总承包单位将施工总承包合同范围内工程主体结构的施工分包给其他单位的，钢结构工程除外。

（4）专业分包单位将其承包的专业工程中非劳务作业部分再分包的。

（5）专业作业承包人将其承包的劳务再分包的。

（6）专业作业承包人除计取劳务作业费用外，还计取主要建筑材料款和大中型施工机械设备、主要周转材料费用的。

4. 挂靠

挂靠是指单位或个人以其他有资质的施工单位的名义承揽工程的行为。其中，承揽工程包括参与投标、订立合同、办理有关施工手续、从事施工等活动。存在下列情形之一的，属于挂靠。

（1）没有资质的单位或个人借用其他施工单位的资质承揽工程的。

（2）有资质的施工单位相互借用资质承揽工程的，包括资质等级低的借用资质等级高的，资质等级高的借用资质等级低的，相同资质等级相互借用的。

（3）具有转包第（3）至（9）项规定的情形，有证据证明属于挂靠的。

2.2 建设工程招标和投标的有关规定

2.2.1 建设工程招标的有关规定

建设工程招标是指建设单位（招标人）或由建设单位委托的招标代理机构，通过发布招标公告或以投标邀请书的形式向潜在投标人发出邀请，按照规定的程序和办法从中选择条件优越的投标人作为承包人的过程。

1. 建设工程招标的适用范围

在中华人民共和国境内进行下列工程建设项目包括项目的勘察、设计、施工、监理以及与工程建设有关的重要设备、材料等的采购，必须进行招标。

（1）大型基础设施、公用事业等关系社会公共利益、公众安全的项目。该项目包括：① 煤炭、石油、天然气、电力、新能源等能源基础设施项目；② 铁路、公路、管道、水运，以及公共航空和 A1 级通用机场等交通运输基础设施项目；③ 电信枢纽、通信信息网络等通信基础设施项目；④ 防洪、灌溉、排涝、引（供）水等水利基础设施项目；⑤ 城市轨道交通等城建项目。

（2）全部或者部分使用国有资金投资或者国家融资的项目。该项目包括：① 使用预算资金 200 万元人民币以上，并且该资金占投资额 10%以上的项目；② 使用国有企事业单位资金，并且该资金占控股或者主导地位的项目。

（3）使用国际组织或者外国政府贷款、援助资金的项目。该项目包括：① 使用世界银行、亚洲开发银行等国际组织贷款、援助资金的项目；② 使用外国政府及其机构贷款、援助资金的项目。

法苑广角

必须招标项目的采购标准

上述规定范围内的项目，其勘察、设计、施工、监理以及与工程建设有关的重要设备、材料等的采购达到下列标准之一的，必须招标。

（1）施工单项合同估算价在 400 万元人民币以上。

（2）重要设备、材料等货物的采购，单项合同估算价在 200 万元人民币以上。

（3）勘察、设计、监理等服务的采购，单项合同估算价在 100 万元人民币以上。

同一项目中可以合并进行的勘察、设计、施工、监理以及与工程建设有关的重要设备、材料等的采购，合同估算价合计达到规定标准的，必须招标。

涉及国家安全、国家秘密、抢险救灾或者属于利用扶贫资金实行以工代赈、需要使用农民工等特殊情况，不适宜进行招标的项目，按照国家有关规定可以不进行招标。

除规定的可以不进行招标的特殊情况外，有下列情形之一的，可以不进行招标：① 需要采用不可替代的专利或者专有技术；② 采购人依法能够自行建设、生产或者提供；③ 已通过招标方式选定的特许经营项目投资人依法能够自行建设、生产或者提供；④ 需要向原中标人采购工程、货物或者服务，否则将影响施工或者功能配套要求；⑤ 国家规定的其他特殊情形。

某高校科教楼施工工程为该市重点建设工程，该工程预计投资780万元。此项目施工单位由建设单位申请经市政府和主管部门批准不招标，奖励给某建设集团承建，双方签订了施工合同。请问该施工合同是否有效？

2. 建设工程招标的方式

建设工程招标的方式分为公开招标和邀请招标两种。

1）公开招标

公开招标是指招标人以招标公告的方式邀请不特定的法人或者其他组织投标。国有资金占控股或者主导地位的依法必须进行招标的项目，应当公开招标。

2）邀请招标

邀请招标是指招标人以投标邀请书的方式邀请特定的法人或者其他组织投标。国务院发展计划部门确定的国家重点项目和省、自治区、直辖市人民政府确定的地方重点项目不适宜公开招标的，经国务院发展计划部门或者省、自治区、直辖市人民政府批准，可以进行邀请招标。有下列情形之一的，可以进行邀请招标。

（1）技术复杂、有特殊要求或者受自然环境限制，只有少量潜在投标人可供选择。

（2）采用公开招标方式的费用占项目合同金额的比例过大。

法苑广角

总承包招标和两阶段招标

（1）总承包招标。

招标人可以依法对工程以及与工程建设有关的货物、服务全部或者部分实行总承包招标。以暂估价形式包括在总承包范围内的工程、货物、服务属于依法必须进行招标的项目范围且达到国家规定规模标准的，应当依法进行招标。其中，暂估价是指总承包招标时不能确定价格而由招标人在招标文件中暂时估定的工程、货物、服务的金额。

(2) 两阶段招标。

对技术复杂或者无法精确拟定技术规格的项目，招标人可以分两阶段进行招标。

第一阶段，投标人按照招标公告或者投标邀请书的要求提交不带报价的技术建议，招标人根据投标人提交的技术建议确定技术标准和要求，编制招标文件。

第二阶段，招标人向在第一阶段提交技术建议的投标人提供招标文件，投标人按照招标文件的要求提交包括最终技术方案和投标报价的投标文件。

招标人要求投标人提交投标保证金的，应当在第二阶段提出。

3. 建设工程招标的程序

建设工程招标的程序包括履行审批手续、组织招标、编制招标文件或标底、发布招标公告或投标邀请书、资格审查、发售招标文件等。

1）履行审批手续

招标项目按照国家有关规定需要履行项目审批手续的，应当先履行审批手续，取得批准。招标人应当有进行招标项目的相应资金或者资金来源已经落实，并应当在招标文件中如实载明。

按照国家有关规定需要履行项目审批、核准手续的依法必须进行招标的项目，其招标范围、招标方式、招标组织形式应当报项目审批、核准部门审批、核准。项目审批、核准部门应当及时将审批、核准确定的招标范围、招标方式、招标组织形式通报有关行政监督部门。

2）组织招标

（1）自行组织招标。

招标人具有编制招标文件和组织评标能力的，可以自行办理招标事宜。任何单位和个人不得强制其委托招标代理机构办理招标事宜。

依法必须进行招标的项目，招标人自行办理招标事宜的，应当向有关行政监督部门备案。

法律锦囊

招标人具有编制招标文件和组织评标能力是指招标人具有与招标项目规模和复杂程度相适应的技术、经济等方面的专业人员。

（2）委托招标代理机构。

招标代理机构是指依法设立、从事招标代理业务并提供有关服务的社会中介组织。招标代理机构应当具备下列条件：① 有从事招标代理业务的营业场所和相应资金；② 有能够编制招标文件和组织评标的相应专业力量。

招标人有权自行选择招标代理机构，委托其办理招标事宜。任何单位和个人不得以任何方式为招标人指定招标代理机构。

招标代理机构与行政机关和其他国家机关不得存在隶属关系或者其他利益关系。招标代理机构应当在招标人委托的范围内承担招标事宜，并遵守《招标投标法》关于招标人的规定。

招标代理机构在招标人委托的范围内开展招标代理业务，任何单位和个人不得非法干涉。招标代理机构代理招标业务，应当遵守《招标投标法》和《中华人民共和国招标投标法实施条例》（以下简称《招标投标法实施条例》）关于招标人的规定。招标代理机构不得在所代理的招标项目中投标或者代理投标，也不得为所代理的招标项目的投标人提供咨询。

3）编制招标文件或标底

（1）编制招标文件应遵守的原则。

招标人应当根据招标项目的特点和需要编制招标文件。招标文件应当包括招标项目的技术要求、对投标人资格审查的标准、投标报价要求和评标标准等所有实质性要求和条件以及拟签订合同的主要条款。

国家对招标项目的技术、标准有规定的，招标人应当按照其规定在招标文件中提出相应要求。招标项目需要划分标段、确定工期的，招标人应当合理划分标段、确定工期，并在招标文件中载明。

招标文件不得要求或者标明特定的生产供应者以及含有倾向或者排斥潜在投标人的其他内容。

（2）招标文件在时间方面应遵守的规定。

招标人对已发出的招标文件进行必要的澄清或者修改的，应当在招标文件要求提交投标文件截止时间至少15日前，以书面形式通知所有招标文件收受人。该澄清或者修改的内容为招标文件的组成部分。

招标人应当确定投标人编制投标文件所需要的合理时间；但是，依法必须进行招标的项目，自招标文件开始发出之日起至投标人提交投标文件截止之日止，最短不得少于20日。

某城市轨道交通项目的招标公告显示，招标文件获取时间为2024年3月12日至3月22日，投标文件的递交截止时间为2024年3月28日。请大家想一想，该招标公告显示的时间是否合理？

招标人应当在招标文件中载明投标有效期。投标有效期从提交投标文件的截止之日起算。招标人在招标文件中要求投标人提交投标保证金的，投标保证金有效期应与投标有效期一致。

（3）编制标底。

标底是指采用计价依据及办法编制的，对工程招标有限制作用的工程造价。招标人可以自行决定是否编制标底。一个招标项目只能有一个标底。标底必须保密。

接受委托编制标底的中介机构不得参加受托编制标底项目的投标，也不得为该项目的投标人编制投标文件或者提供咨询。

招标人设有最高投标限价的，应当在招标文件中明确最高投标限价或者最高投标限价的计算方法。招标人不得规定最低投标限价。

4）发布招标公告或投标邀请书

（1）招标公告。

招标人采用公开招标方式的，应当发布招标公告。依法必须进行招标的项目的招标公告，应当通过国家指定的报刊、信息网络或者其他媒介发布。招标公告应当载明招标人的名称和地址、招标项目的性质、数量、实施地点和时间以及获取招标文件的办法等事项。

依法必须进行招标的项目的招标公告，应当在国务院发展改革部门依法指定的媒介发布。在不同媒介发布的同一招标项目的招标公告的内容应当一致。指定媒介发布依法必须进行招标的项目的境内资格预审公告、招标公告，不得收取费用。

（2）投标邀请书。

招标人采用邀请招标方式的，应当向 3 个以上具备承担招标项目的能力、资信良好的特定的法人或者其他组织发出投标邀请书。投标邀请书应当载明招标人的名称和地址、招标项目的性质、数量、实施地点和时间以及获取招标文件的办法等事项。

什么是虚假招标

5）资格审查

资格审查可分为资格预审和资格后审两种方式。

资格审查应主要审查潜在投标人或者投标人是否符合下列条件：① 具有独立订立合同的权利；② 具有履行合同的能力，包括专业、技术资格和能力，资金、设备和其他物质设施状况，管理能力，经验、信誉和相应的从业人员；③ 没有处于被责令停业，投标资格被取消，财产被接管、冻结，破产状态；④ 在最近 3 年内没有骗取中标和严重违约及重大工程质量问题；⑤ 国家规定的其他资格条件。

资格审查时，招标人不得以不合理的条件限制、排斥潜在投标人或者投标人，不得对潜在投标人或者投标人实行歧视待遇。任何单位和个人不得以行政手段或者其他不合理方式限制投标人的数量。

（1）资格预审。

资格预审是指在投标前对潜在投标人进行的资格审查。招标人可以根据招标项目的需要，对投标申请人进行资格预审，也可以委托项目招标代理机构对投标申请人进行资格预审。招标人采取资格预审的，应当发布资格预审公告、编制资格预审文件。

招标人编制的资格预审文件、招标文件的内容违反法律、行政法规的强制性规定，违反公开、公平、公正和诚实信用原则，影响资格预审结果或者潜在投标人投标的，依法必须进行招标的项目的招标人应当在修改资格预审文件或者招标文件后重新招标。

法苑广角

资格预审的具体规定

（1）对资格预审文件的要求。

招标人应当合理确定提交资格预审申请文件的时间。依法必须进行招标的项目提交资格预审申请文件的时间，自资格预审文件停止发售之日起不得少于5日。资格预审应当按照资格预审文件载明的标准和方法进行。

资格预审文件一般应当包括资格预审申请书格式、申请人须知，以及需要投标申请人提供的企业资质、业绩、技术装备、财务状况和拟派出的项目经理与主要技术人员的简历、业绩等证明材料。

实行资格预审的招标项目，招标人应当在招标公告或者投标邀请书中载明资格预审的条件和获取资格预审文件的办法。

（2）可澄清或者修改资格预审文件的时间。

招标人可以对已发出的资格预审文件进行必要的澄清或者修改。澄清或者修改的内容可能影响资格预审申请文件编制的，招标人应当在提交资格预审申请文件截止时间至少3日前，以书面形式通知所有获取资格预审文件的潜在投标人；不足3日或者15日的，招标人应当顺延提交资格预审申请文件的截止时间。

（3）资格预审结果的通知。

资格预审结束后，招标人应当及时向资格预审申请人发出资格预审结果通知书。未通过资格预审的申请人不具有投标资格。通过资格预审的申请人少于3个的，应当重新招标。

（4）针对有异议的资格预审文件的处理。

潜在投标人或者其他利害关系人对资格预审文件有异议的，应当在提交资格预审申请文件截止时间2日前提出；对招标文件有异议的，应当在投标截止时间10日前提出。招标人应当自收到异议之日起3日内作出答复；作出答复前，应当暂停招标投标活动。

（2）资格后审。

资格后审是指在开标后对投标人进行的资格审查。招标人采用资格后审办法对投标人进行资格审查的，应当在开标后由评标委员会按照招标文件规定的标准和方法对投标人的资格进行审查。经资格后审不合格的投标人的投标应予否决。

6）发售招标文件

招标人应当按照资格预审公告、招标公告或者投标邀请书规定的时间、地点发售资格预审文件或者招标文件。资格预审文件或者招标文件的发售期不得少于5日。

招标人发售资格预审文件、招标文件收取的费用应当限于补偿印刷、邮寄的成本支出，不得以营利为目的。

法苑广角

终止招标

招标人终止招标的，应当及时发布公告，或者以书面形式通知被邀请的或者已经获取资格预审文件、招标文件的潜在投标人。已经发售资格预审文件、招标文件或者已经收取投标保证金的，招标人应当及时退还所收取的资格预审文件、招标文件的费用，以及所收取的投标保证金及银行同期存款利息。

2.2.2 建设工程投标的有关规定

建设工程投标是指在建设工程招标过程中，由具备相应资格条件的投标人根据招标文件的要求，向招标人提交投标文件的过程。

1. 投标人的要求

投标人是响应招标、参加投标竞争的法人或者其他组织。投标人应当具备承担招标项目的能力；国家有关规定对投标人资格条件或者招标文件对投标人资格条件有规定的，投标人应当具备规定的资格条件。投标人参加依法必须进行招标的项目的投标，不受地区或者部门的限制，任何单位和个人不得非法干涉。违反以下规定的，相关投标均无效。

（1）与招标人存在利害关系可能影响招标公正性的法人、其他组织或者个人，不得参加投标。

（2）单位负责人为同一人或者存在控股、管理关系的不同单位，不得参加同一标段投标或者未划分标段的同一招标项目投标。

2. 投标文件

1）投标文件的编制

投标人应当按照招标文件的要求编制投标文件。投标文件应当对招标文件提出的实质性要求和条件作出响应。

招标项目属于建设施工的，投标文件的内容应当包括拟派出的项目负责人与主要技术人员的简历、业绩和拟用于完成招标项目的机械设备等。投标人根据招标文件载明的项目实际情况，拟在中标后将中标项目的部分非主体、非关键性工作进行分包的，应当在投标文件中载明。

2）投标文件的提交

投标人应当在招标文件要求提交投标文件的截止时间前，将投标文件送达投标地点。招标人收到投标文件后，应当签收保存，不得开启。投标人少于3个的，招标人应当依法重新招标。

未通过资格预审的申请人提交的投标文件，以及逾期送达或者不按照招标文件要求密封的投标文件，招标人应当拒收。招标人应当如实记载投标文件的送达时间和密封情况，并存档备查。

3）投标文件的补充、修改、撤回和撤销

投标人在招标文件要求提交投标文件的截止时间前，可以补充、修改或者撤回已提交的投标文件，并书面通知招标人。补充、修改的内容为投标文件的组成部分。

投标人撤回已提交的投标文件，应当在投标截止时间前书面通知招标人。招标人已收取投标保证金的，应当自收到投标人书面撤回通知之日起5日内退还。

投标截止后投标人撤销投标文件的，招标人可以不退还投标保证金。

以案释法

【案例2-2】某高校实验楼为了进行技术改造，决定对改造设备的设计、安装、施工等工程进行招标。由于该项目的一些特殊专业要求，招标人决定采用邀请招标的方式，并向甲、乙、丙三家单位发出投标邀请书。这三家单位按规定时间提交了投标文件。但甲单位工作人员在提交投标文件后发现因对招标文件理解错误而报错了报价，遂在规定的投标文件提交截止时间前1小时向招标人递交了一份书面通知，要求撤回已提交的投标文件。由于甲投标人撤回了投标文件，在剩下的乙、丙两个投标人中，通过评标委员会专家的综合评价，最后选择了乙单位为中标单位。上述投标过程有何不妥？

【分析】在本案中，甲投标人已撤回投标文件后，仅剩下乙、丙两个投标人。《招标投标法》规定，投标人少于3个的，招标人应当依法重新招标。因此，上述招标不合法，应当重新招标。

3. 联合体投标

两个以上法人或者其他组织可以组成一个联合体，以一个投标人的身份共同投标。联合体各方均应当具备承担招标项目的相应能力；国家有关规定或者招标文件对投标人资格条件有规定的，联合体各方均应当具备规定的相应资格条件。

招标人应当在资格预审公告、招标公告或者投标邀请书中载明是否接受联合体投标。招标人接受联合体投标并进行资格预审的，联合体应当在提交资格预审申请文件前组成。资格预审后联合体增减、更换成员的，其投标无效。联合体各方在同一招标项目中以自己名义单独投标或者参加其他联合体投标的，相关投标均无效。招标人不得强制投标人组成联合体共同投标，不得限制投标人之间的竞争。

由同一专业的单位组成的联合体，按照资质等级较低的单位确定资质等级。联合体各方应当签订共同投标协议，明确约定各方拟承担的工作和责任，并将共同投标协议连同投标文件一并提交招标人。

4. 投标中的禁止性行为

投标中的禁止性行为如表 2-3 所示。

表 2-3 投标中的禁止性行为

所禁止的行为	内容
招标人以不合理条件限制、排斥潜在投标人或者投标人	招标人有下列行为之一的，属于以不合理条件限制、排斥潜在投标人或者投标人 （1）就同一招标项目向潜在投标人或者投标人提供有差别的项目信息 （2）设定的资格、技术、商务条件与招标项目的具体特点和实际需要不相适应或者与合同履行无关 （3）依法必须进行招标的项目以特定行政区域或者特定行业的业绩、奖项作为加分条件或者中标条件 （4）对潜在投标人或者投标人采取不同的资格审查或者评标标准 （5）限定或者指定特定的专利、商标、品牌、原产地或者供应商 （6）依法必须进行招标的项目非法限定潜在投标人或者投标人的所有制形式或者组织形式 （7）以其他不合理条件限制、排斥潜在投标人或者投标人
投标人相互串通投标	有下列情形之一的，属于投标人相互串通投标 （1）投标人之间协商投标报价等投标文件的实质性内容 （2）投标人之间约定中标人 （3）投标人之间约定部分投标人放弃投标或者中标 （4）属于同一集团、协会、商会等组织成员的投标人按照该组织要求协同投标 （5）投标人之间为谋取中标或者排斥特定投标人而采取的其他联合行动

（续表）

所禁止的行为	内容
投标人相互串通投标	有下列情形之一的，视为投标人相互串通投标 （1）不同投标人的投标文件由同一单位或者个人编制 （2）不同投标人委托同一单位或者个人办理投标事宜 （3）不同投标人的投标文件载明的项目管理成员为同一人 （4）不同投标人的投标文件异常一致或者投标报价呈规律性差异 （5）不同投标人的投标文件相互混装 （6）不同投标人的投标保证金从同一单位或者个人的账户转出
招标人与投标人串通投标	有下列情形之一的，属于招标人与投标人串通投标 （1）招标人在开标前开启投标文件并将有关信息泄露给其他投标人 （2）招标人直接或者间接向投标人泄露标底、评标委员会成员等信息 （3）招标人明示或者暗示投标人压低或者抬高投标报价 （4）招标人授意投标人撤换、修改投标文件 （5）招标人明示或者暗示投标人为特定投标人中标提供方便 （6）招标人与投标人为谋求特定投标人中标而采取的其他串通行为
投标人其他不正当竞争行为	投标人不得以低于成本的报价竞标，也不得以他人名义投标或者以其他方式弄虚作假，骗取中标。其中，以他人名义投标是指投标人挂靠其他施工单位，或从其他单位通过受让或租借的方式获取资格或资质证书，或由其他单位及其法定代表人在自己编制的投标文件上加盖印章和签字等行为 使用通过受让或者租借等方式获取的资格、资质证书投标的，属于以他人名义投标 投标人有下列情形之一的，属于规定的以其他方式弄虚作假的行为 （1）使用伪造、变造的许可证件 （2）提供虚假的财务状况或者业绩 （3）提供虚假的项目负责人或者主要技术人员简历、劳动关系证明 （4）提供虚假的信用状况 （5）其他弄虚作假的行为

2.2.3 建设工程开标、评标和中标的有关规定

1. 开标

开标是指在投标人提交投标文件后，招标人在招标文件规定的时间和地点，开启投标文件，公开宣布投标人的名称、投标价格及其他主要内容的过程。投标人少于3个的，不得开标。

1）开标的时间和地点

开标应当在招标文件确定的提交投标文件截止时间的同一时间公开进行，开标地点

应当为招标文件中预先确定的地点。

2）对开标的人员要求

开标由招标人主持，邀请所有投标人参加。

3）开标程序

开标时，由投标人或者其推选的代表检查投标文件的密封情况，也可以由招标人委托的公证机构检查并公证；经确认无误后，由工作人员当众拆封，宣读投标人名称、投标价格和投标文件的其他主要内容。招标人在招标文件要求提交投标文件的截止时间前收到的所有投标文件，开标时都应当当众予以拆封、宣读。开标过程应当记录，并存档备查。

法苑广角

无效投标文件的界定

《房屋建筑和市政基础设施工程施工招标投标管理办法》规定，在开标时，投标文件出现下列情形之一的，应当作为无效投标文件，不得进入评标。

（1）投标文件未按照招标文件的要求予以密封的。

（2）投标文件中的投标函未加盖投标人的企业及企业法定代表人印章的，或者企业法定代表人委托代理人没有合法、有效的委托书（原件）及委托代理人印章的。

（3）投标文件的关键内容字迹模糊、无法辨认的。

（4）投标人未按照招标文件的要求提供投标保函或者投标保证金的。

（5）组成联合体投标的，投标文件未附联合体各方共同投标协议的。

4）对开标有异议的处理

投标人对开标有异议的，应当在开标现场提出，招标人应当当场作出答复，并制作记录。

某项目开标由市招标办的工作人员主持，所有投标人代表均到场。开标时，工作人员直接宣读了投标人名称、投标价格等主要内容。请大家想一想，此次开标有何不妥之处？

2. 评标

评标是指评标委员会依据招标文件和有关法律法规，对投标文件进行审查、评审和比较，从中择优选择投标人的过程。

1）评标委员会

评标由招标人依法组建的评标委员会负责。

（1）评标委员会的组成。

依法必须进行招标的项目，其评标委员会由招标人的代表和有关技术、经济等方面的专家组成，成员人数为5人以上单数，其中技术、经济等方面的专家不得少于成员总数的三分之二。

某建设项目的评标委员会成员由招标人直接确定，共由7人组成，其中招标人代表3人，专家4人。请大家想一想，这种做法有何不妥之处？

评标委员会的专家成员应当从依法组建的专家库内的相关专业专家名单中确定；一般招标项目可以采取随机抽取的方式确定，特殊招标项目可以由招标人直接确定。

法律锦囊

特殊招标项目是指技术复杂、专业性强或者国家有特殊要求，采取随机抽取方式确定的专家难以保证胜任评标工作的项目。

与投标人有利害关系的人不得进入相关项目的评标委员会，已经进入的应当更换。评标委员会成员的名单在中标结果确定前应当保密。

（2）评标委员会成员的义务。

评标委员会成员应当依照《招标投标法》和《招标投标法实施条例》的规定，按照招标文件规定的评标标准和方法，客观、公正地对投标文件提出评审意见。招标文件没有规定的评标标准和方法不得作为评标的依据。

评标委员会成员不得私下接触投标人，不得收受投标人给予的财物或者其他好处，不得向招标人征询确定中标人的意向，不得接受任何单位或者个人明示或者暗示提出的倾向或者排斥特定投标人的要求，不得有其他不客观、不公正履行职务的行为。

2）评标程序

（1）评标准备。

评标委员会成员应当编制供评标使用的相应表格，认真研究招标文件，至少应了解和熟悉以下内容：① 招标的目标；② 招标项目的范围和性质；③ 招标文件中规定的主要技术要求、标准和商务条款；④ 招标文件规定的评标标准、评标方法和在评标过程中考虑的相关因素。

（2）初步评审。

评标委员会应当根据招标文件规定的评标标准和方法，对投标文件进行系统地评审和比较。招标文件中没有规定的标准和方法不得作为评标的依据。初步评审的内容主要包括投标文件的完整性、投标文件的格式和语言、投标人的资格条件、投标价格的合理性、投标文件的响应性等内容。

（3）详细评审。

经初步评审合格的投标文件，评标委员会应当根据招标文件确定的评标标准和方法，对其技术部分和商务部分作进一步评审、比较。评标方法包括经评审的最低投标价法、综合评估法或者法律、行政法规允许的其他评标方法。

法苑广角

经评审的最低投标价法和综合评估法

经评审的最低投标价法一般适用于具有通用技术、性能标准或者招标人对其技术、性能没有特殊要求的招标项目。根据该评标方法完成评标后，评标委员会应当拟定一份“标价比较表”，连同书面评标报告提交招标人。“标价比较表”应当载明投标人的投标报价、对商务偏差的价格调整和说明以及经评审的最终投标价。

不宜采用经评审的最低投标价法的招标项目，一般应当采取综合评估法进行评审。根据综合评估法完成评标后，评标委员会应当拟定一份“综合评估比较表”，连同书面评标报告提交招标人。“综合评估比较表”应当载明投标人的投标报价、所作的任何修正、对商务偏差的调整、对技术偏差的调整、对各评审因素的评估以及对每一投标的最终评审结果。

3. 中标

中标是指招标人确定中标人，并在规定的时间内与之签订书面合同的过程。

1）推荐中标候选人

评标完成后，评标委员会应当向招标人提交书面评标报告和中标候选人名单。其中，评标报告应当由评标委员会全体成员签字；中标候选人应当不超过3个，并标明排序。

2）确定中标人

招标人根据评标委员会提出的书面评标报告和推荐的中标候选人确定中标人。招标人也可以授权评标委员会直接确定中标人。在确定中标人前，招标人不得与投标人就投标价格、投标方案等实质性内容进行谈判。中标人的投标应当符合下列条件之一。

（1）能够最大限度地满足招标文件中规定的各项综合评价标准。

（2）能够满足招标文件的实质性要求，并且经评审的投标价格最低；但是投标价格低于成本的除外。

中标人确定后，招标人应当向中标人发出中标通知书，并同时将中标结果通知所有未中标的投标人。中标通知书对招标人和中标人具有法律效力。中标通知书发出后，招标人改变中标结果的，或者中标人放弃中标项目的，应当依法承担法律责任。

3）签订合同

招标人和中标人应当自中标通知书发出之日起 30 日内，按照招标文件和中标人的投标文件订立书面合同。招标人和中标人不得再行订立背离合同实质性内容的其他协议。招标文件要求中标人提交履约保证金的，中标人应当提交。履约保证金不得超过中标合同金额的 10%。

法律锦囊

联合体中标的，联合体各方应当共同与招标人签订合同，就中标项目向招标人承担连带责任。

2.2.4　建设工程招标和投标违法行为的法律责任

1. 招标人违法行为的法律责任

1）对规避招标行为的处罚

违反《招标投标法》规定，必须进行招标的项目而不招标的，将必须进行招标的项目化整为零或者以其他任何方式规避招标的，责令限期改正，可以处项目合同金额 5‰以上 10‰以下的罚款；对全部或者部分使用国有资金的项目，可以暂停项目执行或者暂停资金拨付；对单位直接负责的主管人员和其他直接责任人员依法给予处分。

2）对限制或者排斥潜在投标人行为的处罚

招标人以不合理的条件限制或者排斥潜在投标人的，对潜在投标人实行歧视待遇的，强制要求投标人组成联合体共同投标的，或者限制投标人之间竞争的，责令改正，可以处 1 万元以上 5 万元以下的罚款。招标人有下列限制或者排斥潜在投标人行为之一的，由有关行政监督部门依照上述规定处罚。

（1）依法应当公开招标的项目不按照规定在指定媒介发布资格预审公告或者招标公告。

（2）在不同媒介发布的同一招标项目的资格预审公告或者招标公告的内容不一致，影响潜在投标人申请资格预审或者投标。

3）对影响公平竞争行为的处罚

依法必须进行招标的项目的招标人向他人透露已获取招标文件的潜在投标人的名称、数量或者可能影响公平竞争的有关招标投标的其他情况的，或者泄露标底的，给予警告，可以并处 1 万元以上 10 万元以下的罚款；对单位直接负责的主管人员和其他直接责任人员依法给予处分；构成犯罪的，依法追究刑事责任。这些违法行为影响中标结果的，中标无效。

4）对就实质性内容与投标人谈判行为的处罚

依法必须进行招标的项目，招标人违反《招标投标法》规定，与投标人就投标价格、投标方案等实质性内容进行谈判的，给予警告，对单位直接负责的主管人员和其他直接责任人员依法给予处分。这些违法行为影响中标结果的，中标无效。

5）对违法确定中标人行为的处罚

招标人在评标委员会依法推荐的中标候选人以外确定中标人的，依法必须进行招标的项目在所有投标被评标委员会否决后自行确定中标人的，中标无效，责令改正，可以处中标项目金额5‰以上10‰以下的罚款；对单位直接负责的主管人员和其他直接责任人员依法给予处分。

6）对不与中标人订立合同行为的处罚

招标人与中标人不按照招标文件和中标人的投标文件订立合同的，或者招标人、中标人订立背离合同实质性内容的协议的，责令改正；可以处中标项目金额5‰以上10‰以下的罚款。

7）对未按比例收取保证金行为的处罚

招标人超过《招标投标法实施条例》规定的比例收取投标保证金、履约保证金或者不按照规定退还投标保证金及银行同期存款利息的，由有关行政监督部门责令改正，可以处5万元以下的罚款；给他人造成损失的，依法承担赔偿责任。

8）对不按规定组建评标委员会行为的处罚

依法必须进行招标的项目的招标人不按照规定组建评标委员会，或者确定、更换评标委员会成员违反《招标投标法》和《招标投标法实施条例》规定的，由有关行政监督部门责令改正，可以处10万元以下的罚款，对单位直接负责的主管人员和其他直接责任人员依法给予处分；违法确定或者更换的评标委员会成员作出的评审结论无效，依法重新进行评审。

9）对不按规定对异议作出答复行为的处罚

招标人不按照规定对异议作出答复，继续进行招标投标活动的，由有关行政监督部门责令改正，拒不改正或者不能改正并影响中标结果的，依照《招标投标法实施条例》第八十一条的规定处理。

法律锦囊

《招标投标法实施条例》第八十一条规定：依法必须进行招标的项目的招标投标活动违反《招标投标法》和本条例的规定，对中标结果造成实质性影响，且不能采取补救措施予以纠正的，招标、投标、中标无效，应当依法重新招标或者评标。

10）对其他违法行为的处罚

招标人有下列情形之一的，由有关行政监督部门责令改正，可以处10万元以下的罚款。

（1）依法应当公开招标而采用邀请招标。

（2）招标文件、资格预审文件的发售、澄清、修改的时限，或者确定的提交资格预审申请文件、投标文件的时限不符合《招标投标法》和《招标投标法实施条例》规定。

（3）接受未通过资格预审的单位或者个人参加投标。

（4）接受应当拒收的投标文件。

招标人有上述第（1）项、第（3）项、第（4）项所列行为之一的，对单位直接负责的主管人员和其他直接责任人员依法给予处分。

依法必须进行招标的项目的招标人有下列情形之一的，由有关行政监督部门责令改正，可以处中标项目金额10‰以下的罚款；给他人造成损失的，依法承担赔偿责任；对单位直接负责的主管人员和其他直接责任人员依法给予处分。

（1）无正当理由不发出中标通知书。

（2）不按照规定确定中标人。

（3）中标通知书发出后无正当理由改变中标结果。

（4）无正当理由不与中标人订立合同。

（5）在订立合同时向中标人提出附加条件。

2．投标人违法行为的法律责任

1）对串通投标行为的处罚

投标人相互串通投标或者与招标人串通投标的，投标人以向招标人或者评标委员会成员行贿的手段谋取中标的，中标无效，处中标项目金额5‰以上10‰以下的罚款，对单位直接负责的主管人员和其他直接责任人员处单位罚款数额5%以上10%以下的罚款；有违法所得的，并处没收违法所得；情节严重的，取消其1年至2年内参加依法必须进行招标的项目的投标资格并予以公告，直至由工商行政管理机关吊销营业执照；构成犯罪的，依法追究刑事责任。给他人造成损失的，依法承担赔偿责任。

法苑广角

串通投标和以行贿谋取中标的情节严重行为

投标人相互串通投标或者与招标人串通投标的，投标人向招标人或者评标委员会成员行贿谋取中标的，中标无效；构成犯罪的，依法追究刑事责任；尚不构成犯罪的，依照上述规定处罚。投标人未中标的，对单位的罚款金额按照招标项目合同金额依照《招标投标法》规定的比例计算。

投标人有下列行为之一的，属于上述规定的情节严重行为，由有关行政监督部门取消其1年至2年内参加依法必须进行招标的项目的投标资格。

（1）以行贿谋取中标。

（2）3 年内 2 次以上串通投标。

（3）串通投标行为损害招标人、其他投标人或者国家、集体、公民的合法利益，造成直接经济损失 30 万元以上。

（4）其他串通投标情节严重的行为。

投标人自上述情节严重行为规定的处罚执行期限届满之日起 3 年内又有该款所列违法行为之一的，或者串通投标、以行贿谋取中标情节特别严重的，由工商行政管理机关吊销营业执照。法律、行政法规对串通投标报价行为的处罚另有规定的，从其规定。

2）对通过弄虚作假骗取中标行为的处罚

投标人以他人名义投标或者以其他方式弄虚作假，骗取中标的，中标无效，给招标人造成损失的，依法承担赔偿责任；构成犯罪的，依法追究刑事责任。

依法必须进行招标的项目的投标人有上述所列行为尚未构成犯罪的，处中标项目金额 5‰以上 10‰以下的罚款，对单位直接负责的主管人员和其他直接责任人员处单位罚款数额 5%以上 10%以下的罚款；有违法所得的，并处没收违法所得；情节严重的，取消其 1 年至 3 年内参加依法必须进行招标的项目的投标资格并予以公告，直至由工商行政管理机关吊销营业执照。

3）对出让或出租资格、资质证书供他人投标行为的处罚

出让或者出租资格、资质证书供他人投标的，依照法律、行政法规的规定给予行政处罚；构成犯罪的，依法追究刑事责任。

4）对非法投诉行为的处罚

投标人或者其他利害关系人捏造事实、伪造材料或者以非法手段取得证明材料进行投诉，给他人造成损失的，依法承担赔偿责任。

3. 中标人违法行为的法律责任

1）对将中标项目违法转让、分包行为的处罚

中标人将中标项目转让给他人的，将中标项目肢解后分别转让给他人的，违反《招标投标法》和《招标投标法实施条例》规定将中标项目的部分主体、关键性工作分包给他人的，或者分包人再次分包的，转让、分包无效，处转让、分包项目金额 5‰以上 10‰以下的罚款；有违法所得的，并处没收违法所得；可以责令停业整顿；情节严重的，由工商行政管理机关吊销营业执照。

2）对不与招标人订立合同行为的处罚

中标人不与招标人订立合同，在签订合同时向招标人提出附加条件，或者不按照招标文件要求提交履约保证金的，取消其中标资格，投标保证金不予退还。对依法必须进行招标的项目的中标人，由有关行政监督部门责令改正，可以处中标项目金额 10‰以下的罚款。

3）对不履行与招标人订立的合同行为的处罚

中标人不履行与招标人订立的合同的，履约保证金不予退还，给招标人造成的损失超过履约保证金数额的，还应当对超过部分予以赔偿；没有提交履约保证金的，应当对招标人的损失承担赔偿责任。中标人不按照与招标人订立的合同履行义务，情节严重的，取消其 2 年至 5 年内参加依法必须进行招标的项目的投标资格并予以公告，直至由工商行政管理机关吊销营业执照。因不可抗力不能履行合同的，不适用上述规定。

4. 招标代理机构违法行为的法律责任

招标代理机构违反《招标投标法》规定，泄露应当保密的与招标投标活动有关的情况和资料的，或者与招标人、投标人串通损害国家利益、社会公共利益或者他人合法权益的，处 5 万元以上 25 万元以下的罚款；对单位直接负责的主管人员和其他直接责任人员处单位罚款数额 5%以上 10%以下的罚款；有违法所得的，并处没收违法所得；情节严重的，禁止其 1 年至 2 年内代理依法必须进行招标的项目并予以公告，直至由工商行政管理机关吊销营业执照；构成犯罪的，依法追究刑事责任。给他人造成损失的，依法承担赔偿责任。上述所列行为影响中标结果的，中标无效。

招标代理机构在所代理的招标项目中投标、代理投标或者向该项目投标人提供咨询的，接受委托编制标底的中介机构参加受托编制标底项目的投标或者为该项目的投标人编制投标文件、提供咨询的，依照上述规定追究法律责任。

笔记

5. 评标委员会成员违法行为的法律责任

1）对收受投标人的财物或其他好处行为的处罚

评标委员会成员收受投标人的财物或者其他好处的，评标委员会成员或者参加评标的有关工作人员向他人透露对投标文件的评审和比较、中标候选人的推荐以及与评标有关的其他情况的，给予警告，没收收受的财物，可以并处 3 000 元以上 5 万元以下的罚款，对有所列违法行为的评标委员会成员取消担任评标委员会成员的资格，不得再参加任何依法必须进行招标的项目的评标；构成犯罪的，依法追究刑事责任。

2）对其他违法行为的处罚

评标委员会成员有下列行为之一的，由有关行政监督部门责令改正；情节严重的，禁止其在一定期限内参加依法必须进行招标的项目的评标；情节特别严重的，取消其担任评标委员会成员的资格。

（1）应当回避而不回避。

（2）擅离职守。

（3）不按照招标文件规定的评标标准和方法评标。

（4）私下接触投标人。

（5）向招标人征询确定中标人的意向或者接受任何单位或者个人明示或者暗示提出的倾向或者排斥特定投标人的要求。

（6）对依法应当否决的投标不提出否决意见。

（7）暗示或者诱导投标人作出澄清、说明或者接受投标人主动提出的澄清、说明。

（8）其他不客观、不公正履行职务的行为。

6. 国家机关工作人员违法行为的法律责任

1）对徇私舞弊、滥用职权、玩忽职守行为的处罚

对招标投标活动依法负有行政监督职责的国家机关工作人员徇私舞弊、滥用职权或者玩忽职守，构成犯罪的，依法追究刑事责任；不构成犯罪的，依法给予行政处分。

2）对非法干涉招标投标活动行为的处罚

国家工作人员利用职务便利，以直接或者间接、明示或者暗示等任何方式非法干涉招标投标活动，有下列情形之一的，依法给予记过或者记大过处分；情节严重的，依法给予降级或者撤职处分；情节特别严重的，依法给予开除处分；构成犯罪的，依法追究刑事责任。

（1）要求对依法必须进行招标的项目不招标，或者要求对依法应当公开招标的项目不公开招标。

（2）要求评标委员会成员或者招标人以其指定的投标人作为中标候选人或者中标人，或者以其他方式非法干涉评标活动，影响中标结果。

（3）以其他方式非法干涉招标投标活动。

法苑广角

非招标采购方式

政府采购货物、工程和服务，除招标采购方式外，还有非招标采购方式。非招标采购方式主要包括竞争性谈判采购、单一来源采购和询价采购三种。

竞争性谈判采购是指谈判小组与符合资格条件的供应商就采购货物、工程和服务事宜进行谈判，供应商按照谈判文件的要求提交响应文件和最后报价，采购人从谈判小组提出的成交候选人中确定成交供应商的采购方式。

单一来源采购是指采购人从某一特定供应商处采购货物、工程和服务的采购方式。

询价采购是指询价小组向符合资格条件的供应商发出采购货物询价通知书，要求供应商一次报出不得更改的价格，采购人从询价小组提出的成交候选人中确定成交供应商的采购方式。

项目检测

1. 选择题

（1）下列选项中，《建筑法》中未禁止的行为是（　　）。

A. 将建设工程肢解发包

B. 由两个以上不同资质等级的单位联合共同承包

C. 分包单位将工程再分包

D. 用其他建筑施工企业的名义承揽工程

（2）甲、乙、丙三家承包单位，甲的资质等级最高，乙次之，丙最低。当三家实行联合共同承包时，应按（　　）单位的业务许可范围承揽工程。

A. 甲　　B. 乙　　C. 丙　　D. 甲或丙

（3）（　　）的建筑工程，可以由两个以上的承包单位联合共同承包。

A. 大型或结构复杂　　B. 大中型

C. 中小型　　D. 中型

（4）关于分包，下列说法中正确的是（　　）。

A. 招标人可以直接指定分包人

B. 经招标人同意，中标人可以将中标项目的关键性工作分包给他人完成

C. 禁止分包单位将其承包的工程再分包

D. 中标人为节约成本可以自行决定将中标项目的关键性工作分包给他人

（5）关于招标程序和要求，下列说法中正确的是（　　）。

A. 依法必须进行招标的项目，招标人必须委托有资质的招标代理机构办理招标事宜

B. 招标项目按照国家有关规定需要履行项目审批手续的，应当先履行审批手续

C. 招标文件可以不包括拟签订合同的主要条款

D. 招标人对已发出的招标文件进行澄清或者修改的应当重新招标

（6）下列情形中，必须进行招标的是（　　）。

A．已通过招标方式选定的特许经营项目投资人依法能够自行建设、生产或者提供

B．使用国际组织或者外国政府贷款、援助资金的项目

C．需要向原中标人采购工程、货物或者服务，否则将影响施工或者功能配套要求

D．需要采用不可替代的专利或者专有技术

（7）建设单位向他人透露已获取招标文件的潜在投标人的名称，除给予警告外，可以并处罚款，罚款额度为（　　）。

A．1 万元至 5 万元　　B．1 万元至 10 万元

C．3 万元至 5 万元　　D．5 万元至 10 万元

（8）下列评标委员会成员的行为，合法的是（　　）。

A．向招标人征询确定中标人的意向　　B．按规定对投标提出否决意见

C．接受投标人主动提出的澄清　　D．接受个人所提出的倾向意见

2．判断题

（1）总承包单位和分包单位就分包工程对建设单位承担各自的责任。（　　）

（2）分包单位直接对建设单位负责。（　　）

（3）属于工程建设项目招标范围的工程建设项目，施工单项合同估算价在 400 万元人民币以上的，必须进行招标。（　　）

（4）招标代理机构与行政机关和其他国家机关不得存在隶属关系或者其他利益关系。（　　）

（5）某建筑施工企业允许个体户王某以本企业的名义承揽工程，这一行为符合《建筑法》中关于建筑工程发包和承包的规定。（　　）

3．简答题

（1）建设工程总承包的模式有哪些？

（2）什么是联合共同承包？共同承包的资质要求是什么？

（3）建设工程在什么情况下可以不进行招标？

（4）建设工程在什么情况下可以采用邀请招标？

项目评价

指导教师对学生的实际学习成果进行评价，学生配合指导教师共同完成表 2-4。

表 2-4　项目评价

<table>
<tr><td>班级</td><td></td><td>组号</td><td></td><td>日期</td><td colspan="2"></td></tr>
<tr><td>姓名</td><td></td><td>学号</td><td></td><td>指导教师</td><td colspan="2"></td></tr>
<tr><td>项目名称</td><td colspan="6">明秩序——建设工程发包和承包法律法规</td></tr>
<tr><td>评价项目</td><td colspan="3">评价内容</td><td>评价方式</td><td>满分/分</td><td>评分/分</td></tr>
<tr><td rowspan="7">知识
（40%）</td><td colspan="3">建设工程发包和承包的一般规定</td><td rowspan="7">理论测试</td><td>8</td><td></td></tr>
<tr><td colspan="3">建设工程总承包的有关规定</td><td>4</td><td></td></tr>
<tr><td colspan="3">建设工程共同承包和分包的有关规定</td><td>8</td><td></td></tr>
<tr><td colspan="3">建设工程发包和承包违法行为的法律责任</td><td>4</td><td></td></tr>
<tr><td colspan="3">建设工程招标和投标的有关规定</td><td>8</td><td></td></tr>
<tr><td colspan="3">建设工程开标、评标和中标的有关规定</td><td>4</td><td></td></tr>
<tr><td colspan="3">建设工程招标和投标违法行为的法律责任</td><td>4</td><td></td></tr>
<tr><td rowspan="2">技能
（40%）</td><td colspan="3">指出建设工程案件中与发包和承包法律法规有关的法律依据</td><td rowspan="2">实践操作</td><td>20</td><td></td></tr>
<tr><td colspan="3">运用建设工程发包和承包法律法规的有关规定分析建设工程案件</td><td>20</td><td></td></tr>
<tr><td rowspan="5">素养
（20%）</td><td colspan="3">积极参加教学活动，主动学习、思考、讨论</td><td rowspan="5">综合评判</td><td>6</td><td></td></tr>
<tr><td colspan="3">认真负责，按时完成学习、实践任务</td><td>4</td><td></td></tr>
<tr><td colspan="3">团结协作，与组员之间密切配合</td><td>4</td><td></td></tr>
<tr><td colspan="3">服从指挥，遵守课堂纪律</td><td>4</td><td></td></tr>
<tr><td colspan="3">守正创新，自信自强</td><td>2</td><td></td></tr>
<tr><td colspan="5">合计</td><td>100</td><td></td></tr>
<tr><td>自我评价</td><td colspan="6"></td></tr>
<tr><td>指导教师评价</td><td colspan="6"></td></tr>
</table>

项目 3

护权益
——建设工程合同法律法规

项目导读

建设工程合同详细规定了当事人的责任、权利和义务，是承包单位进行工程建设、发包单位支付价款的合同。它是当事人在自愿、平等、公平、诚实信用的基础上订立的，具有法律约束力，为双方提供了明确的工作指南和行为准则。依法订立和履行建设工程合同有助于规范各种建设活动，减少和防范各种违法违规行为的发生。

知识目标

（1）了解建设工程合同的概念和类型。

（2）掌握建设工程合同的订立形式、内容和订立程序。

（3）掌握建设工程有效合同、无效合同和可撤销合同的有关规定。

（4）掌握建设工程合同履行的具体要求。

（5）了解建设工程合同履行中当事人的抗辩权。

（6）了解建设工程合同的担保形式。

（7）掌握建设工程合同变更、转让和权利义务终止的有关规定。

（8）了解建设工程合同的违约责任。

技能目标

（1）能指出建设工程合同纠纷案件中的法律依据。

（2）能运用建设工程合同法律法规分析有关案件。

素质目标

（1）坚守言出必行、诚信是金的契约精神。

（2）具备逻辑严谨、思维缜密的问题分析能力。

项目引入

小张是某总承包单位的项目经理，近期他负责的一个大型商业综合体项目遇到了合同纠纷。该项目的总承包单位和分包单位在工程进度、质量标准及工程款项支付等方面产生了严重的分歧，导致该项目停滞，各方陷入了僵持的局面。作为项目负责人，小张意识到这次纠纷如果不能及时、妥善解决，将会对项目造成不可估量的损失，同时也将影响总承包单位的声誉和未来发展，于是向上级进行了汇报。总承包单位领导在了解了情况后，组织了一场针对建设工程合同纠纷案件庭审过程的观摩活动，以便有关人员深入了解如何运用建设工程合同法律法规解决此类纠纷。下面，让我们一起参加这次观摩活动吧。

项目工单——观摩建设工程合同纠纷案件的庭审过程

1. 学生分组

学生以 3～5 人为一组进行分组，各小组选出组长并进行任务分工，将小组成员及分工情况填入表 3-1 中。

表 3-1 小组成员及分工情况

班级		组号		指导教师	
小组成员	姓名	学号	任务分工		
组长					
组员					

2. 工作计划

各小组查阅资料，了解与建设工程合同有关的法律知识，制订工作计划，并将其填入表 3-2 中。

表 3-2　工作计划

序号	工作内容	负责人

3. 制订方案

(1) 各小组针对工作计划展开讨论，制订实施方案。

(2) 指导教师对各小组的实施方案进行评价。

(3) 各小组根据指导教师的评价对实施方案进行调整。

(4) 调整合格后的实施方案即最终实施方案。

4. 项目实施

各小组按照最终实施方案，观摩建设工程合同纠纷案件的庭审过程，将实施步骤及内容补充完整。

(1) 收集资料。

① 在中国庭审公开网选取建设工程合同纠纷案件。案件：________。

② 深入研究与建设工程合同纠纷案件有关的法律法规（包括________________等）。

(2) 了解案件的基本信息。

① 原告：________。

② 被告：________。

③ 原告提交的证据：________。

④ 被告提交的证据：________。

(3) 了解原告与被告对辩过程。

① 原告的诉讼请求：________。

② 原告举证：________。

③ 被告应辩：________。

④ 被告举证：________。

⑤ 原告对被告所提证据提出的异议：________。

(4) 分析人民法院判决。

① 人民法院认定的事实：________。

② 人民法院明确的争议焦点：______________________________。

③ 人民法院依据的法律条文：______________________________。

④ 人民法院的论证：______________________________。

⑤ 人民法院的判决：______________________________。

(5) 思考与总结。

① 案件的社会影响和意义：______________________________。

② 观摩心得：______________________________。

3.1　建设工程合同概述

3.1.1　建设工程合同的概念

《民法典》规定，合同是民事主体之间设立、变更、终止民事法律关系的协议。建设工程合同不仅是界定工程发包单位与承包单位双方权利和义务的核心依据，更是确保项目质量、控制工程期限和优化投资效益的关键保障，对规范建设活动发挥着十分重要的作用。

建设工程合同由主体、客体和内容三方面构成。其中，主体是指依法享有权利、承担义务的当事人；客体是指标的，是当事人权利和义务指向的对象；内容是指当事人约定的基本权利和义务。

法律锦囊

在建设工程合同中，标的是指建设工程项目本身，它包括了建设工程项目的成果，如建筑物、构筑物、基础设施等，也包括与建设工程项目有关的各种活动，如设计、施工、验收等。

3.1.2　建设工程合同的类型

1. 按工程建设阶段分类

按工程建设的勘察、设计和施工等阶段，建设工程合同可分为工程勘察合同、设计合同和施工合同三种。

2. 按签约主体和承包人承包的工作内容分类

按签约主体和承包人承包的工作内容，建设工程合同可分为总承包合同、单项工程承包合同和分包合同三种。

总承包合同是指发包单位将建设工程的勘察、设计、施工等一并发包给一个工程总承包单位而与其订立的合同。

单项工程承包合同是指发包单位将建设工程勘察、设计、施工等阶段分别发包给不同承包单位而与其订立的合同。

分包合同是指工程总承包单位或者勘察、设计、施工承包单位将自己承包的部分工作分包给其他承包单位而与其订立的合同。

3. 与建设工程有关的其他合同

除上述建设工程合同外，与建设工程有关的还有买卖合同、保证合同、租赁合同和承揽合同等。

1）买卖合同

买卖合同是出卖人转移标的物的所有权于买受人，买受人支付价款的合同。在建设活动中，建筑材料、建筑构配件等的购买行为均需要订立买卖合同。

买卖合同的内容一般包括标的物的名称、数量、质量、价款、履行期限、履行地点和方式、包装方式、检验标准和方法、结算方式、合同使用的文字及其效力等条款。

2）保证合同

保证合同是由保证人和债权人订立的，约定保证人对债务人的债务承担保证责任的合同。在建设活动中，保证合同主要用于确保工程款、工程质量保证金等债权的实现。

保证合同可以是单独订立的书面合同，也可以是主债权债务合同中的保证条款。保证合同的内容一般包括被保证的主债权的种类、数额，债务人履行债务的期限，保证的方式、范围和期间等条款。

法律锦囊

保证合同是主债权债务合同的从合同。主债权债务合同无效的，保证合同无效，但是法律另有规定的除外。保证合同被确认无效后，债务人、保证人、债权人有过错的，应当根据其过错各自承担相应的民事责任。

3）租赁合同

租赁合同是出租人将租赁物交付承租人使用、收益，承租人支付租金的合同。在建设活动中，租赁合同的租赁物主要是各种建筑设备、机械等。

租赁合同的内容一般包括租赁物的名称、数量、用途、租赁期限、租金及其支付期限和方式、租赁物维修等条款。

租赁期限不得超过20年。超过20年的，超过部分无效。租赁期限届满，当事人可以续订租赁合同；但是，约定的租赁期限自续订之日起不得超过20年。

4）**承揽合同**

承揽合同是承揽人按照定作人的要求完成工作，交付工作成果，定作人支付报酬的合同。承揽包括加工、定作、修理、复制、测试、检验等工作。在建设活动中，一些特定建筑构件的加工和制作需要订立承揽合同，如使用特定材料制作构件或零件、定制建筑结构或设施等。

承揽合同的内容一般包括承揽的标的、数量、质量、报酬，承揽方式，材料的提供，履行期限，验收标准和方法等条款。

诚，乃真诚无欺；信，即守信不渝。随着我国市场经济的发展，诚信的内涵已超越单纯的道德范畴，而转化为切实的行动，这便是契约精神的真实体现。在建设工程合同的订立与履行中，双方的诚信更显得尤为关键，它凝聚在每一份精心撰写的合同条款中，成为双方合作的坚实基石。

遵守合同规则，珍视契约精神。诚信是企业赖以生存的根基，是维护市场公平秩序、确保企业持续健康发展的关键保障。

3.2　建设工程合同的订立

3.2.1　建设工程合同的订立形式和内容

1. 建设工程合同的订立形式

当事人订立合同，可以采用书面形式、口头形式或者其他形式。书面形式是合同书、信件、电报、电传、传真等可以有形地表现所载内容的形式。以电子数据交换、电子邮件等方式能够有形地表现所载内容，并可以随时调取查用的数据电文，视为书面形式。

签订工程合同时的注意事项

由于建设工程合同的标的额较大、内容较复杂且履行期较长，因此《民法典》规定，建设工程合同应当采用书面形式。

法律锦囊

当事人在订立建设工程合同时，可参照国家建设主管部门的合同示范文本，如《建设工程勘察合同（示范文本）》（GF-2016-0203）、《建设工程设计合同示范文本（房屋建筑工程）》（GF-2015-0209）、《建设工程设计合同示范文本（专业建设工程）》（GF-2015-0210）、《建设工程施工合同（示范文本）》（GF-2017-0201）等。

2. 建设工程合同的内容

建设工程合同的内容由当事人约定，一般包含以下条款。

（1）当事人的姓名或者名称和住所。

（2）标的。

（3）数量。

（4）质量。

（5）价款或者报酬。

（6）履行期限、地点和方式。

（7）违约责任。

（8）解决争议的方法。

法律锦囊

勘察、设计合同的内容一般包括提交有关基础资料和概预算等文件的期限、质量要求、费用以及其他协作条件等条款。

施工合同的内容一般包括工程范围、建设工期、中间交工工程的开工和竣工时间、工程质量、工程造价、技术资料交付时间、材料和设备供应责任、拨款和结算、竣工验收、质量保修范围和质量保证期、相互协作等条款。

3.2.2 建设工程合同的订立程序

当事人订立建设工程合同，可以采取要约、承诺方式或者其他方式。

1. 要约

1）要约的概念

要约是希望与他人订立合同的意思表示，可以对话方式或非对话方式作出。在建设活动中，发包单位一般以发布招标公告或投标邀请书的方式作出要约邀请，承包单位以投标的方式发出要约。要约应当符合下列条件：① 内容具体确定；② 表明经受要约人承诺，要约人即受该意思表示约束。

2）要约的生效

要约以对话方式作出的，相对人知道其内容时生效；以非对话方式作出的，到达相对人时生效。其中，采用数据电文形式以非对话方式作出，并由相对人指定特定系统接收数据电文的，该数据电文进入该特定系统时生效；未指定特定系统的，相对人知道或者应当知道该数据电文进入其系统时生效。当事人对采用数据电文形式的要约的生效时间另有约定的，按照其约定生效时间生效。

法律锦囊

相对人是指在法律关系中，与特定当事人相对应的另一方当事人。在合同关系中，发出要约的一方称为要约人，而接受要约的一方则称为相对人，或受要约人。例如，在建设活动中，当乙承包单位向甲发包单位递交投标文件时，乙单位是意思表示的发出者，称为要约人，甲单位是接收并理解意思表示的相对人，即接受要约的一方，称为受要约人。

3）要约的撤回、撤销和失效

（1）要约的撤回。

要约可以撤回。撤回要约的通知应当在要约到达相对人前或者与要约同时到达相对人。

（2）要约的撤销。

要约可以撤销，但是有下列情形之一的除外：① 要约人以确定承诺期限或者其他形式明示要约不可撤销；② 受要约人有理由认为要约是不可撤销的，并已经为履行合同做了合理准备工作。

撤销要约的意思表示以对话方式作出的，该意思表示的内容应当在受要约人作出承诺之前为受要约人所知道；撤销要约的意思表示以非对话方式作出的，应当在受要约人作出承诺之前到达受要约人。

（3）要约的失效。

有下列情形之一的，要约失效：① 要约被拒绝；② 要约被依法撤销；③ 承诺期限届满，受要约人未作出承诺；④ 受要约人对要约的内容作出实质性变更。

乙投标单位向甲招标单位递交了投标文件，甲单位确认接收。但递交后不久，乙单位发现预算有误，并在规定时间内撤销了该投标文件。请大家想一想，该要约是否有效？

2. 承诺

1）承诺的概念

承诺是受要约人同意要约的意思表示。承诺应当以通知的方式作出；但是，根据交易习惯或者要约表明可以通过行为作出承诺的除外。在建设活动中，招标单位确定中标单位为承诺。

2）承诺的期限

承诺应当在要约确定的期限内到达要约人。要约没有确定承诺期限的，承诺应当依照下列规定到达。

（1）要约以对话方式作出的，应当即时作出承诺。

（2）要约以非对话方式作出的，承诺应当在合理期限内到达。

要约以信件或者电报作出的，承诺期限自信件载明的日期或者电报交发之日开始计算。信件未载明日期的，自投寄该信件的邮戳日期开始计算。要约以电话、传真、电子邮件等快速通信方式作出的，承诺期限自要约到达受要约人时开始计算。

受要约人超过承诺期限发出承诺，或者在承诺期限内发出承诺，按照通常情形不能及时到达要约人的，为新要约；但是，要约人及时通知受要约人该承诺有效的除外。

受要约人在承诺期限内发出承诺，按照通常情形能够及时到达要约人，但是因其他原因致使承诺到达要约人时超过承诺期限的，除要约人及时通知受要约人因承诺超过期限不接受该承诺外，该承诺有效。

如果甲单位在10月10日以电报形式向乙单位发出购买一批机械设备的要约，并注明乙单位如接受应在15日内作出承诺，那么乙单位作出承诺的期限应从哪日开始计算？

3）承诺的内容

承诺的内容应当与要约的内容一致。受要约人对要约的内容作出实质性变更的，为新要约。有关合同标的、数量、质量、价款或者报酬、履行期限、履行地点和方式、违约责任和解决争议方法等的变更，是对要约内容的实质性变更。

承诺对要约的内容作出非实质性变更的，除要约人及时表示反对或者要约表明承诺不得对要约的内容作出任何变更外，该承诺有效，合同的内容以承诺的内容为准。

3. 合同成立

合同成立是指合同订立过程的完成，即双方当事人经协商，对合同的内容达成一致。

1）合同成立的时间

承诺生效时合同成立，但是法律另有规定或者当事人另有约定的除外。

当事人采用合同书形式订立合同的，自当事人均签名、盖章或者按指印时合同成立。在签名、盖章或者按指印之前，当事人一方已经履行主要义务，对方接受时，该合同成立。法律、行政法规规定或者当事人约定合同应当采用书面形式订立，当事人未采用书面形式但是一方已经履行主要义务，对方接受时，该合同成立。

当事人采用信件、数据电文等形式订立合同要求签订确认书的，签订确认书时合同成立。当事人一方通过互联网等信息网络发布的商品或者服务信息符合要约条件的，对方选择该商品或者服务并提交订单成功时合同成立，但是当事人另有约定的除外。

2）合同成立的地点

承诺生效的地点为合同成立的地点。采用数据电文形式订立合同的，收件人的主营业地为合同成立的地点；没有主营业地的，其住所地为合同成立的地点。当事人另有约定的，按照其约定。

当事人采用合同书形式订立合同的，最后签名、盖章或者按指印的地点为合同成立的地点，但是当事人另有约定的除外。

3.3 建设工程合同的效力

3.3.1 有效合同

有效合同是指符合法律规定生效条件的合同。合同订立后，应具备以下三个条件才能产生法律约束力。

（1）行为人具有相应的民事行为能力。民事行为能力是指民事主体以其行为参与民事法律关系、取得民事权利、履行民事义务和承担民事责任的能力。自然人的民事行为能力分为三种，即完全民事行为能力、限制民事行为能力和无民事行为能力。自然人民事行为能力的范围和效力如表 3-3 所示。

表 3-3 自然人民事行为能力的范围和效力

分类	范围	效力
完全民事行为能力	（1）18 周岁以上的自然人，即成年人 （2）16 周岁以上、以自己的劳动收入为主要生活来源的未成年人	可以独立实施法律行为
限制民事行为能力	（1）8 周岁以上的未成年人 （2）不能完全辨认自己行为的成年人	实施民事法律行为应由其法定代理人代理或者经其法定代理人同意、追认；但是，可以独立实施纯获利益的民事法律行为或者与其年龄、智力、精神健康状况相适应的民事法律行为
无民事行为能力	（1）不满 8 周岁的未成年人 （2）不能辨认自己行为的 8 周岁以上未成年人和成年人	实施的民事法律行为无效，由其法定代理人代理实施民事法律行为

（2）意思表示真实。意思表示是指当事人为了引起特定的法律效果而将其内心意思向外表示的行为。意思表示真实是指当事人向外表示的行为真实地反映了其内心的意愿。

（3）不违反法律、行政法规的强制性规定，不违背公序良俗。法律、行政法规中包含强制性规定和任意性规定。当事人在合同中的协议不得违反法律、行政法规中的强制性规定，不得违背公序良俗。

法苑广角

效力待定合同

效力待定合同是指合同虽已成立，但因缺乏一定的生效条件，合同效力能否发生尚未确定，须在法律规定的条件具备时才能生效的合同。效力待定合同主要包括限制行为能力人订立的合同和无权代理人订立的合同两种。

（1）限制行为能力人订立的合同。

限制民事行为能力人实施的纯获利益的民事法律行为，或者与其年龄、智力、精神健康状况相适应的民事法律行为有效；实施的其他民事法律行为经其法定代理人同意或者追认后有效。

相对人可以催告法定代理人自收到通知之日起30日内予以追认。法定代理人未作表示的，视为拒绝追认。民事法律行为被追认前，善意相对人有撤销的权利。撤销应当以通知的方式作出。

（2）无权代理人订立的合同。

行为人没有代理权、超越代理权或者代理权终止后，仍然实施代理行为，未经被代理人追认的，对被代理人不发生效力。

相对人可以催告被代理人自收到通知之日起30日内予以追认。被代理人未作表示的，视为拒绝追认。行为人实施的行为被追认前，善意相对人有撤销的权利。撤销应当以通知的方式作出。

行为人实施的行为未被追认的，善意相对人有权请求行为人履行债务或者就其受到的损害请求行为人赔偿。但是，赔偿的范围不得超过被代理人追认时相对人所能获得的利益。

相对人知道或者应当知道行为人无权代理的，相对人和行为人按照各自的过错承担责任。

3.3.2 无效合同

无效合同是指合同虽然已经成立，但因不具备法律、行政法规规定的生效条件而不产生法律效力和约束力，不受到法律保护的合同。无效合同自始没有法律约束力。如果合同部分无效，不影响其他部分效力的，其他部分仍然有效。

1. 无效合同的情形

根据《民法典》规定，有以下情形之一的，属于无效合同。

（1）无民事行为能力人订立的合同。

（2）以虚假的意思表示订立的合同。

（3）违反法律、行政法规的强制性规定订立的合同。

（4）违背公序良俗订立的合同。

（5）恶意串通，损害他人合法权益的合同。

建设工程黑白合同及其法律效力

以案释法

【案例3-1】甲建筑公司没有施工资质，借用乙建筑公司的资质，以乙公司名义承揽了丙建设单位的建设工程项目，并签订了施工合同。然而，在施工过程中，甲公司因技术和管理能力不足，导致工程质量存在缺陷。丙单位因此拒绝支付剩余工程款。甲公司以乙公司名义将丙单位告上了法庭。该施工合同是否具有法律效力？

【分析】根据《最高人民法院关于审理建设工程施工合同纠纷案件适用法律问题的解释（一）》，没有资质的实际施工人借用有资质的建筑施工企业名义的，该建设工程施工合同认定无效。因此，该案例中的施工合同属于无效合同，不具有法律效力。

2. 无效合同的工程验收

建设工程施工合同无效，但是建设工程经验收合格的，可以参照合同关于工程价款的约定折价补偿承包单位。建设工程施工合同无效，且建设工程经验收不合格的，按照以下情形处理。

（1）修复后的建设工程经验收合格的，发包单位可以请求承包单位承担修复费用。

（2）修复后的建设工程经验收不合格的，承包单位无权请求参照合同关于工程价款的约定折价补偿。发包人对因建设工程不合格造成的损失有过错的，应当承担相应的责任。

甲公司将其承包的某建设工程项目违法分包给无相应资质的乙公司，并签订了分包合同。工程完工后，经验收合格，但甲公司拒绝向乙公司支付约定的工程款。请大家想一想，甲公司的做法是否合法？

3.3.3 可撤销合同

可撤销合同是指当事人所订立的合同缺乏一定的生效条件，当事人通过行使撤销权而使已生效的意思表示归于无效的合同。

1. 合同可撤销的情形

合同可撤销的情形主要包括基于重大误解实施的、以欺诈手段实施的、以胁迫手段实施的和合同成立时显失公平的四种。

1）基于重大误解实施的

基于重大误解实施的合同，行为人有权请求人民法院或者仲裁机构予以撤销。

2）以欺诈手段实施的

一方以欺诈手段，使对方在违背真实意思的情况下实施的合同，受欺诈方有权请求人民法院或者仲裁机构予以撤销。

第三人实施欺诈行为，使一方在违背真实意思的情况下实施的合同，对方知道或者应当知道该欺诈行为的，受欺诈方有权请求人民法院或者仲裁机构予以撤销。

3）以胁迫手段实施的

一方或者第三人以胁迫手段，使对方在违背真实意思的情况下实施的合同，受胁迫方有权请求人民法院或者仲裁机构予以撤销。

4）合同成立时显失公平的

一方利用对方处于危困状态、缺乏判断能力等情形，致使合同成立时显失公平的，受损害方有权请求人民法院或者仲裁机构予以撤销。

2. 撤销权的消灭

有下列情形之一的，撤销权消灭。

（1）当事人自知道或者应当知道撤销事由之日起 1 年内、重大误解的当事人自知道或者应当知道撤销事由之日起 90 日内没有行使撤销权。

（2）当事人受胁迫，自胁迫行为终止之日起 1 年内没有行使撤销权。

（3）当事人知道撤销事由后明确表示或者以自己的行为表明放弃撤销权。

（4）当事人自民事法律行为发生之日起 5 年内没有行使撤销权。

3.4 建设工程合同的履行

建设工程合同的履行是指合同的当事人根据合同约定的时间、地点、方式、标准等内容，实现各自享有的权利，并承担各自的义务的行为。

3.4.1 建设工程合同履行的具体要求

《民法典》规定，当事人应当按照约定全面履行自己的义务；当事人应当遵循诚信原则，根据合同的性质、目的和交易习惯履行通知、协助、保密等义务；当事人在履行合同过程中，应当避免浪费资源、污染环境和破坏生态。

合同生效后，当事人就质量、价款或者报酬、履行地点等内容没有约定或者约定不明确的，可以协议补充；不能达成补充协议的，按照合同相关条款或者交易习惯确定。当事人就有关合同内容约定不明确，依据这一规定仍不能确定的，适用下列规定。

（1）质量要求不明确的，按照强制性国家标准履行；没有强制性国家标准的，按照推荐性国家标准履行；没有推荐性国家标准的，按照行业标准履行；没有国家标准、行业标准的，按照通常标准或者符合合同目的的特定标准履行。

（2）价款或者报酬不明确的，按照订立合同时履行地的市场价格履行；依法应当执行政府定价或者政府指导价的，依照规定履行。

（3）履行地点不明确，给付货币的，在接受货币一方所在地履行；交付不动产的，在不动产所在地履行；其他标的，在履行义务一方所在地履行。

（4）履行期限不明确的，债务人可以随时履行，债权人也可以随时请求履行，但是应当给对方必要的准备时间。

（5）履行方式不明确的，按照有利于实现合同目的的方式履行。

（6）履行费用的负担不明确的，由履行义务一方负担；因债权人原因增加的履行费用，由债权人负担。

笔记

3.4.2 建设工程合同履行中当事人的抗辩权

合同履行中的抗辩权是指在符合法律规定的条件下，债务人对抗债权人的履行请求权，暂时拒绝履行债权人债务的权利。它主要包括同时履行抗辩权、先履行抗辩权和不安抗辩权。

1. 同时履行抗辩权

当事人互负债务，没有先后履行顺序的，应当同时履行。一方在对方履行之前有权拒绝其履行请求。一方在对方履行债务不符合约定时，有权拒绝其相应的履行请求。例如，在建设活动中，甲发包单位与乙承包单位签订了一份建设工程施工合同，合同约定甲单位需要支付工程款，乙单位需要完成相应的施工工作。如果甲单位未能按照合同约定的时间支付工程款，乙单位可以同时行使同时履行抗辩权，拒绝继续施工，直到甲单位履行其支付工程款的义务。

2. 先履行抗辩权

当事人互负债务，有先后履行顺序，应当先履行债务一方未履行的，后履行一方有权拒绝其履行请求。先履行一方履行债务不符合约定的，后履行一方有权拒绝其相应的履行请求。例如，在建设活动中，甲发包单位与乙承包单位签订了一份建设工程施工合同，合同约定乙单位先施工，甲单位后支付工程款。如果乙单位未能按照合同约定的时间和质量标准完成施工工作，甲单位可以行使先履行抗辩权，拒绝支付工程款，直到乙单位履行其施工义务。

3. 不安抗辩权

应当先履行债务的当事人，有确切证据证明对方有下列情形之一的，可以中止履行。

（1）经营状况严重恶化。

（2）转移财产、抽逃资金，以逃避债务。

（3）丧失商业信誉。

（4）有丧失或者可能丧失履行债务能力的其他情形。

例如，在建设活动中，乙承包单位在施工过程中发现甲发包单位的经营状况严重恶化，且有确切证据证明甲单位的经营状况。此时，乙单位可以行使不安抗辩权，中止施工。但是，当事人没有确切证据中止履行的，应当承担违约责任。

甲、乙两单位订立了一份买卖合同，约定甲单位给付乙单位 10 t 货物，乙单位付款 10 万元。到约定期限时，甲单位交付了 7 t 货物，同时请求乙单位付款 10 万元。请大家想一想，此时乙单位若行使抗辩权，行使的是哪种抗辩权？

如何判断抗辩权

3.4.3　建设工程合同的担保

建设工程合同的担保是当事人为确保合同的履行和债权的实现所设置的保证措施。建设工程合同的担保应当订立担保合同或在建设工程合同中设立担保条款。担保的方式主要有抵押、质押、留置和定金等。

1．抵押

抵押是指债务人或者第三人不转移对特定财产的占有，将该财产作为债权的一种担保方式。债务人不履行到期债务或者发生当事人约定的实现抵押权的情形，债权人有权就该财产优先受偿。其中，债务人或者第三人为抵押人，债权人为抵押权人，提供担保的财产为抵押财产。

法律锦囊

在建设活动中，抵押还是一种常见的融资手段。例如，建设单位因资金需要与银行订立抵押合同，将其正在建设的工程项目的所有权或使用权作为抵押财产，向银行申请贷款。一旦建设单位未能按约定偿还贷款，银行有权依据抵押合同，通过法律手段处置抵押财产。

1）抵押财产

债务人或者第三人有权处分的下列财产可以抵押。

（1）建筑物和其他土地附着物。

（2）建设用地使用权。

（3）海域使用权。

（4）生产设备、原材料、半成品、产品。

（5）正在建造的建筑物、船舶、航空器。

（6）交通运输工具。

（7）法律、行政法规未禁止抵押的其他财产。

抵押人可以将以上所列财产一并抵押。其中，以第（1）项至第（3）项和第（5）项规定的正在建造的建筑物抵押的，应当办理抵押登记。抵押权自登记时设立。

法苑广角

建设用地使用权的抵押

以建筑物抵押的，该建筑物占用范围内的建设用地使用权一并抵押。以建设用地使用权抵押的，该土地上的建筑物一并抵押。抵押人未依据这一规定一并抵押的，未抵押的财产视为一并抵押。

建设用地使用权抵押后，该土地上新增的建筑物不属于抵押财产。该建设用地使用权实现抵押权时，应当将该土地上新增的建筑物与建设用地使用权一并处分。但是，新增建筑物所得的价款，抵押权人无权优先受偿。

乡镇、村企业的建设用地使用权不得单独抵押。以乡镇、村企业的厂房等建筑物抵押的，其占用范围内的建设用地使用权一并抵押。

以动产抵押的，抵押权自抵押合同生效时设立；未经登记，不得对抗善意第三人。此外，以动产抵押的，不得对抗正常经营活动中已经支付合理价款并取得抵押财产的买受人。

企业、个体工商户、农业生产经营者可以将现有的以及将有的生产设备、原材料、半成品、产品抵押，债务人不履行到期债务或者发生当事人约定的实现抵押权的情形，债权人有权就抵押财产确定时的动产优先受偿。依据这一规定设定抵押的，抵押财产自下列情形之一发生时确定。

（1）债务履行期限届满，债权未实现。

（2）抵押人被宣告破产或者解散。

（3）当事人约定的实现抵押权的情形。

（4）严重影响债权实现的其他情形。

下列财产不得抵押。

（1）土地所有权。

（2）宅基地、自留地、自留山等集体所有土地的使用权，但是法律规定可以抵押的除外。

（3）学校、幼儿园、医疗机构等为公益目的成立的非营利法人的教育设施、医疗卫生设施和其他公益设施。

（4）所有权、使用权不明或者有争议的财产。

（5）依法被查封、扣押、监管的财产。

（6）法律、行政法规规定不得抵押的其他财产。

2）抵押合同

设立抵押权，当事人应当采用书面形式订立抵押合同。抵押合同一般包括下列条款。

（1）被担保债权的种类和数额。

（2）债务人履行债务的期限。

（3）抵押财产的名称、数量等情况。

（4）担保的范围。

2. 质押

质押是指债务人或者第三人将其动产或权利出质给债权人，将该动产或权利作为债权的一种担保方式。债务人不履行到期债务或者发生当事人约定的实现质权的情形，债权人有权就该动产或权利优先受偿。其中，债务人或者第三人为出质人，债权人为质权人。

1）质押财产

质押包括动产质押和权利质押两种。其中，动产质押以出质的动产作为债权，动产为质押财产。例如，甲向乙借款，丙将自己的珠宝质押给乙，作为甲向乙履行债务的担保。此时，丙为出质人，乙为质权人，丙的珠宝为质押财产。在动产质押中，法律、行政法规禁止转让的动产不得出质，动产质押的质权自出质人交付质押财产时设立。

在权利质押中，债务人或者第三人有权处分的下列权利可以出质。

（1）汇票、本票、支票。

（2）债券、存款单。

（3）仓单、提单。

（4）可以转让的基金份额、股权。

（5）可以转让的注册商标专用权、专利权、著作权等知识产权中的财产权。

（6）现有的以及将有的应收账款。

（7）法律、行政法规规定可以出质的其他财产权利。

法苑广角

权利质押质权的设立

权利质押质权的设立规定如下。

（1）以汇票、本票、支票、债券、存款单、仓单、提单出质的，质权自权利凭证交付质权人时设立；没有权利凭证的，质权自办理出质登记时设立。法律另有规定的，依照其规定。

（2）以基金份额、股权出质的，质权自办理出质登记时设立。

（3）以注册商标专用权、专利权、著作权等知识产权中的财产权出质的，质权自办理出质登记时设立。

（4）以应收账款出质的，质权自办理出质登记时设立。

2）质押合同

设立质权，当事人应当采用书面形式订立质押合同。质押合同一般包括下列条款。

（1）被担保债权的种类和数额。

（2）债务人履行债务的期限。

（3）质押财产的名称、数量等情况。

（4）担保的范围。

（5）质押财产交付的时间、方式。

3. 留置

留置是指债务人不履行到期债务，债权人可以留置已经合法占有的债务人的动产，并有权就该动产优先受偿的一种担保方式。其中，债权人为留置权人，占有的动产为留置财产。例如，在某建设工程项目中，承包单位将损坏的塔吊交由修理厂维修，双方订立了维修合同，约定塔吊维修完后，承包单位若未在规定期限内支付修理费，则修理厂有权留置并自行处置该塔吊。之后，由于承包单位资金紧张未能按期支付修理费，因此修理厂行使留置权，扣留了该塔吊，并依据法律规定对其进行了处置。

法律锦囊

同一动产上已经设立抵押权或者质权，该动产又被留置的，留置权人优先受偿。

1）留置财产

债权人留置的动产，应当与债权属于同一法律关系，但是企业之间留置的除外。法律规定或者当事人约定不得留置的动产，不得留置。留置财产为可分物的，留置财产的价值应当相当于债务的金额。

留置权人负有妥善保管留置财产的义务；因保管不善致使留置财产毁损、灭失的，应当承担赔偿责任。留置权人有权收取留置财产的孳息，孳息应当先充抵收取孳息的费用。

2）留置权的履行

留置权人与债务人应当约定留置财产后的债务履行期限；没有约定或者约定不明确的，留置权人应当给债务人60日以上履行债务的期限，但是鲜活易腐等不易保管的动产除外。债务人逾期未履行的，留置权人可以与债务人协议以留置财产折价，也可以就拍卖、变卖留置财产所得的价款优先受偿。留置财产折价或者变卖的，应当参照市场价格。

债务人可以请求留置权人在债务履行期限届满后行使留置权；留置权人不行使的，债务人可以请求人民法院拍卖、变卖留置财产。留置财产折价或者拍卖、变卖后，其价款超过债权数额的部分归债务人所有，不足部分由债务人清偿。

留置权人对留置财产丧失占有或者留置权人接受债务人另行提供担保的，留置权消灭。

法苑广角

抵押、质押、留置的不同

抵押、质押、留置在以下三方面有所不同。

（1）标的物。抵押的标的物为动产和不动产，质押的标的物为动产和权利，留置的标的物为动产。

（2）是否存在转移占有。抵押不存在转移占有，质押和留置都存在转移占有。

（3）债务到期处理方式。抵押权人和质权人可以抵押物或质押物折价，或以拍卖、变卖该抵押物的所得价款受偿；留置是留置权人先设置一定期限并通知债务人，期限届满即可处置留置物。

4. 定金

定金是指当事人为了保证债权的实现，约定由一方在履行前向对方预先给付一定数额金钱或者其他代替物的一种担保方式。当事人可以约定一方向对方给付定金，以此作为债权的担保。定金合同自实际交付定金时成立。

1）定金数额

定金的数额由当事人约定；但是，不得超过主合同标的额的 20%，超过部分不产生定金的效力。实际交付的定金数额多于或者少于约定数额的，视为变更约定的定金数额。

2）定金的履行

债务人履行债务的，定金应当抵作价款或者收回。给付定金的一方不履行债务或者履行债务不符合约定，致使不能实现合同目的的，无权请求返还定金；收受定金的一方不履行债务或者履行债务不符合约定，致使不能实现合同目的的，应当双倍返还定金。

当事人既约定违约金，又约定定金的，一方违约时，对方可以选择适用违约金或者定金条款。定金不足以弥补一方违约造成的损失的，对方可以请求赔偿超过定金数额的损失。

3.5 建设工程合同的变更、转让和权利义务终止

3.5.1 建设工程合同的变更和转让

建设工程合同成立后受法律保护，对当事人均具有法律约束力。当事人应严格履行合同条款，不得擅自修改或解除。但由于建设工程项目的履行期限长、影响因素多，因此在必要时，便出现了变更、转让等灵活调整方式，以确保合同适应现实变化，维护双方利益。

1. 建设工程合同的变更

当事人协商一致，可以变更合同。当事人对合同变更的内容约定不明确的，推定为未变更。

合同成立后，合同的基础条件发生了当事人在订立合同时无法预见的、不属于商业风险的重大变化，继续履行合同对于当事人一方明显不公平的，受不利影响的当事人可以与对方重新协商；在合理期限内协商不成的，当事人可以请求人民法院或者仲裁机构变更或者解除合同。

以案释法

【案例 3-2】甲发包单位与乙承包单位签订了建设工程场地平整施工合同。在合同履行过程中，因甲单位未解决好征地问题，使乙单位 5 台推土机无法按约定时间进入场地，致使开工时间推延了 60 天，该施工工作也没有按期完成。经甲单位和乙单位口头约定，按甲单位实际完成的工程量变更合同。这种变更合同的行为有何不妥？

【分析】《民法典》规定，建设工程合同应当采用书面形式。因此，案例中发包单位和承包单位的口头约定是无效的。

2. 建设工程合同的转让

建设工程合同的转让包括债权的转让、债务的转移、债权和债务一并转让三种形式。

备案后的建设工程合同是否可以转让

1）债权的转让

债权的转让是指债权人通过协议将其享有的债权转让给第三人的行为。

法律锦囊

在建设活动中，债权的转让常发生在建设单位、承包单位和银行之间。例如，乙承包单位完成了一个大型基础设施项目后，对甲建设单位享有 1 亿元的工程款债权。乙单位因需要快速回笼资金，决定将这笔债权以 9 000 万元的价款转让给丙银行。在乙单位通知甲单位并得到确认后，乙、丙两方订立了债权转让协议。丙银行向乙单位支付了款项，且丙银行有权要求甲单位向其支付 1 亿元的工程款。

上述案例中，乙承包单位为“债权人”和“让与人”，甲建设单位为“债务人”，丙银行为“第三人”和“受让人”。

（1）债权转让的范围。

债权人可以将债权的全部或者部分转让给第三人，但是有下列情形之一的除外：

① 根据债权性质不得转让；② 按照当事人约定不得转让；③ 依照法律规定不得转让。

当事人约定非金钱债权不得转让的，不得对抗善意第三人。当事人约定金钱债权不得转让的，不得对抗第三人。

（2）转让债权应当通知债务人。

债权人转让债权，未通知债务人的，该转让对债务人不发生效力。债权转让的通知不得撤销，但是经受让人同意的除外。债权人转让债权的，受让人取得与债权有关的从权利，但是该从权利专属于债权人自身的除外。受让人取得从权利不因该从权利未办理转移登记手续或者未转移占有而受到影响。因债权转让增加的履行费用，由让与人负担。

法律锦囊

债权人转让权利应当通知债务人，但债权人债权的转让无须得到债务人的同意。当债务人接到权利转让的通知后，权利转让生效。

（3）债务人与让与人的抗辩。

债务人接到债权转让通知后，债务人对让与人的抗辩，可以向受让人主张。有下列情形之一的，债务人可以向受让人主张抵销：① 债务人接到债权转让通知时，债务人对让与人享有债权，且债务人的债权先于转让的债权到期或者同时到期；② 债务人的债权与转让的债权是基于同一合同产生。

2）债务的转移

债务的转移是指债务人将债务转移给第三人承担的行为。债务人将债务的全部或者部分转移给第三人的，应当经债权人同意。债务人或者第三人可以催告债权人在合理期限内予以同意，债权人未作表示的，视为不同意。

3）债权和债务一并转让

当事人一方经对方同意，可以将自己在合同中的权利和义务一并转让给第三人。合同的权利和义务一并转让的，适用债权转让、债务转移的有关规定。

3.5.2　建设工程合同的权利义务终止

1．合同权利义务终止的情形

有下列情形之一的，债权债务终止。

（1）债务已经履行。

（2）债务相互抵销。

（3）债务人依法将标的物提存。

（4）债权人免除债务。

（5）债权债务同归于一人。

(6) 法律规定或者当事人约定终止的其他情形。

合同解除的，该合同的权利义务关系终止。

法律锦囊

合同的权利义务关系终止，不影响合同中结算和清理条款的效力。

2. 建设工程合同的解除

当事人协商一致，可以解除合同。当事人可以约定一方解除合同的事由。解除合同的事由发生时，解除权人可以解除合同。

1）合同解除的情形

有下列情形之一的，当事人可以解除合同。

(1) 因不可抗力致使不能实现合同目的。

(2) 在履行期限届满前，当事人一方明确表示或者以自己的行为表明不履行主要债务。

(3) 当事人一方迟延履行主要债务，经催告后在合理期限内仍未履行。

(4) 当事人一方迟延履行债务或者有其他违约行为致使不能实现合同目的。

(5) 法律规定的其他情形。

以持续履行的债务为内容的不定期合同，当事人可以随时解除合同，但是应当在合理期限之前通知对方。

法苑广角

施工合同解除的特别规定

承包人将建设工程转包、违法分包的，发包人可以解除合同。

发包人提供的主要建筑材料、建筑构配件和设备不符合强制性标准或者不履行协助义务，致使承包人无法施工，经催告后在合理期限内仍未履行相应义务的，承包人可以解除合同。

合同解除后，已经完成的建设工程质量合格的，发包人应当按照约定支付相应的工程价款；已经完成的建设工程质量不合格的，参照前文“无效合同的工程验收”的规定处理。

2）解除权的消灭

法律规定或者当事人约定解除权行使期限，期限届满当事人不行使的，该权利消灭。法律没有规定或者当事人没有约定解除权行使期限，自解除权人知道或者应当知道解除事由之日起1年内不行使，或者经对方催告后在合理期限内不行使的，该权利消灭。

3）合同解除的方式

当事人一方依法主张解除合同的，应当通知对方。合同自通知到达对方时解除；通知载明债务人在一定期限内不履行债务则合同自动解除，债务人在该期限内未履行债务的，合同自通知载明的期限届满时解除。对方对解除合同有异议的，任何一方当事人均可以请求人民法院或者仲裁机构确认解除行为的效力。

当事人一方未通知对方，直接以提起诉讼或者申请仲裁的方式依法主张解除合同，人民法院或者仲裁机构确认该主张的，合同自起诉状副本或者仲裁申请书副本送达对方时解除。

4）合同解除的法律后果

合同解除后，尚未履行的，终止履行；已经履行的，根据履行情况和合同性质，当事人可以请求恢复原状或者采取其他补救措施，并有权请求赔偿损失。合同因违约解除的，解除权人可以请求违约方承担违约责任，但是当事人另有约定的除外。

主合同解除后，担保人对债务人应当承担的民事责任仍应当承担担保责任，但是担保合同另有约定的除外。

3.6 建设工程合同的违约责任

3.6.1 承担违约责任的方式

当事人一方不履行合同义务或者履行合同义务不符合约定的，应当承担继续履行、采取补救措施或者赔偿损失等违约责任。当事人一方明确表示或者以自己的行为表明不履行合同义务的，对方可以在履行期限届满前请求其承担违约责任。

1. 继续履行

继续履行是指在合同一方未履行或未按照约定履行合同义务时，另一方要求违约方继续履行合同所规定义务的承担方式。例如，若承包单位未按照合同约定完成工程，构成违约，此时建设单位作为守约方，有权要求承包单位继续履行合同义务，完成剩余工程。

2. 采取补救措施

当合同一方未履行或未按照约定履行合同义务时，另一方有权要求违约方采取补救损失，以确保合同目的的实现。例如，若承包单位因管理不善导致部分工程延期，发包单位可根据合同约定要求承包单位加强管理，确保剩余工程按时完工，并要求承包单位对延期部分支付违约金。

3. 赔偿损失

当事人一方不履行合同义务或者履行合同义务不符合约定的，在履行义务或者采取补救措施后，对方还有其他损失的，应当赔偿损失。当事人一方不履行合同义务或者履行合同义务不符合约定，造成对方损失的，损失赔偿额应当相当于因违约所造成的损失，包括合同履行后可以获得的利益；但是，不得超过违约一方订立合同时预见到或者应当预见到的因违约可能造成的损失。

3.6.2 违约责任的免除

当事人一方因不可抗力不能履行合同的，根据不可抗力的影响，部分或者全部免除责任，但是法律另有规定的除外。因不可抗力不能履行合同的，应当及时通知对方，以减轻可能给对方造成的损失，并应当在合理期限内提供证明。当事人迟延履行后发生不可抗力的，不免除其违约责任。

法律锦囊

免责条款是指当事人约定的用以免除或逃避其未来合同责任的条款。合同中的下列免责条款无效：① 造成对方人身损害的；② 因故意或者重大过失造成对方财产损失的。

项目检测

1. 选择题

（1）下列选项中，属于要约邀请的是（　　）。

A．招股说明书　　B．招标公告　　C．投标书　　D．商品价目表

（2）甲施工单位由于施工需要大量钢材，遂向乙供应商发出要约邀请，要求乙在1个月内供货但数量待定。乙单位回函表示：1个月内可供货2 000 t，甲单位未作表示。下列说法中正确的是（　　）。

A．该供货合同成立　　B．该供货合同未成立

C．该供货合同效力待定　　D．该供货合同无效

（3）下列情形中，属于无效合同的是（　　）。

A．一方以欺诈、胁迫的手段订立合同

B．合同损害国家、集体或者第三人利益

C．合同以合法形式掩盖非法目的

D．合同违反法律、地方性法规的强制性规定

（4）下列情形中，不属于建设工程合同权利义务终止的是（　　）。

A．债务相互抵销　　B．债务人依法将标的物提存

C．合同解除　　D．债务人依法将标的物抵押

（5）合同解除后，尚未履行的，终止履行；已经履行的，根据履行情况和合同性质，当事人可以请求（　　）或者采取其他补救措施，并有权请求赔偿损失。

A．赔偿损失　　B．支付违约金　　C．恢复原状　　D．继续履行

（6）某材料供应商由于自身原因，没有按合同约定及时提供原材料，给建设工程项目造成经济损失，该供应商应承担（　　）。

A．违约责任　　B．行政处罚　　C．行政处分　　D．缴纳押金

（7）合同当事人承担违约责任的方式不包括（　　）。

A．行政拘留　　B．采取补救措施　　C．赔偿损失　　D．继续履行

（8）下列免责条款中有效的是（　　）。

A．造成对方人身损害的　　B．故意造成对方财产损失的

C．过失造成对方财产损失的　　D．重大过失造成对方财产损失的

2．判断题

（1）建设工程合同应当采用书面形式。以电子数据交换、电子邮件等方式能够有形地表现所载内容，并可以随时调取查用的数据电文，视为口头形式。（　　）

（2）招标单位确定中标单位为承诺。（　　）

（3）当事人采用合同书形式订立合同的，最后签名、盖章或者按指印的地点为合同成立的地点。（　　）

（4）限制民事行为能力人订立的合同为有效合同。（　　）

（5）在履行合同时，履行方式不明确的，合同无效。（　　）

（6）在建设活动中，乙承包单位在施工过程中发现甲发包单位的经营状况严重恶化，且有确切证据证明甲单位的经营状况。此时，乙单位可以行使先履行抗辩权，中止施工。（　　）

（7）抵押人以正在建造的建筑物、船舶、航空器进行抵押的，可以不办理抵押登记。（　　）

（8）对方对解除合同有异议的，任何一方当事人均可以请求人民法院或者仲裁机构确认解除行为的效力。（　　）

3．简答题

（1）施工合同的内容一般包括哪些条款？

（2）效力待定合同主要包括哪几种？

（3）建设工程合同的担保方式有哪些？

（4）承担建设工程合同违约责任的方式有哪些？

项目评价

指导教师对学生的实际学习成果进行评价，学生配合指导教师共同完成表 3-4。

表 3-4　项目评价

班级		组号		日期		
姓名		学号		指导教师		
项目名称	护权益——建设工程合同法律法规					
评价项目	评价内容		评价方式	满分/分	评分/分	
知识（40%）	建设工程合同的概念和类型		理论测试	4		
	建设工程合同的订立形式、内容和订立程序			10		
	建设工程有效合同、无效合同和可撤销合同			6		
	建设工程合同履行的具体要求			6		
	建设工程合同履行中当事人的抗辩权			2		
	建设工程合同的担保			2		
	建设工程合同的变更、转让和权利义务终止			6		
	建设工程合同的违约责任			4		
技能（40%）	指出建设工程合同纠纷案件中的法律依据		实践操作	20		
	运用建设工程合同法律法规分析有关案件			20		
素养（20%）	积极参加教学活动，主动学习、思考、讨论		综合评判	6		
	认真负责，按时完成学习、实践任务			4		
	团结协作，与组员之间密切配合			4		
	服从指挥，遵守课堂纪律			4		
	守正创新，自信自强			2		
合计				100		
自我评价						
指导教师评价						

项目 4

把严关
——建设工程安全生产法律法规

项目导读

安全生产是指在生产经营活动中，为避免发生人员伤害和财产损失事故，有效消除或控制危险和有害因素，使生产过程在符合规定的条件下进行，从而保证从业人员的人身安全与健康以及设备和设施免受损坏，保证生产经营活动得以顺利进行而开展的相关活动。建设工程安全生产法律法规为建设工程安全生产提供了明确的法律依据，它规定了各有关单位的安全责任和安全生产的各项管理措施，旨在加强建设工程安全生产的监督管理，规范各有关单位的行为，防止生产安全事故的发生，保证建设工程安全进行。

知识目标

（1）掌握建设、施工、勘察、设计、工程监理及其他有关单位的安全责任。

（2）掌握施工安全生产许可和技术管理的有关规定。

（3）掌握施工现场安全防护和安全生产费用的有关规定。

（4）了解生产安全事故应急预案和调查处理的有关规定。

技能目标

（1）能指出建设工程安全生产案件中的法律依据。

（2）能运用建设工程安全生产法律法规分析有关案件。

素质目标

（1）培养防患未然、慎终如始的安全意识。

（2）树立专注技艺、追求卓越的职业作风。

项目引入

在建筑专业的课堂上，李教授发现即将步入职场的学生对建设活动中的安全生产法律知识知之甚少。为了提升学生的安全意识，使学生在踏入工作岗位前就具备一定的生产安全事故预防和应对能力，李教授决定带领学生共同举办一场建设工程安全生产法律讲堂。下面，让我们一起举办这场建设工程安全生产法律讲堂吧！

项目工单——举办建设工程安全生产法律讲堂

1. 学生分组

学生以3～5人为一组进行分组，各小组选出组长并进行任务分工，将小组成员及分工情况填入表4-1中。

表4-1 小组成员及分工情况

<table>
<tr><td>班级</td><td></td><td>组号</td><td></td><td>指导教师</td><td></td></tr>
<tr><td>小组成员</td><td>姓名</td><td>学号</td><td colspan="3">任务分工</td></tr>
<tr><td>组长</td><td></td><td></td><td colspan="3"></td></tr>
<tr><td rowspan="4">组员</td><td></td><td></td><td colspan="3"></td></tr>
<tr><td></td><td></td><td colspan="3"></td></tr>
<tr><td></td><td></td><td colspan="3"></td></tr>
<tr><td></td><td></td><td colspan="3"></td></tr>
</table>

2. 工作计划

各小组查阅资料，了解与建设工程安全生产有关的法律知识，制订工作计划，并将其填入表4-2中。

表4-2 工作计划

序号	工作内容	负责人

3. 制订方案

（1）各小组针对工作计划展开讨论，制订实施方案。

（2）指导教师对各小组的实施方案进行评价。

（3）各小组根据指导教师的评价对实施方案进行调整。

（4）调整合格后的实施方案即最终实施方案。

4. 项目实施

各小组按照最终实施方案，举办建设工程安全生产法律讲堂，将实施步骤及内容补充完整。

（1）组建讲师团队。

① 撰写并发送邀请函：________________。

② 确定讲师团队成员：________________。

（2）宣传推广。

① 确定宣传方式。

□ 微信公众平台　□ 网站平台　□ 海报　□ 其他：________

② 整理并发表宣传内容：________________。

（3）准备讲堂学习资料。

① 搜集有关法律法规：________________。

② 搜集有关案例：________________。

③ 制作PPT。

（4）确定场地并调试设备。

（5）举办法律讲堂。

① 主持人开场：________________。

② 讲师团队自我介绍：________________。

③ 解读有关法律法规：________________。

④ 案例分析：________________。

⑤ 互动问答：________________。

⑥ 小组讨论：________________。

⑦ 组员分享心得：________________。

（6）总结与反馈。

① 总结并发放讲堂学习资料：________________。

② 收集对讲堂的意见和建议：________________

________________________________。

4.1 建设工程安全生产的责任体系

建设工程安全生产必须坚持安全第一、预防为主的方针。建设、施工、勘察、设计、工程监理及其他与建设工程安全生产有关的单位，必须遵守安全生产法律法规的规定，保证建设工程安全生产，依法承担建设工程安全生产责任。

4.1.1 建设单位的安全责任

在建设活动中，建设单位作为建设工程项目的投资主体，处于主导地位。《建筑法》《建设工程安全生产管理条例》对建设单位在建设项目安全管理中应承担的责任作出了具体规定。

1. 依法办理有关批准手续

有下列情形之一的，建设单位应当按照国家有关规定办理申请批准手续。

（1）需要临时占用规划批准范围以外场地的。

（2）可能损坏道路、管线、电力、邮电通信等公共设施的。

（3）需要临时停水、停电、中断道路交通的。

（4）需要进行爆破作业的。

（5）法律法规规定需要办理报批手续的其他情形。

2. 向施工单位提供资料

建设单位应当向施工单位提供施工现场及毗邻区域内供水、排水、供电、供气、供热、通信、广播电视等地下管线资料，气象和水文观测资料，相邻建筑物和构筑物、地下工程的有关资料，并保证资料的真实、准确、完整。建设单位因建设工程需要，向有关部门或者单位查询这些资料时，有关部门或者单位应当及时提供。

3. 不得提出违法要求

建设单位不得对勘察、设计、施工、工程监理等单位提出不符合建设工程安全生产法律法规和强制性标准规定的要求，不得压缩合同约定的工期。

4. 确定安全生产费用

建设单位在编制工程概算时，应当确定建设工程安全作业环境及安全施工措施所需费用。

法律锦囊

工程概算是指在建设工程的初步设计阶段，对建设工程项目从立项、可行性研究设计、施工、试运行到竣工验收等全部费用进行概略计算的设计文件。

5. 不得要求购买、租赁和使用不合要求器材

建设单位不得明示或者暗示施工单位购买、租赁、使用不符合安全施工要求的安全防护用具、机械设备、施工机具及配件、消防设施和器材。

6. 提供安全施工措施资料

建设单位在申请领取施工许可证时，应当提供建设工程有关安全施工措施的资料。依法批准开工报告的建设工程，建设单位应当自开工报告批准之日起 15 日内，将保证安全施工的措施报送建设工程所在地的县级以上地方人民政府建设主管部门或其他有关部门备案。

7. 对拆除工程进行备案

建设单位应当将拆除工程发包给具有相应资质等级的施工单位。建设单位应当在拆除工程施工 15 日前，将下列资料报送建设工程所在地的县级以上地方人民政府建设主管部门或其他有关部门备案。

（1）施工单位资质等级证明。

（2）拟拆除建筑物、构筑物及可能危及毗邻建筑的说明。

（3）拆除施工组织方案。

（4）堆放、清除废弃物的措施。

此外，实施爆破作业的，应当遵守国家有关民用爆炸物品管理的规定。

法律锦囊

民用爆炸物品是指用于非军事目的、列入民用爆炸物品品名表的各类火药、炸药及其制品，以及雷管、导火索等点火、起爆器材。民用爆炸物品安全管理的有关规定详见《民用爆炸物品安全管理条例》。

8. 违法行为的法律责任

建设单位未提供建设工程安全生产作业环境及安全施工措施所需费用的，责令限期改正；逾期未改正的，责令该建设工程停止施工。建设单位未将保证安全施工的措施或

者拆除工程的有关资料报送有关部门备案的，责令限期改正，给予警告。

建设单位有下列行为之一的，责令限期改正，处20万元以上50万元以下的罚款；造成重大安全事故，构成犯罪的，对直接责任人员，依照《中华人民共和国刑法》（以下简称《刑法》）有关规定追究刑事责任；造成损失的，依法承担赔偿责任。

（1）对勘察、设计、施工、工程监理等单位提出不符合安全生产法律法规和强制性标准规定的要求的。

（2）要求施工单位压缩合同约定的工期的。

（3）将拆除工程发包给不具有相应资质等级的施工单位的。

以案释法

【案例4-1】某市建设主管部门按照年度工作计划，对该市某商业综合体建设项目进行了日常安全生产巡查。在巡查过程中，巡查人员发现该项目的施工升降机正在拆除。巡查人员随即向项目现场负责人询问情况，得知该项目的建设单位尚未将施工升降机安装拆除方案等有关资料报送该市建设主管部门备案。经立案审理，该市建设主管部门决定给予该建设单位警告处罚，并责令其在规定期限内纠正违法行为。该处罚的法律依据是什么？

【分析】根据《建设工程安全生产管理条例》，建设单位应当在拆除工程施工15日前，将有关资料报送建设工程所在地的县级以上地方人民政府建设主管部门或者其他有关部门备案；建设单位未将保证安全施工的措施或者拆除工程的有关资料报送有关部门备案的，责令限期改正，给予警告。

4.1.2 施工单位的安全责任

施工单位必须遵守《中华人民共和国安全生产法》（以下简称《安全生产法》）、《建筑法》和《建设工程安全生产管理条例》等有关安全生产的法律法规，加强安全生产管理，建立健全全员安全生产责任制和安全生产规章制度，加大对安全生产资金、物资、技术、人员的投入保障力度，改善安全生产条件，加强安全生产标准化、信息化建设，构建安全风险分级管控和隐患排查治理双重预防机制，健全风险防范化解机制，提高安全生产水平，确保安全生产。

1. 具备安全生产条件

施工单位从事建设工程的新建、扩建、改建和拆除等活动，应当具备国家规定的注册资本、专业技术人员、技术装备和安全生产等条件，依法取得相应等级的资质证书，并在其资质等级许可的范围内承揽工程。

2. 建立健全安全生产责任制度

1）施工单位主要负责人和项目负责人的安全责任

（1）施工单位主要负责人的安全责任。

根据《安全生产法》，生产经营单位的主要负责人是本单位安全生产第一责任人，对本单位的安全生产工作全面负责。其他负责人对职责范围内的安全生产工作负责。

法律锦囊

施工单位主要负责人是指对本单位生产经营活动和安全生产工作具有决策权的领导人员。

施工单位主要负责人的安全责任包括：① 建立健全并落实本单位全员安全生产责任制，加强安全生产标准化建设；② 组织制定并实施本单位安全生产规章制度和操作规程；③ 组织制定并实施本单位安全生产教育和培训计划；④ 保证本单位安全生产投入的有效实施；⑤ 组织建立并落实安全风险分级管控和隐患排查治理双重预防工作机制，督促、检查本单位的安全生产工作，及时消除生产安全事故隐患；⑥ 组织制定并实施本单位的生产安全事故应急预案；⑦ 及时、如实报告生产安全事故。

（2）施工单位项目负责人的安全责任。

施工单位项目负责人应当对建设工程项目的安全施工负责，落实安全生产责任制度、安全生产规章制度和操作规程，确保安全生产费用的有效使用，并根据工程的特点组织制定安全施工措施，消除安全事故隐患，及时、如实报告生产安全事故。

法律锦囊

施工单位项目负责人是指取得相应注册执业资格，由施工单位法定代表人授权，负责具体施工项目的管理人员。

施工单位项目负责人应当按规定实施项目安全生产管理，监控危险性较大的分部分项工程（以下简称危大工程），及时排查处理施工现场安全事故隐患，隐患排查处理情况应当记入项目安全管理档案；发生事故时，应当按规定及时报告并开展现场救援。工程项目实行总承包的，总承包单位项目负责人应当定期考核分包单位安全生产管理情况。

法律锦囊

根据《危险性较大的分部分项工程安全管理规定》，**危大工程**是指在房屋建筑和市政基础设施工程施工过程中，容易导致人员群死群伤或者造成重大经济损失的分部分项工程。危大工程及超过一定规模的危大工程范围由国务院住房城乡建设主管部门制定。省级住房城乡建设主管部门可以结合本地区实际情况，补充本地区危大工程范围。

2）设立安全生产管理机构

安全生产管理机构是指施工单位设置的负责安全生产管理工作的独立职能部门。施工单位应当设立安全生产管理机构，安全生产管理机构在施工单位主要负责人的领导下开展本单位的安全生产管理工作。安全生产管理机构的安全责任如下。

（1）宣传和贯彻国家有关安全生产的法律法规和标准。

（2）编制、适时更新安全生产管理制度并监督实施。

（3）组织或参与单位生产安全事故应急预案的编制及演练。

（4）组织开展安全教育培训与交流。

（5）协调配备项目专职安全生产管理人员。

（6）制订单位安全生产检查计划并组织实施。

（7）监督在建项目安全生产费用的使用。

（8）参与危大工程安全专项施工方案的专家论证会。

（9）通报在建项目违规违章查处情况。

（10）组织开展安全生产评优评先表彰工作。

（11）建立单位在建项目安全生产管理档案。

（12）考核评价分包单位安全生产业绩及项目安全生产管理情况。

（13）参加生产安全事故的调查和处理工作。

（14）单位明确的其他安全生产管理职责。

法苑广角

安全生产领导小组的安全责任

施工单位应当在建设工程项目组建安全生产领导小组。建设工程实行施工总承包的，安全生产领导小组由总承包单位、专业承包单位和劳务分包单位项目经理、技术负责人和专职安全生产管理人员组成。安全生产领导小组的安全责任如下。

（1）贯彻落实国家有关安全生产法律法规和标准。

（2）组织制定项目安全生产管理制度并监督实施。

（3）编制项目生产安全事故应急预案并组织演练。

（4）保证项目安全生产费用的有效使用。

（5）组织编制危大工程的安全专项施工方案。

（6）开展项目安全教育培训。

(7)组织实施项目安全检查和隐患排查。
(8)建立项目安全生产管理档案。
(9)及时、如实报告生产安全事故。

3)配备专职安全生产管理人员

专职安全生产管理人员是指在施工单位专职从事安全生产管理工作的人员,包括安全生产管理机构的人员和工程项目专职从事安全生产管理工作的人员。施工单位应当建立安全生产教育培训制度,制定年度培训计划,每年对“安管人员”进行培训和考核,考核不合格的,不得上岗。培训情况应当记入安全生产教育培训档案。

法律锦囊

建筑施工企业主要负责人、项目负责人和专职安全生产管理人员合称“安管人员”。

企业安全生产管理机构专职安全生产管理人员应当检查在建项目安全生产管理情况,重点检查项目负责人、项目专职安全生产管理人员履责情况,处理在建项目违规违章行为,并记入企业安全管理档案。

项目专职安全生产管理人员应当每天在施工现场开展安全检查,现场监督危大工程安全专项施工方案实施。对检查中发现的安全事故隐患,应当立即处理;不能处理的,应当及时报告项目负责人和企业安全生产管理机构。项目负责人应当及时处理安全事故隐患。检查及处理情况应当记入项目安全管理档案。

4)设立、落实施工现场带班制度

施工单位应当建立企业负责人及项目负责人施工现场带班制度,并严格考核。施工现场带班制度应明确工作内容、职责权限和考核奖惩等要求。施工现场带班包括企业负责人带班检查和项目负责人带班生产。

法律锦囊

企业负责人带班检查是指由施工单位负责人带队实施对工程项目质量安全生产状况及项目负责人带班生产情况的检查。项目负责人带班生产是指项目负责人在施工现场组织协调工程项目的质量安全生产活动。

(1)企业负责人带班检查。

施工单位负责人要定期带班检查,每月检查时间不少于其工作日的25%。施工单位负责人带班检查时,应认真做好检查记录,并分别在企业和工程项目存档备查。

工程项目进行超过一定规模的危大工程施工时,施工单位负责人应到施工现场进行带班检查。对于有分公司（非独立法人）的企业集团，集团负责人因故不能到现场的，可书面委托工程所在地的分公司负责人对施工现场进行带班检查。

工程项目出现险情或发现重大隐患时，施工单位负责人应到施工现场带班检查，督促工程项目进行整改，及时消除险情和隐患。

（2）项目负责人带班生产。

项目负责人应对工程项目落实带班制度负责。项目负责人在同一时期只能承担一个工程项目的管理工作。项目负责人带班生产时，要全面掌握工程项目质量安全生产状况，加强对重点部位、关键环节的控制，及时消除隐患，同时要认真做好带班生产记录并签字存档备查。

项目负责人每月带班生产时间不得少于本月施工时间的80%。因其他事务需要离开施工现场时，应向工程项目的建设单位请假，经批准后方可离开。离开期间应委托项目相关负责人负责其外出时的日常工作。

在某桥梁建设项目中，施工单位的专职安全生产管理人员李某在进行日常巡查时，发现一根电线的绝缘层破损，李某仅记录而未采取其他措施。李某的行为有何不妥？

3. 建立健全安全生产教育培训制度

1）施工单位安全生产教育培训

《安全生产法》规定，生产经营单位应当对从业人员进行安全生产教育和培训，保证从业人员具备必要的安全生产知识，熟悉有关的安全生产规章制度和安全操作规程，掌握本岗位的安全操作技能，了解事故应急处理措施，知悉自身在安全生产方面的权利和义务。未经安全生产教育和培训合格的从业人员，不得上岗作业。

施工单位应当对管理人员和作业人员每年至少进行一次安全生产教育培训，其教育培训情况记入个人工作档案。安全生产教育培训考核不合格的人员，不得上岗。

2）“安管人员”安全生产教育培训

施工单位主要负责人、项目负责人和专职安全生产管理人员应当通过其受聘企业，向企业工商注册地的省、自治区、直辖市人民政府住房城乡建设主管部门申请安全生产考核，并取得安全生产考核合格证书。申请参加安全生产考核的“安管人员”，应当具备相应文化程度、专业技术职称和一定的安全生产工作经历，与企业确立劳动关系，并经企业年度安全生产教育培训合格。

法苑广角

专职安全生产管理人员的分类

专职安全生产管理人员分为机械、土建、综合三类。其中，机械类专职安全生产管理人员可以从事起重机械、土石方机械、桩工机械等的安全生产管理工作，土建类专职安全生产管理人员可以从事除起重机械、土石方机械、桩工机械等的安全生产管理工作以外的安全生产管理工作，综合类专职安全生产管理人员可以从事全部安全生产管理工作。

新申请专职安全生产管理人员安全生产考核只可以在机械、土建、综合三类中选择一类。机械类专职安全生产管理人员在参加土建类安全生产管理专业考试合格后，可以申请取得综合类专职安全生产管理人员安全生产考核合格证书。土建类专职安全生产管理人员在参加机械类安全生产管理专业考试合格后，可以申请取得综合类专职安全生产管理人员安全生产考核合格证书。

3）作业人员安全生产教育培训

作业人员进入新的岗位或者新的施工现场前，应当接受安全生产教育培训。未经教育培训或者教育培训考核不合格的人员，不得上岗作业。施工单位在采用新技术、新工艺、新设备、新材料时，应当对作业人员进行相应的安全生产教育培训。

垂直运输机械作业人员、安装拆卸工、爆破作业人员、起重信号工、登高架设作业人员等特种作业人员，必须按照国家有关规定经过专门的安全作业培训，并取得建筑施工特种作业人员操作资格证书后，方可上岗作业。

法苑广角

建筑施工特种作业人员的有关规定

根据《建筑施工特种作业人员管理规定》，建筑施工特种作业包括以下内容。

（1）建筑电工。

（2）建筑架子工。

（3）建筑起重信号司索工。

（4）建筑起重机械司机。

（5）建筑起重机械安装拆卸工。

（6）高处作业吊篮安装拆卸工。

（7）经省级以上人民政府建设主管部门认定的其他特种作业。

建筑施工特种作业人员必须经建设主管部门考核合格，取得建筑施工特种作业人员操作资格证书，方可上岗从事相应作业。建筑施工特种作业人员应当参加年度安全教育培训或者继续教育，每年不得少于24小时。

4. 制定安全生产管理制度和操作规程

施工单位应依据法律法规，结合企业的安全管理目标、生产经营规模、管理体制制定安全生产管理制度。

施工单位安全生产管理制度应包括安全生产教育培训，安全费用管理，施工设施、设备及劳动防护用品的安全管理，安全生产技术管理，分包单位安全生产管理，施工现场安全管理，应急救援管理，生产安全事故管理，安全检查和改进，安全考核和奖惩等制度。

施工单位的各项安全生产管理制度应规定工作内容、职责与权限、工作程序及标准。施工单位安全生产管理制度应随有关法律法规及单位生产经营、管理体制的变化，适时更新、修订完善。施工单位各项安全生产管理活动必须依据单位安全生产管理制度开展。

除了安全生产管理制度，施工单位还应制定完备的安全操作规程。安全操作规程是指根据物料性质、工艺流程、作业活动、设备使用和自动控制等要求，制定的安全生产作业要求和实施程序所作的规定，主要包括安全技术知识、注意事项、个体防护用品配备要求、异常情况处置措施和设备检维修等。

5. 违法行为的法律责任

1）对降低安全生产条件行为的处罚

施工单位取得资质证书后，降低安全生产条件的，责令限期改正；经整改仍未达到与其资质等级相适应的安全生产条件的，责令停业整顿，降低其资质等级直至吊销资质证书。

2）对未履行法定安全义务行为的处罚

施工单位有下列行为之一的，责令限期改正；逾期未改正的，责令停业整顿，依照《安全生产法》的有关规定处以罚款；造成重大安全事故，构成犯罪的，对直接责任人员，依照《刑法》有关规定追究刑事责任。

（1）未设立安全生产管理机构、配备专职安全生产管理人员或者分部分项工程施工时无专职安全生产管理人员现场监督的。

（2）施工单位的主要负责人、项目负责人、专职安全生产管理人员、作业人员或者特种作业人员，未经安全教育培训或者经考核不合格即从事相关工作的。

（3）未在施工现场的危险部位设置明显的安全警示标志，或者未按照国家有关规定在施工现场设置消防通道、消防水源，配备消防设施和灭火器材的。

（4）未向作业人员提供安全防护用具和安全防护服装的。

（5）未按照规定在施工起重机械和整体提升脚手架、模板等自升式架设设施验收合格后登记的。

（6）使用国家明令淘汰、禁止使用的危及施工安全的工艺、设备、材料的。

法律锦囊

《刑法》规定：建设单位、设计单位、施工单位、工程监理单位违反国家规定，降低工程质量标准，造成重大安全事故的，对直接责任人员，处5年以下有期徒刑或者拘役，并处罚金；后果特别严重的，处5年以上10年以下有期徒刑，并处罚金。

3）对主要负责人和项目负责人违法行为的处罚

施工单位的主要负责人和项目负责人未履行安全生产管理职责的，责令限期改正；逾期未改正的，责令施工单位停业整顿；造成重大安全事故、重大伤亡事故或者其他严重后果，构成犯罪的，依照《刑法》有关规定追究刑事责任。

施工单位的主要负责人和项目负责人有上述违法行为，尚不够刑事处罚的，处2万元以上20万元以下的罚款或者按照管理权限给予撤职处分；自刑罚执行完毕或者受处分之日起，5年内不得担任任何施工单位的主要负责人和项目负责人。

法律锦囊

《刑法》规定：安全生产设施或者安全生产条件不符合国家规定，因而发生重大伤亡事故或者造成其他严重后果的，对直接负责的主管人员和其他直接责任人员，处3年以下有期徒刑或者拘役；情节特别恶劣的，处3年以上7年以下有期徒刑。

4）对未按规定开展“安管人员”安全生产教育培训考核的处罚

施工单位未按规定开展“安管人员”安全生产教育培训考核，或者未按规定如实将考核情况记入安全生产教育培训档案的，由县级以上地方人民政府住房城乡建设主管部门责令限期改正，并处2万元以下的罚款。

4.1.3　勘察、设计、工程监理单位的安全责任

1．勘察单位的安全责任

1）确保勘察文件质量

勘察单位应当按照法律法规和有关标准进行勘察，提供的勘察文件应当真实、准确，满足建设工程安全生产的需要。

2）确保勘察活动安全

勘察单位在勘察作业时，应当严格执行操作规程，采取措施保证各类管线、设施和周边建筑物、构筑物的安全。

勘察单位开展工程勘察活动时，应遵守有关职业健康及安全生产方面的法律法规，采取安全防护措施，确保人员、设备和设施的安全。勘察单位在燃气管道、热力管道、动力设备、输水管道、输电线路、临街交通要道及地下通道（地下隧道）附近等风险性较大的地点，以及在易燃易爆地段及放射、有毒环境中进行工程勘察作业时，应编制安全防护方案并制定应急预案。

2. 设计单位的安全责任

1）按照法律法规和工程建设强制性标准进行设计

设计单位应当按照法律法规和工程建设强制性标准进行设计，防止因设计不合理导致生产安全事故的发生。设计单位应当考虑施工安全操作和防护的需要，对涉及施工安全的重点部位和环节在设计文件中注明，并对防范生产安全事故提出指导意见。

法律锦囊

建设工程勘察、设计文件中规定采用的新技术、新材料，可能影响建设工程质量和安全，又没有国家技术标准的，应当由国家认可的检测机构进行试验、论证，出具检测报告，并经国务院有关部门或者省、自治区、直辖市人民政府有关部门组织的建设工程技术专家委员会审定后，方可使用。

2）提出预防生产安全事故措施建议

采用新结构、新材料、新工艺的建设工程和特殊结构的建设工程，设计单位应当在设计中提出保障作业人员安全和预防生产安全事故的措施建议。设计单位和注册建筑师等注册执业人员应当对其设计负责。

3. 工程监理单位的安全责任

1）审查安全技术措施或专项施工方案

工程监理单位应当审查施工组织设计中的安全技术措施或者专项施工方案是否符合工程建设强制性标准。工程监理单位和监理工程师应当按照法律法规和工程建设强制性标准实施监理，并对建设工程安全生产承担监理责任。

2）依法处理施工安全事故隐患

工程监理单位在实施监理过程中发现存在安全事故隐患的，应当要求施工单位整改；情况严重的，应当要求施工单位暂时停止施工，并及时报告建设单位。施工单位拒不整改或者不停止施工的，工程监理单位应当及时向有关主管部门报告。

4. 违法行为的法律责任

1）勘察、设计单位违法行为的法律责任

勘察、设计单位有下列行为之一的，责令限期改正，处10万元以上30万元以下的罚款；情节严重的，责令停业整顿，降低资质等级，直至吊销资质证书；造成重大安全事故，构成犯罪的，对直接责任人员，依照《刑法》有关规定追究刑事责任；造成损失的，依法承担赔偿责任。

（1）未按照法律法规和工程建设强制性标准进行勘察、设计的。

（2）采用新结构、新材料、新工艺的建设工程和特殊结构的建设工程，设计单位未在设计中提出保障作业人员安全和预防生产安全事故的措施建议的。

2）工程监理单位违法行为的法律责任

工程监理单位有下列行为之一的，责令限期改正；逾期未改正的，责令停业整顿，并处10万元以上30万元以下的罚款；情节严重的，降低资质等级，直至吊销资质证书；造成重大安全事故，构成犯罪的，对直接责任人员，依照《刑法》有关规定追究刑事责任；造成损失的，依法承担赔偿责任。

（1）未对施工组织设计中的安全技术措施或者专项施工方案进行审查的。

（2）发现安全事故隐患未及时要求施工单位整改或者暂时停止施工的。

（3）施工单位拒不整改或者不停止施工，未及时向有关主管部门报告的。

（4）未依照法律法规和工程建设强制性标准实施监理的。

4.1.4　其他有关单位的安全责任

1. 机械设备单位的安全责任

1）配备安全设施

为建设工程提供机械设备和配件的单位，应当按照安全施工的要求配备齐全有效的保险、限位等安全设施和装置。

2）出租合格机械设备

出租的机械设备和施工机具及配件，应当具有生产（制造）许可证、产品合格证。出租单位应当对出租的机械设备和施工机具及配件的安全性能进行检测，在签订租赁协议时，应当出具检测合格证明。禁止出租检测不合格的机械设备和施工机具及配件。

3）合法安装机械设备

在施工现场安装、拆卸施工起重机械和整体提升脚手架、模板等自升式架设设施，必须由具有相应资质的单位承担。安装、拆卸施工起重机械和整体提升脚手架、模板等自升式架设设施，应当编制拆装方案、制定安全施工措施，并由专业技术人员现场监督。施工起重机械和整体提升脚手架、模板等自升式架设设施安装完毕后，安装单位应当自检，出具自检合格证明，并向施工单位进行安全使用说明，办理验收手续并签字。

 法律锦囊

施工起重机械和整体提升脚手架、模板等自升式架设设施的使用达到国家规定的检验检测期限的，必须经具有专业资质的检验检测机构检测。经检测不合格的，不得继续使用。

2. 检验检测机构的安全责任

承担安全评价、认证、检测、检验职责的机构应当具备国家规定的资质条件，并对其作出的安全评价、认证、检测、检验结果的合法性、真实性负责。承担安全评价、认证、检测、检验职责的机构应当建立并实施服务公开和报告公开制度，不得租借资质、挂靠、出具虚假报告。

检验检测机构对检测合格的施工起重机械和整体提升脚手架、模板等自升式架设设施，应当出具安全合格证明文件，并对检测结果负责。

特种设备的监督检验、定期检验、型式试验和无损检测应当由依照《特种设备安全监察条例》经国务院特种设备安全监督管理部门核准的特种设备检验检测机构进行。特种设备检验检测工作应当符合安全技术规范的要求。

法律锦囊

根据《特种设备安全监察条例》，**特种设备**是指涉及生命安全、危险性较大的锅炉、压力容器（含气瓶）、压力管道、电梯、起重机械、客运索道、大型游乐设施和场（厂）内专用机动车辆。

3. 违法行为的法律责任

1）机械设备单位违法行为的法律责任

（1）对未按要求配备安全设施和装置行为的处罚。

为建设工程提供机械设备和配件的单位，未按照安全施工的要求配备齐全有效的保险、限位等安全设施和装置的，责令限期改正，处合同价款 1 倍以上 3 倍以下的罚款；造成损失的，依法承担赔偿责任。

（2）对出租不合格机械设备行为的处罚。

出租单位出租未经安全性能检测或者经检测不合格的机械设备和施工机具及配件的，责令停业整顿，并处 5 万元以上 10 万元以下的罚款；造成损失的，依法承担赔偿责任。

（3）对未编制拆装方案等行为的处罚。

施工起重机械和整体提升脚手架、模板等自升式架设设施安装、拆卸单位有下列行为之一的，责令限期改正，处 5 万元以上 10 万元以下的罚款；情节严重的，责令停业整顿，降低资质等级，直至吊销资质证书；造成损失的，依法承担赔偿责任：① 未编制拆装方案、制定安全施工措施的；② 未由专业技术人员现场监督的；③ 未出具自检合格证明或者出具虚假证明的；④ 未向施工单位进行安全使用说明，办理移交手续的。

施工起重机械和整体提升脚手架、模板等自升式架设设施安装、拆卸单位有上述规定的第①项、第③项行为，经有关部门或者单位职工提出后，对事故隐患仍不采取措施，因而发生重大伤亡事故或者造成其他严重后果，构成犯罪的，对直接责任人员，依照《刑法》有关规定追究刑事责任。

头脑风暴

某建筑公司在对一座地标性高层建筑进行施工时，委托了一家起重机械安装单位负责起重机的安装工作。在安装时，该安装单位自恃经验丰富，未制定详细的安全施工措施便开始安装。请问该安装单位的行为有何不妥？应该受到什么处罚？

2）检验检测机构违法行为的法律责任

（1）对租借、挂靠资质等行为的处罚。

承担安全评价、认证、检测、检验职责的机构租借资质、挂靠、出具虚假报告的，没收违法所得；违法所得在 10 万元以上的，并处违法所得 2 倍以上 5 倍以下的罚款，没有违法所得或者违法所得不足 10 万元的，单处或者并处 10 万元以上 20 万元以下的罚款；对其直接负责的主管人员和其他直接责任人员处 5 万元以上 10 万元以下的罚款；给他人造成损害的，与生产经营单位承担连带赔偿责任；构成犯罪的，依照《刑法》有关规定追究刑事责任。

对有上述违法行为的机构及其直接责任人员，吊销其相应资质和资格，5 年内不得从事安全评价、认证、检测、检验等工作；情节严重的，实行终身行业和职业禁入。

（2）对出具失实报告行为的处罚。

承担安全评价、认证、检测、检验职责的机构出具失实报告的，责令停业整顿，并处 3 万元以上 10 万元以下的罚款；给他人造成损害的，依法承担赔偿责任。

4.2 施工安全生产许可和技术管理的有关规定

4.2.1 施工安全生产许可的有关规定

《安全生产许可证条例》规定，国家对矿山企业、建筑施工企业和危险化学品、烟花爆竹、民用爆炸物品生产企业实行安全生产许可制度。企业未取得安全生产许可证的，不得从事生产活动。

1. 安全生产许可证的申领条件

什么是安全生产责任制

施工单位取得安全生产许可证，应当具备下列安全生产条件。

（1）建立、健全安全生产责任制，制定完备的安全生产规章制度和操作规程。

（2）保证本单位安全生产条件所需资金的投入。

（3）设置安全生产管理机构，按照国家有关规定配备专职安全生产管理人员。

（4）主要负责人、项目负责人、专职安全生产管理人员经住房城乡建设主管部门或者其他有关部门考核合格。

工伤保险和意外伤害保险冲突吗

（5）特种作业人员经有关业务主管部门考核合格，取得特种作业操作资格证书。

（6）管理人员和作业人员每年至少进行一次安全生产教育培训并考核合格。

（7）依法参加工伤保险，依法为施工现场从事危险作业的人员办理意外伤害保险，为从业人员缴纳保险费。

法律锦囊

> 意外伤害保险费由施工单位支付。实行施工总承包的，由总承包单位支付意外伤害保险费。意外伤害保险期限自建设工程开工之日起至竣工验收合格止。

（8）施工现场的办公区、生活区及作业场所和安全防护用具、机械设备、施工机具及配件符合有关安全生产法律、法规、标准和规程的要求。

（9）有职业危害防治措施，并为作业人员配备符合国家标准或者行业标准的安全防护用具和安全防护服装。

（10）有对危大工程及施工现场易发生重大事故的部位、环节的预防、监控措施和应急预案。

（11）有生产安全事故应急预案、应急救援组织或者应急救援人员，配备必要的应急救援器材、设备。

（12）法律法规规定的其他条件。

2. 安全生产许可证的申请

施工单位从事建筑施工活动前，应当依照《建筑施工企业安全生产许可证管理规定》向企业注册所在地省、自治区、直辖市人民政府住房城乡建设主管部门申请领取安全生产许可证。

施工单位申请安全生产许可证时，应当向住房城乡建设主管部门提供下列材料。

（1）建筑施工企业安全生产许可证申请表。

（2）企业法人营业执照。

（3）申领条件中的相关文件、材料。

法律锦囊

施工单位申请安全生产许可证，应当对申请材料实质内容的真实性负责，不得隐瞒有关情况或者提供虚假材料。

3. 安全生产许可证的有效期

安全生产许可证的有效期为 3 年。安全生产许可证有效期满需要延期的，施工单位应当于期满前 3 个月向原安全生产许可证颁发管理机关申请办理延期手续。

施工单位在安全生产许可证有效期内，严格遵守有关安全生产的法律法规，未发生死亡事故的，安全生产许可证有效期届满时，经原安全生产许可证颁发管理机关同意，不再审查，安全生产许可证有效期延期 3 年。

4. 安全生产许可证的变更和注销

施工单位变更名称、地址、法定代表人等，应当在变更后 10 日内，到原安全生产许可证颁发管理机关办理安全生产许可证变更手续。

施工单位破产、倒闭、撤销的，应当将安全生产许可证交回原安全生产许可证颁发管理机关予以注销。

法律锦囊

施工单位遗失安全生产许可证，应当立即向原安全生产许可证颁发管理机关报告，并在公众媒体上声明作废后，方可申请补办。

5. 违法行为的法律责任

1）对发生重大安全事故的单位的处罚

取得安全生产许可证的施工单位，发生重大安全事故的，暂扣安全生产许可证并限期整改。

2）对不再具备安全生产条件的单位的处罚

施工单位不再具备安全生产条件的，暂扣安全生产许可证并限期整改；情节严重的，吊销安全生产许可证。

3）对未办理延期手续而继续建筑施工活动行为的处罚

安全生产许可证有效期满未办理延期手续，继续从事建筑施工活动的，责令其在建项目停止施工，限期补办延期手续，没收违法所得，并处5万元以上10万元以下的罚款；逾期仍不办理延期手续，继续从事建筑施工活动的，依照《建筑施工企业安全生产许可证管理规定》第二十四条的规定处罚。

法律锦囊

《建筑施工企业安全生产许可证管理规定》第二十四条规定：建筑施工企业未取得安全生产许可证擅自从事建筑施工活动的，责令其在建项目停止施工，没收违法所得，并处10万元以上50万元以下的罚款；造成重大安全事故或者其他严重后果，构成犯罪的，依法追究刑事责任。

4）对转让、冒用或者使用伪造安全生产许可证行为的处罚

施工单位转让安全生产许可证的，没收违法所得，处10万元以上50万元以下的罚款，并吊销安全生产许可证；构成犯罪的，依法追究刑事责任；接受转让的，依照《建筑施工企业安全生产许可证管理规定》第二十四条的规定处罚。冒用安全生产许可证或者使用伪造的安全生产许可证的，依照《建筑施工企业安全生产许可证管理规定》第二十四条的规定处罚。

5）对以不法方式申请安全生产许可证行为的处罚

施工单位隐瞒有关情况或者提供虚假材料申请安全生产许可证的，不予受理或者不予颁发安全生产许可证，并给予警告，1年内不得申请安全生产许可证。施工单位以欺骗、贿赂等不正当手段取得安全生产许可证的，撤销安全生产许可证，3年内不得再次申请安全生产许可证；构成犯罪的，依法追究刑事责任。

4.2.2 施工安全技术管理的有关规定

施工安全技术管理主要包括安全技术措施和专项施工方案的编制，以及专项施工方案的审查、实施等工作内容。

1. 安全技术措施和专项施工方案的编制

施工单位在编制施工组织设计时，应当根据建设工程的特点制定相应的安全技术措施；对专业性较强的工程项目，应当编制专项安全施工组织设计，并采取安全技术措施。

施工单位应当在危大工程施工前组织工程技术人员编制专项施工方案。实行施工总承包的，专项施工方案应当由施工总承包单位组织编制。危大工程实行分包的，专项施工方案可以由相关专业分包单位组织编制。

2. 专项施工方案的审查

专项施工方案应当由施工单位技术负责人审核签字、加盖单位公章，并由总监理工程师审查签字、加盖执业印章后方可实施。

危大工程实行分包并由分包单位编制专项施工方案的，专项施工方案应当由总承包单位技术负责人及分包单位技术负责人共同审核签字并加盖单位公章。对于超过一定规模的危大工程，施工单位应当组织召开专家论证会对专项施工方案进行论证。实行施工总承包的，由施工总承包单位组织召开专家论证会。专家论证前专项施工方案应当通过施工单位审核和总监理工程师审查。

3. 专项施工方案的实施

专项施工方案实施前，编制人员或者项目技术负责人应当向施工现场管理人员进行方案交底。施工现场管理人员应当向作业人员进行安全技术交底，并由双方和项目专职安全生产管理人员共同签字确认。

法律锦囊

项目专职安全生产管理人员应当对专项施工方案实施情况进行现场监督，对未按照专项施工方案施工的，应当要求立即整改，并及时报告项目负责人，项目负责人应当及时组织限期整改。

1）施工单位的实施

施工单位应当严格按照专项施工方案组织施工，不得擅自修改专项施工方案。因规划调整、设计变更等原因确需调整的，修改后的专项施工方案应当按照规定重新审核和论证。涉及资金或者工期调整的，建设单位应当按照约定予以调整。

施工单位应当对危大工程作业人员进行登记，项目负责人应当在施工现场履职。施工单位应当按照规定对危大工程进行施工监测和安全巡视，发现危及人身安全的紧急情况，应当立即组织作业人员撤离危险区域。

2）工程监理单位的实施

工程监理单位应当结合危大工程专项施工方案编制监理实施细则，并对危大工程施工实施专项巡视检查。

工程监理单位发现施工单位未按照专项施工方案施工的，应当要求其进行整改；情节严重的，应当要求其暂停施工，并及时报告建设单位。施工单位拒不整改或者不停止施工的，工程监理单位应当及时报告建设单位和工程所在地住房城乡建设主管部门。

3）监测单位的实施

对于按照规定需要进行第三方监测的危大工程，建设单位应当委托具有相应勘察资质的单位进行监测。

监测单位应当编制监测方案。监测方案由监测单位技术负责人审核签字并加盖单位公章，报送工程监理单位后方可实施。监测单位应当按照监测方案开展监测，及时向建设单位报送监测成果，并对监测成果负责；发现异常时，及时向建设、设计、施工、工程监理单位报告，建设单位应当立即组织相关单位采取处置措施。

4. 违法行为的法律责任

1）施工单位违法行为的法律责任

（1）对未按照规定编制并审核危大工程专项施工方案等行为的处罚。

施工单位未按照规定编制并审核危大工程专项施工方案的，依照《建设工程安全生产管理条例》对单位进行处罚，并暂扣安全生产许可证 30 日；对直接负责的主管人员和其他直接责任人员处 1 000 元以上 5 000 元以下的罚款。

（2）对未进行方案交底和安全技术交底等行为的处罚。

施工单位有下列行为之一的，依照《安全生产法》《建设工程安全生产管理条例》对单位和相关责任人员进行处罚：① 未向施工现场管理人员和作业人员进行方案交底和安全技术交底的；② 未在施工现场显著位置公告危大工程，并在危险区域设置安全警示标志的；③ 项目专职安全生产管理人员未对专项施工方案实施情况进行现场监督的。

（3）对未严格按照专项施工方案组织施工等行为的处罚。

施工单位有下列行为之一的，责令限期改正，处 1 万元以上 3 万元以下的罚款，并暂扣安全生产许可证 30 日；对直接负责的主管人员和其他直接责任人员处 1 000 元以上 5 000 元以下的罚款：① 未对超过一定规模的危大工程专项施工方案进行专家论证的；② 未根据专家论证报告对超过一定规模的危大工程专项施工方案进行修改，或者未按照规定重新组织专家论证的；③ 未严格按照专项施工方案组织施工，或者擅自修改专项施工方案的。

（4）对未按照规定组织危大工程验收等行为的处罚。

施工单位有下列行为之一的，责令限期改正，并处 1 万元以上 3 万元以下的罚款；对直接负责的主管人员和其他直接责任人员处 1 000 元以上 5 000 元以下的罚款：① 项目负责人未按照规定现场履职或者组织限期整改的；② 施工单位未按照规定进行施工监测和安全巡视的；③ 未按照规定组织危大工程验收的；④ 发生险情或者事故时，未采取应急处置措施的；⑤ 未按照规定建立危大工程安全管理档案的。

2）工程监理单位违法行为的法律责任

（1）对未按照规定审查危大工程专项施工方案等行为的处罚。

工程监理单位有下列行为之一的，依照《安全生产法》《建设工程安全生产管理条例》对单位进行处罚；对直接负责的主管人员和其他直接责任人员处1 000元以上5 000元以下的罚款：① 总监理工程师未按照规定审查危大工程专项施工方案的；② 发现施工单位未按照专项施工方案实施，未要求其整改或者停工的；③ 施工单位拒不整改或者不停止施工时，未向建设单位和工程所在地住房城乡建设主管部门报告的。

（2）对未按照规定参与组织危大工程验收等行为的处罚。

工程监理单位有下列行为之一的，责令限期改正，并处1万元以上3万元以下的罚款；对直接负责的主管人员和其他直接责任人员处1 000元以上5 000元以下的罚款：① 未按照规定编制监理实施细则的；② 未对危大工程施工实施专项巡视检查的；③ 未按照规定参与组织危大工程验收的；④ 未按照规定建立危大工程安全管理档案的。

3）监测单位违法行为的法律责任

监测单位有下列行为之一的，责令限期改正，并处1万元以上3万元以下的罚款；对直接负责的主管人员和其他直接责任人员处1 000元以上5 000元以下的罚款：① 未取得相应勘察资质从事第三方监测的；② 未按照规定编制监测方案的；③ 未按照监测方案开展监测的；④ 发现异常未及时报告的。

4.3 施工现场安全防护和安全生产费用的有关规定

4.3.1 施工现场安全防护的有关规定

施工单位应当在施工现场采取维护安全、防范危险、预防火灾等措施；有条件的，应当对施工现场实行封闭管理。施工现场对毗邻的建筑物、构筑物和特殊作业环境可能造成损害的，施工单位应当采取安全防护措施。

直通考场：施工作业人员安全生产的权利和义务

1. 说明安全施工技术要求

建设工程施工前，施工单位负责项目管理的技术人员应当对有关安全施工的技术要求向施工作业班组、作业人员作出详细说明，并由双方签字确认。

2. 设置安全警示标志

施工单位应当在施工现场入口处、施工起重机械、临时用电设施、脚手架、出入通道口、楼梯口、电梯井口、孔洞口、桥梁口、隧道口、基坑边沿、爆破物及有害危险气体和液体存放处等危险部位，设置明显的安全警示标志。安全警示标志必须符合国家标准。

3. 采取安全施工措施

施工单位应当根据不同施工阶段和周围环境及季节、气候的变化，在施工现场采取相应的安全施工措施。施工现场暂时停止施工的，施工单位应当做好现场防护，所需费用由责任方承担，或者按照合同约定执行。

4. 合理设置施工现场区域

施工单位应当将施工现场的办公、生活区与作业区分开设置，并保持安全距离；办公、生活区的选址应当符合安全性要求。职工的膳食、饮水、休息场所等应当符合卫生标准。施工单位不得在尚未竣工的建筑物内设置员工集体宿舍。施工现场临时搭建的建筑物应当符合安全使用要求。施工现场使用的装配式活动房屋应当具有产品合格证。

5. 采取专项防护措施

施工单位对因建设工程施工可能造成损害的毗邻建筑物、构筑物和地下管线等，应当采取专项防护措施。施工单位应当遵守有关环境保护法律法规的规定，在施工现场采取措施，防止或者减少粉尘、废气、废水、固体废物、噪声、振动和施工照明对人和环境的危害和污染。在城市市区内的建设工程，施工单位应当对施工现场实行封闭围挡。

6. 做好消防安全防护

施工单位应当在施工现场建立消防安全责任制度，确定消防安全责任人，制定用火、用电、使用易燃易爆材料等各项消防安全管理制度和操作规程，设置消防通道、消防水源，配备消防设施和灭火器材，并在施工现场入口处设置明显标志。

法律锦囊

根据《中华人民共和国消防法》，单位的主要负责人是本单位的消防安全责任人。

7. 做好安全防护用具、机械设备和施工机具等的管理

施工单位应当向作业人员提供安全防护用具和安全防护服装，并书面告知危险岗位的操作规程和违章操作的危害。

施工单位采购、租赁的安全防护用具、机械设备、施工机具及配件，应当具有生产（制造）许可证、产品合格证，并在进入施工现场前进行查验。施工现场的安全防护用具、机械设备、施工机具及配件必须由专人管理，定期进行检查、维修和保养，建立相应的资料档案，并按照国家有关规定及时报废。

施工单位在使用施工起重机械和整体提升脚手架、模板等自升式架设设施前，应当组织有关单位进行验收，也可以委托具有相应资质的检验检测机构进行验收；使用承租的机械设备和施工机具及配件的，由施工总承包单位、分包单位、出租单位和安装单位共同进行验收。验收合格的方可使用。《特种设备安全监察条例》规定的施工起重机械，在验收前应当经有相应资质的检验检测机构监督检验合格。

施工单位应当自施工起重机械和整体提升脚手架、模板等自升式架设设施验收合格之日起30日内，向建设主管部门或者其他有关部门登记。登记标志应当置于或者附着于该设备的显著位置。

法律锦囊

作业人员应当遵守安全施工的强制性标准、规章制度和操作规程，正确使用安全防护用具、机械设备等。作业人员有权对施工现场的作业条件、作业程序和作业方式中存在的安全问题提出批评、检举和控告，有权拒绝违章指挥和强令冒险作业。在施工中发生危及人身安全的紧急情况时，作业人员有权立即停止作业或者在采取必要的应急措施后撤离危险区域。

8. 违法行为的法律责任

1）对未落实安全施工技术要求等行为的处罚

施工单位有下列行为之一的，责令限期改正；逾期未改正的，责令停业整顿，并处5万元以上10万元以下的罚款；造成重大安全事故，构成犯罪的，对直接责任人员，依照《刑法》有关规定追究刑事责任。

（1）施工前未对有关安全施工的技术要求作出详细说明的。

（2）未根据不同施工阶段和周围环境及季节、气候的变化，在施工现场采取相应的安全施工措施，或者在城市市区内的建设工程的施工现场未实行封闭围挡的。

（3）在尚未竣工的建筑物内设置员工集体宿舍的。

（4）施工现场临时搭建的建筑物不符合安全使用要求的。

（5）未对因建设工程施工可能造成损害的毗邻建筑物、构筑物和地下管线等采取专项防护措施的。

施工单位有第（4）项、第（5）项行为，造成损失的，依法承担赔偿责任。

2）对使用未经查验的机械设备等行为的处罚

施工单位有下列行为之一的，责令限期改正；逾期未改正的，责令停业整顿，并处10万元以上30万元以下的罚款；情节严重的，降低资质等级，直至吊销资质证书；造成重大安全事故，构成犯罪的，对直接责任人员，依照《刑法》有关规定追究刑事责任；造成损失的，依法承担赔偿责任。

（1）安全防护用具、机械设备、施工机具及配件在进入施工现场前未经查验或者查验不合格即投入使用的。

（2）使用未经验收或者验收不合格的施工起重机械和整体提升脚手架、模板等自升式架设设施的。

（3）委托不具有相应资质的单位承担施工现场安装、拆卸施工起重机械和整体提升脚手架、模板等自升式架设设施的。

（4）在施工组织设计中未编制安全技术措施、施工现场临时用电方案或者专项施工方案的。

笔记

4.3.2 安全生产费用的有关规定

《安全生产法》规定，生产经营单位应当具备的安全生产条件所必需的资金投入，由生产经营单位的决策机构、主要负责人或者个人经营的投资人予以保证，并对由安全生产所必需的资金投入不足导致的后果承担责任。有关生产经营单位应当按照规定提取和使用安全生产费用，专门用于改善安全生产条件。安全生产费用在成本中据实列支。

施工单位对列入建设工程概算的安全作业环境及安全施工措施所需费用，应当用于施工安全防护用具及设施的采购和更新、安全施工措施的落实、安全生产条件的改善，不得挪作他用。

1. 安全生产费用的提取

施工单位以建筑安装工程造价为依据，于月末按工程进度计算提取安全生产费用。提取标准如下。

（1）矿山工程 3.5%。

（2）铁路工程、房屋建筑工程、城市轨道交通工程 3%。

（3）水利水电工程、电力工程 2.5%。

（4）冶炼工程、机电安装工程、化工石油工程、通信工程 2%。

（5）市政公用工程、港口与航道工程、公路工程 1.5%。

法律锦囊

施工单位编制投标报价应当包含并单列安全生产费用，竞标时不得删减。国家对基本建设投资概算另有规定的，从其规定。

建设单位应当在合同中单独约定并于工程开工日 1 个月内向承包单位支付至少 50% 安全生产费用。总承包单位应当在合同中单独约定并于分包工程开工日 1 个月内将至少 50%安全生产费用直接支付分包单位并监督使用，分包单位不再重复提取。工程竣工决算后结余的安全生产费用，应当退回建设单位。

2. 安全生产费用的使用

施工单位安全生产费用应当用于以下支出。

（1）完善、改造和维护安全防护设施设备支出（不含“三同时”要求初期投入的安全设施)，包括施工现场临时用电系统、洞口或临边防护、高处作业或交叉作业防护、临时安全防护、支护及防治边坡滑坡、工程有害气体监测和通风、保障安全的机械设备、防火、防爆、防触电、防尘、防毒、防雷、防台风、防地质灾害等设施设备支出。

法律锦囊

根据《安全生产法》，生产经营单位新建、改建、扩建工程项目的安全设施，必须与主体工程同时设计、同时施工、同时投入生产和使用。同时设计、同时施工、同时投入生产和使用简称“三同时”。

（2）应急救援技术装备、设施配置及维护保养支出，事故逃生和紧急避难设施设备的配置和应急救援队伍建设、应急预案制修订与应急演练支出。

（3）开展施工现场重大危险源检测、评估、监控支出，安全风险分级管控和事故隐患排查整改支出，工程项目安全生产信息化建设、运维和网络安全支出。

（4）安全生产检查、评估评价（不含新建、改建、扩建项目安全评价)、咨询和标准化建设支出。

（5）配备和更新现场作业人员安全防护用品支出。

（6）安全生产宣传、教育、培训和从业人员发现并报告事故隐患的奖励支出。

（7）安全生产适用的新技术、新标准、新工艺、新装备的推广应用支出。

（8）安全设施及特种设备检测检验、检定校准支出。

（9）安全生产责任保险支出。

（10）与安全生产直接相关的其他支出。

3. 违法行为的法律责任

施工单位挪用列入建设工程概算的安全生产作业环境及安全施工措施所需费用的，责令限期改正，处挪用费用20%以上50%以下的罚款；造成损失的，依法承担赔偿责任。

4.4 生产安全事故应急预案和调查处理的有关规定

4.4.1 生产安全事故应急预案的有关规定

施工单位应当根据建设工程施工的特点、范围，对施工现场易发生重大事故的部位、环节进行监控，制定施工现场生产安全事故应急预案。实行施工总承包的，由总承包单位统一组织编制生产安全事故应急预案，总承包单位和分包单位按照应急预案，各自建立应急救援组织或者配备应急救援人员，配备救援器材、设备，并定期组织演练。

如何让应急预案真正发挥作用

法律锦囊

根据《生产安全事故应急预案管理办法》，生产经营单位应急预案分为综合应急预案、专项应急预案和现场处置方案。

综合应急预案是指生产经营单位为应对各种生产安全事故而制定的综合性工作方案，是本单位应对生产安全事故的总体工作程序、措施和应急预案体系的总纲。

专项应急预案是指生产经营单位为应对某一种或者多种类型生产安全事故，或者针对重要生产设施、重大危险源、重大活动防止生产安全事故而制定的专项性工作方案。

现场处置方案是指生产经营单位根据不同生产安全事故类型，针对具体场所、装置或者设施所制定的应急处置措施。

1. 应急预案的编制

应急预案的编制应当遵循以人为本、依法依规、符合实际、注重实效的原则，以应急处置为核心，明确应急职责、规范应急程序、细化保障措施。应急预案的编制应当符合下列基本要求。

（1）有关法律、法规、规章和标准的规定。

（2）本地区、本部门、本单位的安全生产实际情况。

（3）本地区、本部门、本单位的危险性分析情况。

（4）应急组织和人员的职责分工明确，并有具体的落实措施。

（5）有明确、具体的应急程序和处置措施，并与其应急能力相适应。

（6）有明确的应急保障措施，满足本地区、本部门、本单位的应急工作需要。

（7）应急预案基本要素齐全、完整，应急预案附件提供的信息准确。

（8）应急预案内容与相关应急预案相互衔接。

2. 应急预案的评审和公布

应急预案经评审或者论证后，由施工单位主要负责人签署，向本单位从业人员公布，并及时发放到本单位有关部门、岗位和相关应急救援队伍。事故风险可能影响周边其他单位、人员的，施工单位应当将有关事故风险的性质、影响范围和应急防范措施告知周边的其他单位和人员。

法律锦囊

根据《生产安全事故应急预案管理办法》，施工单位应当在应急预案公布之日起20个工作日内，按照分级属地原则，向县级以上人民政府应急管理部门和其他负有安全生产监督管理职责的部门进行备案，并依法向社会公布。

3. 应急预案的实施

施工单位应当组织开展本单位的应急预案、应急知识、自救互救和避险逃生技能的培训活动，使有关人员了解应急预案内容，熟悉应急职责、应急处置程序和措施。应急培训的时间、地点、内容、师资、参加人员和考核结果等情况应当如实记入本单位的安全生产教育和培训档案。施工单位应当至少每半年组织一次生产安全事故应急预案演练，并将演练情况报送所在地县级以上地方人民政府负有安全生产监督管理职责的部门。

4.4.2 生产安全事故调查处理的有关规定

1. 生产安全事故的等级

根据生产安全事故造成的人员伤亡或者直接经济损失，生产安全事故一般分为以下等级。

（1）特别重大事故是指造成30人以上死亡，或者100人以上重伤（包括急性工业中毒，下同），或者1亿元以上直接经济损失的事故。

（2）重大事故是指造成10人以上30人以下死亡，或者50人以上100人以下重伤，或者5 000万元以上1亿元以下直接经济损失的事故。

（3）较大事故是指造成3人以上10人以下死亡，或者10人以上50人以下重伤，或者1 000万元以上5 000万元以下直接经济损失的事故。

（4）一般事故是指造成3人以下死亡，或者10人以下重伤，或者1 000万元以下直接经济损失的事故。

在生产安全事故的等级划分中，“以上”包括本数，“以下”不包括本数。

2. 生产安全事故的报告

施工单位发生生产安全事故，应当按照国家有关伤亡事故报告和调查处理的规定，及时、如实地向负责安全生产监督管理的部门、建设主管部门或者其他有关部门报告；特种设备发生事故的，还应当同时向特种设备安全监督管理部门报告。接到报告的部门应当按照国家有关规定，如实上报。实行施工总承包的建设工程，由总承包单位负责上报事故。

1）事故报告的时间和程序

事故发生后，事故现场有关人员应当立即向本单位负责人报告；单位负责人接到报告后，应当于1小时内向事故发生地县级以上人民政府安全生产监督管理部门和负有安全生产监督管理职责的有关部门报告。情况紧急时，事故现场有关人员可以直接向事故发生地县级以上人民政府安全生产监督管理部门和负有安全生产监督管理职责的有关部门报告。

安全生产监督管理部门和负有安全生产监督管理职责的有关部门接到事故报告后，应当依照下列规定上报事故情况，并通知公安机关、劳动保障行政部门、工会和人民检察院。

（1）特别重大事故、重大事故逐级上报至国务院安全生产监督管理部门和负有安全生产监督管理职责的有关部门。

（2）较大事故逐级上报至省、自治区、直辖市人民政府安全生产监督管理部门和负有安全生产监督管理职责的有关部门。

（3）一般事故上报至设区的市级人民政府安全生产监督管理部门和负有安全生产监督管理职责的有关部门。

安全生产监督管理部门和负有安全生产监督管理职责的有关部门依照上述规定上报事故情况，应当同时报告本级人民政府。国务院安全生产监督管理部门和负有安全生产监督管理职责的有关部门以及省级人民政府接到发生特别重大事故、重大事故的报告后，应当立即报告国务院。必要时，安全生产监督管理部门和负有安全生产监督管理职责的有关部门可以越级上报事故情况。

法律锦囊

安全生产监督管理部门和负有安全生产监督管理职责的有关部门逐级上报事故情况，每级上报的时间不得超过 2 小时。

2）事故报告的内容

事故报告应当包括下列内容。

（1）事故发生单位概况。

（2）事故发生的时间、地点以及事故现场情况。

（3）事故的简要经过。

（4）事故已经造成或者可能造成的伤亡人数（包括下落不明的人数）和初步估计的直接经济损失。

（5）已经采取的措施。

（6）其他应当报告的情况。

3）事故的补报

事故报告后出现新情况的，应当及时补报。自事故发生之日起 30 日内，事故造成的伤亡人数发生变化的，应当及时补报。道路交通事故、火灾事故自发生之日起 7 日内，事故造成的伤亡人数发生变化的，应当及时补报。

法苑广角

事故发生后的保护措施

事故发生后，有关单位和人员应当妥善保护事故现场以及相关证据，任何单位和个人不得破坏事故现场、毁灭相关证据。因抢救人员、防止事故扩大以及疏通交通等原因，需要移动事故现场物件的，应当制作标志，绘制现场简图并作出书面记录，妥善保存现场重要痕迹、物证。

3. 生产安全事故的调查

1）事故调查的主体

（1）特别重大事故由国务院或者国务院授权有关部门组织事故调查组进行调查。

（2）重大事故、较大事故、一般事故分别由事故发生地省级人民政府、设区的市级人民政府、县级人民政府负责调查。省级人民政府、设区的市级人民政府、县级人民政府可以直接组织事故调查组进行调查，也可以授权或者委托有关部门组织事故调查组进行调查。

（3）未造成人员伤亡的一般事故，县级人民政府也可以委托事故发生单位组织事故调查组进行调查。

（4）特别重大事故以下等级事故，事故发生地与事故发生单位不在同一个县级以上行政区域的，由事故发生地人民政府负责调查，事故发生单位所在地人民政府应当派人参加。

上级人民政府认为必要时，可以调查由下级人民政府负责调查的事故。自事故发生之日起30日内（道路交通事故、火灾事故自发生之日起7日内），因事故伤亡人数变化导致事故等级发生变化，依照规定应当由上级人民政府负责调查的，上级人民政府可以另行组织事故调查组进行调查。

以案释法

【案例4-2】在某住宅施工项目的工地上，一台载满作业人员的施工升降机突然失控，从60 m高处坠落，造成施工升降机上的6名作业人员全部遇难。该事故的等级是什么？该事故应由哪级部门负责调查？

【分析】根据《生产安全事故报告和调查处理条例》，较大事故是指造成3人以上10人以下死亡，或者10人以上50人以下重伤，或者1 000万元以上5 000万元以下直接经济损失的事故；重大事故、较大事故、一般事故分别由事故发生地省级人民政府、设区的市级人民政府、县级人民政府负责调查。

在该案例中，有6名作业人员死亡，因此该事故属于较大事故，应由设区的市级人民政府负责调查。

2）事故调查报告的内容

事故调查组应当自事故发生之日起60日内提交事故调查报告；特殊情况下，经负责事故调查的人民政府批准，提交事故调查报告的期限可以适当延长，但延长的期限最长不超过60日。事故调查报告应当包括下列内容。

（1）事故发生单位概况。

（2）事故发生经过和事故救援情况。

（3）事故造成的人员伤亡和直接经济损失。

（4）事故发生的原因和事故性质。

（5）事故责任的认定以及对事故责任者的处理建议。

（6）事故防范和整改措施。

事故调查报告应当附具有关证据材料。事故调查组成员应当在事故调查报告上签名。

法律锦囊

事故调查报告报送负责事故调查的人民政府后，事故调查工作即告结束。事故调查的有关资料应当归档保存。

4. 生产安全事故的处理

重大事故、较大事故、一般事故，负责事故调查的人民政府应当自收到事故调查报告之日起 15 日内作出批复；特别重大事故，30 日内作出批复，特殊情况下，批复时间可以适当延长，但延长的时间最长不超过 30 日。有关机关应当按照人民政府的批复，依照法律、行政法规规定的权限和程序，对事故发生单位和有关人员进行行政处罚，对负有事故责任的国家工作人员进行处分。事故发生单位应当按照负责事故调查的人民政府的批复，对本单位负有事故责任的人员进行处理。负有事故责任的人员涉嫌犯罪的，依法追究刑事责任。

5. 违法行为的法律责任

生产安全事故的调查、对事故责任单位和责任人的处罚与处理，按照《生产安全事故报告和调查处理条例》等有关法律法规的规定执行。

1）事故发生单位主要负责人的法律责任

事故发生单位主要负责人有下列行为之一的，处上一年年收入 40%至 80%的罚款；属于国家工作人员的，并依法给予处分；构成犯罪的，依法追究刑事责任。

（1）不立即组织事故抢救的。

（2）迟报或者漏报事故的。

（3）在事故调查处理期间擅离职守的。

事故发生单位主要负责人未依法履行安全生产管理职责，导致事故发生的，依照下列规定处以罚款；属于国家工作人员的，并依法给予处分；构成犯罪的，依法追究刑事责任。

（1）发生一般事故的，处上一年年收入 30%的罚款。

（2）发生较大事故的，处上一年年收入 40%的罚款。

（3）发生重大事故的，处上一年年收入 60%的罚款。

（4）发生特别重大事故的，处上一年年收入80%的罚款。

2）事故发生单位及其有关人员的法律责任

事故发生单位对事故发生负有责任的，依照下列规定处以罚款。

（1）发生一般事故的，处10万元以上20万元以下的罚款。

（2）发生较大事故的，处20万元以上50万元以下的罚款。

（3）发生重大事故的，处50万元以上200万元以下的罚款。

（4）发生特别重大事故的，处200万元以上500万元以下的罚款。

事故发生单位及其有关人员有下列行为之一的，对事故发生单位处100万元以上500万元以下的罚款；对主要负责人、直接负责的主管人员和其他直接责任人员处上一年年收入60%至100%的罚款；属于国家工作人员的，并依法给予处分；构成违反治安管理行为的，由公安机关依法给予治安管理处罚；构成犯罪的，依法追究刑事责任。

（1）谎报或者瞒报事故的。

（2）伪造或者故意破坏事故现场的。

（3）转移、隐匿资金、财产，或者销毁有关证据、资料的。

（4）拒绝接受调查或者拒绝提供有关情况和资料的。

（5）在事故调查中作伪证或者指使他人作伪证的。

（6）事故发生后逃匿的。

寻法问道

2023年7月23日，位于黑龙江省齐齐哈尔市龙沙区的齐齐哈尔市第三十四中学校体育馆屋顶发生坍塌事故，造成11人死亡、7人受伤，直接经济损失1 254.1万元。黑龙江省应急管理厅公布的该起事故调查报告显示，齐齐哈尔市第三十四中学校“7·23”体育馆屋顶坍塌事故是一起因违法违规修缮建设、违规堆放珍珠岩、珍珠岩堆放致使雨水滞留，导致体育馆屋顶荷载大幅增加，超过承载极限，造成瞬间坍塌的重大生产安全事故。该事故中，共有51名有关责任人被追责。

生命是天，安全是福。建设活动中的任何疏忽都可能引发严重的后果。作为未来的建筑行业从业者，我们必须始终将安全放在首位，严格遵守建设工程安全生产法律法规，确保建筑结构的稳定性和安全性。无论是施工准备阶段、施工阶段还是后期维护阶段，我们都必须精益求精，不容有失，要时刻牢记自己的职责，为社会创造安全、舒适、美观的建筑环境。

（资料来源：孙晓宇，《齐齐哈尔体育馆屋顶坍塌事故调查报告公布 多人被建议追责》，新华网，2024年2月21日）

项目检测

1. 选择题

（1）建设工程安全作业环境及安全施工措施所需的费用，应当包括在（　　）内。

A. 建设单位编制的工程概算　　B. 建设单位编制的工程估算

C. 施工单位编制的工程概算　　D. 施工单位编制的工程预算

（2）工程监理单位在实施监理过程中，发现存在安全事故隐患的，应当要求（　　）整改。

A. 建设单位　　B. 施工单位

C. 勘察单位　　D. 设计单位

（3）施工起重机械和整体提升脚手架、模板等自升式架设设施安装完毕后，应当由（　　），并出具自检合格证明。

A. 安装单位自检　　B. 建设单位检查

C. 主管部门检查　　D. 工程监理单位检查

（4）设立安全生产管理机构，配备专职安全生产管理人员属于（　　）的责任。

A. 建设单位　　B. 设计单位

C. 政府部门　　D. 施工单位

（5）生产经营单位的主要负责人是本单位安全生产（　　），对本单位的安全生产工作全面负责。

A. 第一责任人　　B. 主要责任人

C. 重要责任人　　D. 直接责任人

（6）关于安全生产教育培训，下列说法中错误的是（　　）。

A. 施工单位在采用新技术、新工艺、新设备、新材料时，应当对作业人员进行相应的安全生产教育培训

B. 施工单位应当对管理人员和作业人员每 3 年至少进行一次安全生产教育培训

C. 未经安全生产教育和培训合格的从业人员，不得上岗作业

D. 特种作业人员必须按照国家有关规定经过专门的安全作业培训，并取得特种作业操作资格证书后，方可上岗作业

（7）某道路施工工程发生滑坡事故，25 人被埋，经抢救 20 人生还，5 人死亡。该事故属于（　　）。

A. 特别重大事故　　B. 重大事故

C. 较大事故　　D. 一般事故

（8）某省甲市乙县一建筑工地发生了一起爆炸事故，3 人死亡、5 人受伤。关于这起事故，调查的主体应当是（　　）。

A．该省人民政府

B．甲市人民政府

C．乙县人民政府

D．乙县人民政府有关部门

2．判断题

（1）建设单位应当对出租的机械设备和施工机具及配件的安全性能进行检测。（　　）

（2）施工单位应当为施工现场从事危险作业的人员办理意外伤害保险。（　　）

（3）施工单位以欺骗、贿赂等不正当手段取得安全生产许可证的，撤销安全生产许可证，1 年内不得再次申请安全生产许可证。（　　）

（4）在施工中发生危及人身安全的紧急情况时，作业人员有权立即停止作业或者在采取必要的应急措施后撤离危险区域。（　　）

（5）施工单位应依据法律法规，结合企业的安全管理目标、生产经营规模、管理体制制定安全生产管理制度。（　　）

3．简答题

（1）施工单位取得安全生产许可证，应当具备哪些安全生产条件？

（2）生产安全事故分为哪几个等级？

（3）有关法律法规对生产事故报告的时间有哪些要求？

（4）简述事故发生单位主要负责人的法律责任。

项目评价

指导教师对学生的实际学习成果进行评价，学生配合指导教师共同完成表 4-3。

表 4-3　项目评价

<table>
<tr><td>班级</td><td></td><td>组号</td><td></td><td>日期</td><td colspan="2"></td></tr>
<tr><td>姓名</td><td></td><td>学号</td><td></td><td>指导教师</td><td colspan="2"></td></tr>
<tr><td>项目名称</td><td colspan="6">把严关——建设工程安全生产法律法规</td></tr>
<tr><td>评价项目</td><td colspan="3">评价内容</td><td>评价方式</td><td>满分/分</td><td>评分/分</td></tr>
<tr><td rowspan="4">知识
（40%）</td><td colspan="3">建设、施工、勘察、设计、工程监理单位及其他有关单位的安全责任</td><td rowspan="4">理论测试</td><td>10</td><td></td></tr>
<tr><td colspan="3">施工安全生产许可和技术管理的有关规定</td><td>10</td><td></td></tr>
<tr><td colspan="3">施工现场安全防护和安全生产费用的有关规定</td><td>10</td><td></td></tr>
<tr><td colspan="3">生产安全事故应急预案和调查处理的有关规定</td><td>10</td><td></td></tr>
<tr><td rowspan="2">技能
（40%）</td><td colspan="3">指出建设工程安全生产案件中的法律依据</td><td rowspan="2">实践操作</td><td>20</td><td></td></tr>
<tr><td colspan="3">运用建设工程安全生产法律法规分析有关案件</td><td>20</td><td></td></tr>
<tr><td rowspan="5">素养
（20%）</td><td colspan="3">积极参加教学活动，主动学习、思考、讨论</td><td rowspan="5">综合评判</td><td>6</td><td></td></tr>
<tr><td colspan="3">认真负责，按时完成学习、实践任务</td><td>4</td><td></td></tr>
<tr><td colspan="3">团结协作，与组员之间密切配合</td><td>4</td><td></td></tr>
<tr><td colspan="3">服从指挥，遵守课堂纪律</td><td>4</td><td></td></tr>
<tr><td colspan="3">守正创新，自信自强</td><td>2</td><td></td></tr>
<tr><td colspan="5">合计</td><td>100</td><td></td></tr>
<tr><td>自我评价</td><td colspan="6"></td></tr>
<tr><td>指导教师评价</td><td colspan="6"></td></tr>
</table>

项目 5

筑基石
——建设工程质量法律法规

项目导读

建设工程质量法律法规对建设工程的勘察、设计、施工、验收等明确了质量要求，详细规定了各有关单位的责任和义务，为工程质量提供了坚实的保障。依法对建设工程进行质量管理，对于预防工程质量事故、保障工程耐久性、促进资源高效利用与环境保护，具有十分重要的意义。

知识目标

（1）了解工程建设标准的分类。

（2）熟悉工程建设国家标准实施的有关规定。

（3）掌握工程建设各有关单位的质量责任。

（4）掌握建设工程质量检测的有关规定。

（5）了解建设工程质量监督管理的有关规定。

（6）掌握建设工程竣工验收的有关规定。

（7）熟悉建设工程质量保修的有关规定。

技能目标

（1）能指出建设工程质量案件中的法律依据。

（2）能运用建设工程质量法律法规分析有关案件。

素质目标

（1）树立认真负责、精益求精的质量意识。

（2）养成坚持不懈、刻苦钻研的职业作风。

项目引入

小王是一名建设工程管理专业的学生。近期，他参与了一个校企合作工程项目，该项目聚焦于提升施工现场的工程质量。为了深入研究这个项目，他意识到需要全面了解有关法律法规。于是，小王在学院的支持下联系了学校法务部门和建筑工程实验室的资深从业人员，联合举办了一场关于施工现场工程质量违法行为的调研活动，以帮助同学们积累建设工程质量法律知识，增强质量意识。接下来，就让我们跟随小王，开始这次的调研之旅吧！

项目工单——调研施工现场的工程质量违法行为

1. 学生分组

学生以3～5人为一组进行分组，各小组选出组长并进行任务分工，将小组成员及分工情况填入表5-1中。

表5-1 小组成员及分工情况

班级		组号		指导教师	
小组成员	姓名	学号	任务分工		
组长					
组员					

2. 工作计划

各小组查阅资料，了解与建设工程质量有关的法律知识，制订工作计划，并将其填入表5-2中。

表5-2 工作计划

序号	工作内容	负责人

3. 制订方案

（1）各小组针对工作计划展开讨论，制订实施方案。

（2）指导教师对各小组的实施方案进行评价。

（3）各小组根据指导教师的评价对实施方案进行调整。

（4）调整合格后的实施方案即最终实施方案。

4. 项目实施

各小组按照最终实施方案，调研施工现场的工程质量违法行为，将实施步骤及内容补充完整。

（1）调研准备。

① 联系并选定调研地点。地点：________________。

② 深入研究与建设工程质量有关的法律法规（包括________________________________等）。

③ 准备调研工具。

□ 相机　□ 卷尺　□ 水平仪　□ 笔记本　□ 其他：________

④ 整理与建设工程质量法律法规有关的问题，准备采访提纲。提纲：________________。

（2）前往施工现场展开调研。

① 按要求穿戴劳动防护用品。

② 深入观察施工现场细节，必要时记录数据。现场细节：________________。

③ 根据采访提纲与施工现场管理人员、技术人员和操作人员进行面对面交流。交流内容：________________。

④ 拍摄能够反映工程质量违法行为的照片或视频。

⑤ 收集其他与工程质量违法行为有关的资料。

□ 施工日志　□ 质量检查记录表　□ 其他：________

（3）分析与讨论。

① 整理现场记录的内容，汇总数据。

② 对照有关法律法规和典型案例，分析施工现场工程质量违法行为的具体情况。

（4）记录问题与反馈。

① 整理所收集和分析的资料，提出有针对性的改进建议。改进建议：________________。

② 撰写调研报告，将报告反馈给施工现场负责人。

（5）心得体会：________________。

5.1 工程建设标准的有关规定

5.1.1 工程建设标准的分类

根据《中华人民共和国标准化法》（以下简称《标准化法》），标准（含标准样品）是指农业、工业、服务业以及社会事业等领域需要统一的技术要求。

工程建设标准是指在建设工程的勘察、规划、设计、施工、验收等阶段中，针对需要协调统一的事项所制定的标准，包括工程建设国家标准、工程建设行业标准、工程建设地方标准、工程建设团体标准和工程建设企业标准五种。其中，工程建设国家标准分为工程建设强制性标准和工程建设推荐性标准。工程建设行业标准、工程建设地方标准是工程建设推荐性标准。

法律锦囊

工程建设强制性标准是指直接涉及工程质量、安全、卫生及环境保护等方面的工程建设标准强制性条文。

1. 工程建设国家标准

《工程建设国家标准管理办法》规定，对需要在全国范围内统一的下列技术要求，应当制定工程建设国家标准。

工程建设国家标准管理办法

（1）工程建设勘察、规划、设计、施工（包括安装）及验收等通用的质量要求。

（2）工程建设通用的有关安全、卫生和环境保护的技术要求。

（3）工程建设通用的术语、符号、代号、量与单位、建筑模数和制图方法。

（4）工程建设通用的试验、检验和评定等方法。

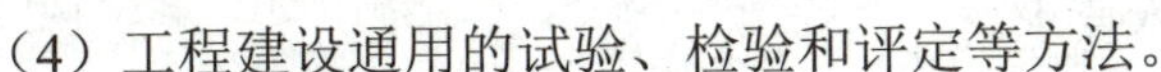

（5）工程建设通用的信息技术要求。

（6）国家需要控制的其他工程建设通用的技术要求。

工程建设国家标准由国务院工程建设主管部门组织草拟、审批，由国务院标准化行政主管部门统一编号，由国务院标准化行政主管部门和国务院工程建设主管部门联合发布。其中，工程建设强制性标准由国务院住房城乡建设主管部门会同国务院有关主管部门确定。下列标准属于工程建设强制性标准。

（1）工程建设勘察、规划、设计、施工（包括安装）及验收等通用的综合标准和重要的通用的质量标准。

(2)工程建设通用的有关安全、卫生和环境保护的标准。

(3)工程建设重要的通用的术语、符号、代号、量与单位、建筑模数和制图方法标准。

(4)工程建设重要的通用的试验、检验和评定方法等标准。

(5)工程建设重要的通用的信息技术标准。

(6)国家需要控制的其他工程建设通用的标准。

法苑广角

工程建设国家标准的文件编号

工程建设国家标准的文件编号，依次由文件代号、顺序号和发布年份号构成。其中，文件代号由大写汉语拼音字母构成，强制性国家标准的文件代号为“GB”，推荐性国家标准的文件代号为“GB/T”。例如，在国家标准《民用建筑通用规范》的文件编号“GB 55031—2022”中，“GB”表示该标准为强制性国家标准，“55031”表示该标准的顺序号，“2022”表示该标准于2022年批准发布；在国家标准《建设工程项目管理规范》的文件编号“GB/T 50326—2017”中，“GB/T”表示该标准为推荐性国家标准，“50326”表示该标准的顺序号，“2017”表示该标准于2017年批准发布。

2. 工程建设行业标准

对没有工程建设国家标准而需要在工程建设行业范围内统一的技术要求，可以制定工程建设行业标准。下列技术要求可以制定工程建设行业标准。

(1)工程建设勘察、规划、设计、施工(包括安装)及验收等行业专用的质量要求。

(2)工程建设行业专用的有关安全、卫生和环境保护的技术要求。

(3)工程建设行业专用的术语、符号、代号、量与单位和制图方法。

(4)工程建设行业专用的试验、检验和评定等方法。

(5)工程建设行业专用的信息技术要求。

(6)其他工程建设行业专用的技术要求。

工程建设行业标准由国务院有关行政主管部门编制计划，组织草拟，统一审批、编号、发布，并报国务院标准化行政主管部门备案。工程建设行业标准的文件编号，依次由行业标准文件代号加“/T”、顺序号和发布年份号构成。

3. 工程建设地方标准

对没有国家标准、行业标准，或国家标准、行业标准规定不具体，且需要在本行政区域内作出统一规定的工程建设技术要求，可以制定相应的工程建设地方标准。工程建设地方标准由省、自治区、直辖市人民政府标准化行政主管部门编制计划，组织草拟，统一审批、编号、发布，并报国务院标准化行政主管部门和国务院有关行政主管部门备案。

工程建设地方标准的文件编号，依次由地方标准文件代号、顺序号和发布年份号构成。其中，省级地方标准文件代号由汉语拼音字母“DB”加上其行政区划代码前两位数字构成，市级地方标准文件代号由汉语拼音字母“DB”加上其行政区划代码前四位数字构成。

4. 工程建设团体标准

团体标准是指由社会团体批准发布、服务于工程建设的标准。在没有国家标准、行业标准的情况下，国家鼓励团体标准制定主体及时制定团体标准，以填补政府标准空白，供社会自愿采用。根据市场需求，团体标准制定主体可以通过制定团体标准，细化现行国家标准、行业标准的相关要求，明确具体技术措施，也可以制定严于现行国家标准、行业标准的团体标准。团体标准包括各类标准、规程、导则、指南、手册等。

工程建设团体标准的文件编号依次由团体标准文件代号、社会团体代号、团体标准顺序号和发布年份号构成。其中，社会团体代号由社会团体自主拟定，可使用大写拉丁字母或大写拉丁字母与阿拉伯数字的组合。发布的团体标准，不需要行政备案。

法律锦囊

团体标准制定主体应遵循开放、公平、透明和协商一致原则，吸纳利益相关方广泛参与；要切实加强标准起草、征求意见、审查、批准等过程管理，确保团体标准技术内容符合其适用地域范围内的法规规定和强制性标准要求；对标准的实施情况要跟踪评价，定期开展团体标准复审，及时开展标准的修订工作，对不符合行业发展和市场需要的团体标准应及时废止。

5. 工程建设企业标准

企业可以根据需要自行制定工程建设企业标准，或者与其他企业联合制定工程建设企业标准。国家鼓励企业结合自身需要，自主制定更加细化、更加先进的工程建设企业标准。工程建设企业标准实行自我声明，不需要报政府备案管理。工程建设企业标准的文件编号，依次由企业标准文件代号“Q”、企业代号、顺序号、发布年份号构成。

法律锦囊

工程建设推荐性国家标准、工程建设行业标准、工程建设地方标准、工程建设团体标准、工程建设企业标准的技术要求不得低于工程建设强制性标准的相关技术要求。

5.1.2 工程建设国家标准实施的有关规定

1. 工程建设国家标准的实施

工程建设国家标准的发布与实施之间应当留出合理的过渡期。工程建设国家标准发布后实施前，企业可以选择执行原国家标准或者新国家标准。新国家标准实施后，原国家标准同时废止。

《标准化法》规定，推荐性国家标准鼓励采用，在基础设施建设、基本公共服务、社会治理、政府采购等活动中，鼓励实施推荐性国家标准；强制性标准必须执行，不符合强制性标准的产品、服务，不得生产、销售、进口或者提供。

2. 违反工程建设强制性标准行为的法律责任

《中华人民共和国标准化法实施条例》规定，从事科研、生产、经营的单位和个人，必须严格执行强制性标准，不符合强制性标准的产品，禁止生产、销售和进口；生产、销售、进口不符合强制性标准的产品，造成严重后果，构成犯罪的，由司法机关依法追究直接责任人员的刑事责任。

《实施工程建设强制性标准监督规定》对各有关单位违法行为的法律责任作出了如下规定。

（1）勘察、设计单位违反工程建设强制性标准进行勘察、设计的，责令改正，并处10万元以上30万元以下的罚款。造成工程质量事故的，责令停业整顿，降低资质等级；情节严重的，吊销资质证书；造成损失的，依法承担赔偿责任。

（2）施工单位违反工程建设强制性标准的，责令改正，处工程合同价款2%以上4%以下的罚款；造成建设工程质量不符合规定的质量标准的，负责返工、修理，并赔偿因此造成的损失；情节严重的，责令停业整顿，降低资质等级或者吊销资质证书。

（3）工程监理单位违反工程建设强制性标准规定，将不合格的建设工程以及建筑材料、建筑构配件和设备按照合格签字的，责令改正，处50万元以上100万元以下的罚款，降低资质等级或者吊销资质证书；有违法所得的，予以没收；造成损失的，承担连带赔偿责任。

（4）违反工程建设强制性标准造成工程质量、安全隐患或者工程质量安全事故的，按照《建设工程质量管理条例》《建设工程勘察设计管理条例》《建设工程安全生产管理条例》的有关规定进行处罚。

5.2　工程建设各有关单位的质量责任

5.2.1　建设单位的质量责任

1. 严格执行法定程序和发包制度的责任

一张图总结工程建设各有关单位的质量责任

建设单位应严格履行基本建设程序，禁止未取得施工许可等建设手续开工建设；严格执行工程发包和承包法规制度，依法将工程发包给具备相应资质的勘察、设计、施工、监理等单位，不得肢解发包工程、违规指定分包单位，不得直接发包预拌混凝土等专业分包工程。

2. 依法招标的责任

建设单位应当依法对工程建设项目的勘察、设计、施工、监理以及与工程建设有关的重要设备、材料等的采购进行招标。

3. 提供原始资料的责任

建设单位必须向有关的勘察、设计、施工、工程监理等单位提供与建设工程有关的原始资料。原始资料必须真实、准确、齐全。

4. 保证合理工期和造价的责任

建设工程发包单位，不得迫使承包单位以低于成本的价格竞标，不得任意压缩合理工期。建设单位不得明示或者暗示设计单位或者施工单位违反工程建设强制性标准，降低建设工程质量。

5. 报审施工图设计文件的责任

建设单位应当向审查机构提供下列资料并对所提供资料的真实性负责：① 作为勘察、设计依据的政府有关部门的批准文件及附件；② 全套施工图；③ 其他应当提交的材料。建设单位不得明示或者暗示审查机构违反法律法规和工程建设强制性标准进行施工图审查，不得压缩合理审查周期、压低合理审查费用。

法律锦囊

施工图设计文件审查是指审查机构按照有关法律法规，对施工图设计文件涉及公共利益、公众安全和工程建设强制性标准的内容所进行的审查。施工图设计文件审查应当坚持先勘察、后设计的原则。

6. 依法委托监理的责任

实行监理的建设工程，建设单位应当委托具有相应资质等级的工程监理单位进行监理，也可以委托具有工程监理相应资质等级并与被监理工程的施工承包单位没有隶属关系或者其他利害关系的该工程的设计单位进行监理。下列建设工程必须实行监理。

（1）国家重点建设工程。

（2）大中型公用事业工程。

（3）成片开发建设的住宅小区工程。

（4）利用外国政府或者国际组织贷款、援助资金的工程。

（5）国家规定必须实行监理的其他工程。

7. 依法办理工程质量监督手续的责任

建设单位在开工前，应当按照国家有关规定办理工程质量监督手续，工程质量监督手续可以与施工许可证或者开工报告合并办理。

8. 保证建筑材料符合要求的责任

按照合同约定，由建设单位采购建筑材料、建筑构配件和设备的，建设单位应当保证建筑材料、建筑构配件和设备符合设计文件和合同要求。建设单位不得明示或者暗示施工单位使用不合格的建筑材料、建筑构配件和设备。

9. 依法开展装修活动的责任

涉及建筑主体和承重结构变动的装修工程，建设单位应当在施工前委托原设计单位或者具有相应资质等级的设计单位提出设计方案；没有设计方案的，不得施工。房屋建筑使用者在装修过程中，不得擅自变动房屋建筑主体和承重结构。

10. 组织竣工验收并移交建设项目档案的责任

建设单位收到建设工程竣工报告后，应当组织设计、施工、工程监理等有关单位进行竣工验收。建设工程竣工验收应当具备下列条件。

（1）完成建设工程设计和合同约定的各项内容。

（2）有完整的技术档案和施工管理资料。

（3）有工程使用的主要建筑材料、建筑构配件和设备的进场试验报告。

（4）有勘察、设计、施工、工程监理等单位分别签署的质量合格文件。

（5）有施工单位签署的工程保修书。

建设工程经验收合格的，方可交付使用。建设单位应当严格按照国家有关档案管理的规定，及时收集、整理建设项目各环节的文件资料，建立、健全建设项目档案，并在建设工程竣工验收后，及时向建设主管部门或者其他有关部门移交建设项目档案。

5.2.2 施工单位的质量责任

1. 依法承揽工程的责任

施工单位应当依法取得相应等级的资质证书，并在其资质等级许可的范围内承揽工程。禁止施工单位超越本单位资质等级许可的业务范围或者以其他施工单位的名义承揽工程。禁止施工单位允许其他单位或者个人以本单位的名义承揽工程。施工单位不得转包或者违法分包工程。

2. 保证施工质量的责任

施工单位对建设工程的施工质量负责。施工单位应当建立质量责任制，确定工程项目的项目经理、技术负责人和施工管理负责人。施工单位必须按照工程设计图纸和施工技术标准施工，不得擅自修改工程设计，不得偷工减料。施工单位在施工过程中发现设计文件和图纸有差错的，应当及时提出意见和建议。

3. 对建筑材料和施工质量进行检验的责任

施工单位必须按照工程设计要求、施工技术标准和合同约定，对建筑材料、建筑构配件、设备和商品混凝土进行检验，检验应当有书面记录和专人签字。未经检验或者检验不合格的，不得使用。施工人员对涉及结构安全的试块、试件以及有关材料，应当在建设单位或者工程监理单位监督下现场取样，并送具有相应资质等级的质量检测机构进行检测。

施工单位必须建立、健全施工质量的检验制度，严格工序管理，作好隐蔽工程的质量检查和记录。隐蔽工程在隐蔽前，施工单位应当通知建设单位和建设工程质量监督机构。

法律锦囊

隐蔽工程是指将被后续工序遮盖或者封闭，而无法或者很难再进行检查的工程，如地基、地下管网、轨道梁等工程。

4. 负责返修的责任

施工单位对施工中出现质量问题的建设工程或者竣工验收不合格的建设工程，应当负责返修。

以案释法

【案例 5-1】甲发包单位与乙承包单位订立了一份建筑工程承包合同。合同约定，乙单位为甲单位建造一栋办公楼，开工时间为2023年2月15日，竣工时间为2024年8月14日。在施工过程中，乙单位以工期紧为由，在一些隐蔽工程隐蔽前没有通知甲单位、工程监理单位和建设工程质量监督机构，就进行了下一道工序的施工。在竣工验收时，甲单位发现该工程存在多处质量缺陷，要求乙单位返修，但乙单位以下一个工程项目马上要开工为由，拒绝返修。乙单位的行为合法吗？

【分析】《建设工程质量管理条例》规定，隐蔽工程在隐蔽前，施工单位应当通知建设单位和建设工程质量监督机构；施工单位对施工中出现质量问题的建设工程或者竣工验收不合格的建设工程，应当负责返修。上述案例中，乙单位没有通知有关单位验收就将隐蔽工程进行隐蔽并继续施工，应对出现的工程质量缺陷进行修复但未修复，违反了有关规定，应承担相应的法律责任。

5. 加强教育培训的责任

施工单位应当建立、健全教育培训制度，加强对职工的教育培训；未经教育培训或者考核不合格的人员，不得上岗作业。

5.2.3 勘察、设计单位的质量责任

1. 依法承揽工程的责任

从事建设工程勘察、设计的单位应当依法取得相应等级的资质证书，并在其资质等级许可的范围内承揽工程。禁止勘察、设计单位超越其资质等级许可的范围或者以其他勘察、设计单位的名义承揽工程。禁止勘察、设计单位允许其他单位或者个人以本单位的名义承揽工程。勘察、设计单位不得转包或者违法分包所承揽的工程。

2. 保证勘察、设计质量的责任

勘察、设计单位必须按照工程建设强制性标准进行勘察、设计，并对其勘察、设计的质量负责。注册建筑师、注册结构工程师等注册执业人员应当在设计文件上签字，对设计文件负责。勘察单位提供的地质、测量、水文等勘察成果必须真实、准确。

3. 根据勘察成果进行工程设计的责任

设计单位应当根据勘察成果文件进行建设工程设计。设计文件应当符合国家规定的设计深度要求，注明工程合理使用年限。

设计单位在设计文件中选用的建筑材料、建筑构配件和设备，应当注明规格、型号、性能等技术指标，其质量要求必须符合国家规定的标准。除有特殊要求的建筑材料、专用设备、工艺生产线等外，设计单位不得指定生产厂、供应商。设计单位应当就审查合格的施工图设计文件向施工单位作出详细说明。

法律锦囊

设计文件的设计深度应符合《建筑工程设计文件编制深度规定》。

4. 参与工程质量事故分析的责任

设计单位应当参与建设工程质量事故分析，并对因设计造成的质量事故，提出相应的技术处理方案。

头脑风暴

某设计公司以某知名设计院的名义承揽项目，该项目的设计文件未达到国家规定的设计深度要求，且未注明项目工程合理使用年限。该设计公司指定特定厂家供应常规材料，导致成本激增。请大家想一想，该设计公司未履行哪些质量责任？

5.2.4 工程监理单位的质量责任

1. 依法承担工程监理业务的责任

工程监理单位应当依法取得相应等级的资质证书，并在其资质等级许可的范围内承担工程监理业务。禁止工程监理单位超越本单位资质等级许可的范围或者以其他工程监理单位的名义承担工程监理业务。禁止工程监理单位允许其他单位或者个人以本单位的名义承担工程监理业务。工程监理单位不得转让工程监理业务。

工程监理单位与被监理工程的施工承包单位以及建筑材料、建筑构配件和设备供应单位有隶属关系或者其他利害关系的，不得承担该项建设工程的监理业务。

2. 依法依规实施监理的责任

工程监理单位应当依照法律法规以及有关技术标准、设计文件和建设工程承包合同，代表建设单位对施工质量实施监理，并对施工质量承担监理责任。监理工程师应当按照工程监理规范的要求，采取旁站、巡视和平行检验等形式，对建设工程实施监理。

法律锦囊

旁站是指工程监理单位对工程的关键部位或关键工序的施工质量所进行的监督活动。**巡视**是指工程监理单位对施工现场所进行的定期或不定期的检查活动。**平行检验**是指工程监理单位在施工单位自检的同时，按有关规定、建设工程监理合同约定对同一检验项目所进行的检测试验活动。

工程监理单位应当选派具备相应资格的总监理工程师和监理工程师进驻施工现场。未经监理工程师签字，建筑材料、建筑构配件和设备不得在工程上使用或者安装，施工单位不得进行下一道工序的施工。未经总监理工程师签字，建设单位不拨付工程款，不进行竣工验收。

5.2.5 违法行为的法律责任

1. 建设单位违法行为的法律责任

1）对违法发包等行为的处罚

建设单位将建设工程发包给不具有相应资质等级的勘察、设计、施工单位或者委托给不具有相应资质等级的工程监理单位的，责令改正，处50万元以上100万元以下的罚款。

建设单位将建设工程肢解发包的，责令改正，处工程合同价款0.5%以上1%以下的罚款；对全部或者部分使用国有资金的项目，并可以暂停项目执行或者暂停资金拨付。

2）对压缩合理工期等行为的处罚

建设单位有下列行为之一的，责令改正，处20万元以上50万元以下的罚款。

（1）迫使承包单位以低于成本的价格竞标的。

（2）任意压缩合理工期的。

（3）明示或者暗示设计单位或者施工单位违反工程建设强制性标准，降低工程质量的。

（4）施工图设计文件未经审查或者审查不合格，擅自施工的。

（5）建设项目必须实行工程监理而未实行工程监理的。

（6）未按照国家规定办理工程质量监督手续的。

（7）明示或者暗示施工单位使用不合格的建筑材料、建筑构配件和设备的。

（8）未按照国家规定将竣工验收报告、有关认可文件或者准许使用文件报送备案的。

3）对未按规定擅自施工行为的处罚

建设单位未取得施工许可证或者开工报告未经批准，擅自施工的，责令停止施工，限期改正，处工程合同价款1%以上2%以下的罚款。

涉及建筑主体或者承重结构变动的装修工程，没有设计方案擅自施工的，责令改正，处50万元以上100万元以下的罚款；房屋建筑使用者在装修过程中擅自变动房屋建筑主体和承重结构的，责令改正，处5万元以上10万元以下的罚款。有上述所列行为，造成损失的，依法承担赔偿责任。

4）对未组织竣工验收等行为的处罚

建设单位有下列行为之一的，责令改正，处工程合同价款2%以上4%以下的罚款；造成损失的，依法承担赔偿责任。

（1）未组织竣工验收，擅自交付使用的。

（2）验收不合格，擅自交付使用的。

（3）对不合格的建设工程按照合格工程验收的。

5）对未移交建设项目档案行为的处罚

建设工程竣工验收后，建设单位未向建设主管部门或者其他有关部门移交建设项目档案的，责令改正，处1万元以上10万元以下的罚款。

某写字楼工程项目合同价款为5 000万元。工程竣工后，建设单位未组织验收即交付，用户入驻后发现该写字楼楼体存在明显的质量问题。请大家想一想，该项目的建设单位应当承担什么法律责任？

2. 其他违法行为的法律责任

1）对不符合资质等级要求承揽工程行为的处罚

勘察、设计、施工、工程监理单位超越本单位资质等级承揽工程的，责令停止违法行为，对勘察、设计单位或者工程监理单位处合同约定的勘察费、设计费或者监理酬金1倍以上2倍以下的罚款；对施工单位处工程合同价款2%以上4%以下的罚款，可以责令停业整顿，降低资质等级；情节严重的，吊销资质证书；有违法所得的，予以没收。

未取得资质证书承揽工程的，予以取缔，依照上述规定处以罚款；有违法所得的，予以没收。以欺骗手段取得资质证书承揽工程的，吊销资质证书，依照上述规定处以罚款；有违法所得的，予以没收。

2）对允许他人以本单位名义承揽工程行为的处罚

勘察、设计、施工、工程监理单位允许其他单位或者个人以本单位名义承揽工程的，责令改正，没收违法所得，对勘察、设计单位和工程监理单位处合同约定的勘察费、设计费和监理酬金1倍以上2倍以下的罚款；对施工单位处工程合同价款2%以上4%以下的罚款；可以责令停业整顿，降低资质等级；情节严重的，吊销资质证书。

3）对非法转包、分包工程和转让监理业务行为的处罚

承包单位将承包的工程转包或者违法分包的，责令改正，没收违法所得，对勘察、设计单位处合同约定的勘察费、设计费25%以上50%以下的罚款；对施工单位处工程合同价款0.5%以上1%以下的罚款；可以责令停业整顿，降低资质等级；情节严重的，吊销资质证书。工程监理单位转让工程监理业务的，责令改正，没收违法所得，处合同约定的监理酬金25%以上50%以下的罚款；可以责令停业整顿，降低资质等级；情节严重的，吊销资质证书。

4）对偷工减料等行为的处罚

施工单位在施工中偷工减料的，使用不合格的建筑材料、建筑构配件和设备的，或者有不按照工程设计图纸或者施工技术标准施工的其他行为的，责令改正，处工程合同价款2%以上4%以下的罚款；造成建设工程质量不符合规定的质量标准的，负责返工、修理，并赔偿因此造成的损失；情节严重的，责令停业整顿，降低资质等级或者吊销资质证书。

5）对未检验建筑材料行为的处罚

施工单位未对建筑材料、建筑构配件、设备和商品混凝土进行检验，或者未对涉及结构安全的试块、试件以及有关材料取样检测的，责令改正，处10万元以上20万元以下的罚款；情节严重的，责令停业整顿，降低资质等级或者吊销资质证书；造成损失的，依法承担赔偿责任。

6）对未履行保修义务行为的处罚

施工单位不履行保修义务或者拖延履行保修义务的，责令改正，处10万元以上20万元以下的罚款，并对在保修期内因质量缺陷造成的损失承担赔偿责任。

 以案释法

【案例5-2】乙承包单位承揽了甲发包单位的桥梁建设工程。乙单位为了降低成本，在施工过程中聘用了多名不具备相应条件的无证人员，造成该桥梁两个桥墩的钻孔灌注桩配筋不足、桩身高度不够、混凝土强度不够，桥梁的实际承载力与设计承载力误差达36%。在竣工前夕，该桥梁突然下沉坍塌，直接经济损失超过380万元。乙单位存在哪些违法行为？应当承担什么法律责任？

【分析】《建设工程质量管理条例》规定：施工单位应当建立、健全教育培训制度，加强对职工的教育培训；未经教育培训或者考核不合格的人员，不得上岗作业。《建设工程质量管理条例》还规定：施工单位必须按照工程设计图纸和施工技术标准施工，不得擅自修改工程设计，不得偷工减料。上述案例中，乙单位为了降低成本，擅自聘用多名无证人员，且不按图纸和施工技术标准施工，导致该桥梁工程尚未竣工就下沉坍塌，损失惨重，是严重的违法行为。

根据《建设工程质量管理条例》的规定，乙单位在施工中有不按照工程设计图纸和施工技术标准施工的行为，应该承担工程合同价款2%以上4%以下的罚款，负责返工、修理，并赔偿因此造成的损失；若该行为被认定情节严重，乙单位还会被责令停业整顿，降低资质等级或者吊销资质证书。

7）对未按工程建设强制性标准进行勘察等行为的处罚

有下列行为之一的，责令改正，处10万元以上30万元以下的罚款。

（1）勘察单位未按照工程建设强制性标准进行勘察的。

（2）设计单位未根据勘察成果文件进行工程设计的。

（3）设计单位指定建筑材料、建筑构配件的生产厂、供应商的。

（4）设计单位未按照工程建设强制性标准进行设计的。

有上述所列行为，造成工程质量事故的，责令停业整顿，降低资质等级；情节严重的，吊销资质证书；造成损失的，依法承担赔偿责任。

在某教学楼建设项目中，设计单位未按强制性标准设计，导致工程质量严重不达标。请大家想一想，该设计单位应承担什么法律责任？

8）对监理违法行为的处罚

工程监理单位有下列行为之一的，责令改正，处50万元以上100万元以下的罚款，降低资质等级或者吊销资质证书；有违法所得的，予以没收；造成损失的，承担连带赔偿责任。

（1）与建设单位或者施工单位串通，弄虚作假、降低工程质量的。

（2）将不合格的建设工程、建筑材料、建筑构配件和设备按照合格签字的。

工程监理单位与被监理工程的施工承包单位以及建筑材料、建筑构配件和设备供应单位有隶属关系或者其他利害关系承担该项建设工程的监理业务的，责令改正，处5万元以上10万元以下的罚款，降低资质等级或者吊销资质证书；有违法所得的，予以没收。

2023年2月6日，中共中央、国务院印发了《质量强国建设纲要》，将“提升建设工程品质”作为八个方面的重点任务之一。文件指出：全面落实各方主体的工程质量责任，强化质量责任追溯追究，强化工程质量保障；促进从生产到施工全链条的建材行业质量提升，提高建筑材料质量水平，实施建设工程质量管理升级工程，打造中国建造升级版。

建设工程质量是质量强国的基石，关乎人民安全、经济繁荣与社会福祉。它不仅是城市发展的坚实支撑，也是提升居民生活品质的关键。高质量的建设工程能够保障人民生命财产安全，促进资源高效利用，减少环境污染。全社会应携手努力，共筑质量长城，为建设质量强国贡献力量。

5.3 建设工程质量检测和监督管理的有关规定

5.3.1 建设工程质量检测的有关规定

建设工程质量检测是指在新建、扩建、改建房屋建筑和市政基础设施工程活动中，建设工程质量检测机构（以下简称检测机构）接受委托，依据国家有关法律法规和标准，对建设工程涉及结构安全、主要使用功能的检测项目，进入施工现场的建筑材料、建筑构配件、设备，以及工程实体质量等进行的检测。

1. 建设工程质量检测机构资质的有关规定

检测机构应当取得建设工程质量检测机构资质（以下简称检测机构资质），并在资质许可的范围内从事建设工程质量检测活动。未取得相应资质证书的，不得承担建设工程质量检测业务。

检测机构资质分为综合资质和专项资质两个类别，不分等级。其中，综合资质是指包括全部专项资质的检测机构资质，专项资质包括建筑材料及构配件、主体结构及装饰装修、钢结构、地基基础、建筑节能、建筑幕墙、市政工程材料、道路工程、桥梁及地下工程等 9 个检测机构专项资质。综合资质可承担全部专项资质中已取得检测参数的检测业务，专项资质可承担所取得专项资质范围内已取得检测参数的检测业务。

申请检测机构资质的单位应当是具有独立法人资格的企业、事业单位，或者依法设立的合伙企业，并具备相应的人员、仪器设备、检测场所、质量保证体系等条件。省、自治区、直辖市人民政府住房和城乡建设主管部门负责本行政区域内检测机构的资质许可。检测机构的综合资质和专项资质的具体要求，包括资历及信誉、主要人员、检测设备及场所、管理水平等，可查阅《建设工程质量检测机构资质标准》。

2. 建设工程质量检测活动的有关规定

《建设工程质量检测管理办法》对建设工程质量检测相关活动的要求进行了规定，主要如下。

1）具备检测资质、条件和能力

委托方应当委托具有相应资质的检测机构开展建设工程质量检测业务。检测机构与所检测建设工程相关的建设、施工、工程监理单位，以及建筑材料、建筑构配件和设备供应单位不得有隶属关系或者其他利害关系。

从事建设工程质量检测活动，应当遵守相关法律法规和标准，相关人员应当具备相应的建设工程质量检测知识和专业能力。检测机构应当保持人员、仪器设备、检测场所、质量保证体系等方面符合建设工程质量检测资质标准，加强检测人员培训，按照有关规定对仪器设备进行定期检定或者校准，确保检测技术能力持续满足所开展建设工程质量检测活动的要求。

检测机构跨省、自治区、直辖市承担检测业务的，应当向建设工程所在地的省、自治区、直辖市人民政府住房和城乡建设主管部门备案。检测机构在承担检测业务所在地的人员、仪器设备、检测场所、质量保证体系等应当满足开展相应建设工程质量检测活动的要求。

 法律锦囊

检测机构及其工作人员不得推荐或者监制建筑材料、建筑构配件和设备。

2）依法取样送检

提供检测试样的单位和个人，应当对检测试样的符合性、真实性及代表性负责。检测试样应当具有清晰的、不易脱落的唯一性标识、封志。建设单位委托检测机构开展建设工程质量检测活动的，施工人员应当在建设单位或者工程监理单位的见证人员监督下现场取样。现场检测或者检测试样送检时，应当由检测内容提供单位、送检单位等填写委托单。委托单应当由送检人员、见证人员等签字确认。检测机构接收检测试样时，应当对试样状况、标识、封志等符合性进行检查，确认无误后方可进行检测。

3）依法实施检测并出具检测报告

检测机构应当按照法律法规和标准进行建设工程质量检测，并出具检测报告。检测报告经检测人员、审核人员、检测机构法定代表人或者其授权的签字人等签署，并加盖检测专用章后方可生效。检测报告中应当包括检测项目代表数量（批次）、检测依据、检测场所地址、检测数据、检测结果、见证人员单位及姓名等相关信息。非建设单位委托的检测机构出具的检测报告不得作为工程质量验收资料。

检测机构在检测过程中发现建设、施工、工程监理单位存在违反有关法律法规规定和工程建设强制性标准等行为，以及检测项目涉及结构安全、主要使用功能检测结果不合格的，应当及时报告建设工程所在地县级以上地方人民政府住房和城乡建设主管部门。

检测结果利害关系人对检测结果存在争议的，可以委托共同认可的检测机构复检。任何单位和个人不得明示或者暗示检测机构出具虚假检测报告，不得篡改或者伪造检测报告。

4）保证检测结果的可追溯性

检测机构应当建立建设工程过程数据和结果数据、检测影像资料及检测报告记录与留存制度，对检测数据和检测报告的真实性、准确性负责。

检测机构应当建立档案管理制度。检测合同、委托单、检测数据原始记录、检测报告按照年度统一编号，编号应当连续，不得随意抽撤、涂改。检测机构应当单独建立检

测结果不合格项目台账。

检测机构应当建立信息化管理系统，对检测业务受理、检测数据采集、检测信息上传、检测报告出具、检测档案管理等活动进行信息化管理，保证建设工程质量检测活动全过程可追溯。

3. 违法行为的法律责任

1）对检测机构资质违法行为的处罚

检测机构隐瞒有关情况或者提供虚假材料申请资质，资质许可机关不予受理或者不予行政许可，并给予警告；检测机构 1 年内不得再次申请资质。未取得相应资质、资质证书已过有效期或者超出资质许可范围从事建设工程质量检测活动的，其检测报告无效，由县级以上地方人民政府住房和城乡建设主管部门处 5 万元以上 10 万元以下罚款；造成危害后果的，处 10 万元以上 20 万元以下罚款；构成犯罪的，依法追究刑事责任。

以欺骗、贿赂等不正当手段取得资质证书的，由资质许可机关予以撤销；由县级以上地方人民政府住房和城乡建设主管部门给予警告或者通报批评，并处 5 万元以上 10 万元以下罚款；检测机构 3 年内不得再次申请资质；构成犯罪的，依法追究刑事责任。

法律锦囊

除上述外，《建设工程质量检测管理办法》还对检测机构资质的延续和变更及其违法行为的处罚进行了规定。

2）对检测机构违法行为的处罚

检测机构未建立、落实建设工程过程数据和结果数据、检测影像资料及检测报告记录与留存制度的，或出具虚假的检测数据或者检测报告的，由县级以上地方人民政府住房和城乡建设主管部门责令改正，处 5 万元以上 10 万元以下罚款；造成危害后果的，处 10 万元以上 20 万元以下罚款；构成犯罪的，依法追究刑事责任。

检测机构有下列行为之一的，由县级以上地方人民政府住房和城乡建设主管部门责令改正，处 5 万元以上 10 万元以下罚款；造成危害后果的，处 10 万元以上 20 万元以下罚款；构成犯罪的，依法追究刑事责任。

（1）转包或者违法分包建设工程质量检测业务。

（2）涂改、倒卖、出租、出借或者以其他形式非法转让资质证书。

（3）违反工程建设强制性标准进行检测。

（4）使用不能满足所开展建设工程质量检测活动要求的检测人员或者仪器设备。

检测机构有下列行为之一的，由县级以上地方人民政府住房和城乡建设主管部门责令改正，处 1 万元以上 5 万元以下罚款。

（1）与所检测建设工程相关的建设、施工、工程监理单位，以及建筑材料、建筑构配件和设备供应单位有隶属关系或者其他利害关系的。

（2）推荐或者监制建筑材料、建筑构配件和设备的。

（3）未按照规定在检测报告上签字盖章的。

（4）未及时报告发现的违反有关法律法规规定和工程建设强制性标准等行为的。

（5）未及时报告涉及结构安全、主要使用功能的不合格检测结果的。

（6）未按照规定进行档案和台账管理的。

（7）未建立并使用信息化管理系统对检测活动进行管理的。

（8）不满足跨省、自治区、直辖市承担检测业务的要求开展相应建设工程质量检测活动的。

（9）接受监督检查时不如实提供有关资料、不按照要求参加能力验证和比对试验，或者拒绝、阻碍监督检查的。

3）对检测人员违法行为的处罚

检测人员有下列行为之一的，由县级以上地方人民政府住房和城乡建设主管部门责令改正，处 3 万元以下罚款。

（1）同时受聘于两家或者两家以上检测机构。

（2）违反工程建设强制性标准进行检测。

（3）出具虚假的检测数据。

（4）违反工程建设强制性标准进行结论判定或者出具虚假判定结论。

笔记

5.3.2 建设工程质量监督管理的有关规定

工程质量监督管理是指建设主管部门及工程质量监督机构（以下简称主管部门）依据有关法律法规和工程建设强制性标准，对工程实体质量和工程建设、勘察、设计、施工、工程监理单位（以下简称工程质量责任主体）和质量检测等单位的工程质量行为实施监督。

1. 工程质量监督管理的内容

工程质量监督管理应当包括下列内容。

（1）执行法律法规和工程建设强制性标准的情况。

（2）抽查涉及工程主体结构安全和主要使用功能的工程实体质量。

（3）抽查工程质量责任主体和质量检测等单位的工程质量行为。

（4）抽查主要建筑材料、建筑构配件的质量。

（5）对工程竣工验收进行监督。

（6）组织或者参与工程质量事故的调查处理。

（7）定期对本地区工程质量状况进行统计分析。

（8）依法对违法违规行为实施处罚。

2. 工程质量监督管理的程序

对工程项目实施质量监督，应当依照下列程序进行。

（1）受理建设单位办理质量监督手续。

（2）制订工作计划并组织实施。

（3）对工程实体质量、工程质量责任主体和质量检测等单位的工程质量行为进行抽查、抽测。

（4）监督工程竣工验收，重点对验收的组织形式、程序等是否符合有关规定进行监督。

（5）形成工程质量监督报告。

（6）建立工程质量监督档案。

工程竣工验收合格后，建设单位应当在建筑物明显部位设置永久性标牌，载明建设、勘察、设计、施工、工程监理单位等工程质量责任主体的名称和主要责任人姓名。

3. 工程质量监督检查的措施

根据《房屋建筑和市政基础设施工程质量监督管理规定》和《建设工程质量检测管理办法》，主管部门实施监督检查时，有权采取下列措施。

（1）要求被检查单位提供有关工程质量的文件和资料。

（2）进入被检查单位的施工现场或者检测机构的工作场地进行检查、抽测。

（3）发现有影响工程质量的问题时，责令改正。

（4）向检测机构、委托方、相关单位和人员询问、调查有关情况。

（5）对检测人员的建设工程质量检测知识和专业能力进行检查。

（6）查阅、复制有关检测数据、影像资料、报告、合同以及其他相关资料。

（7）组织实施能力验证或者比对试验。

（8）法律法规规定的其他措施。

县级以上地方人民政府建设主管部门应当根据本地区的工程质量状况，逐步建立工程质量信用档案。县级以上地方人民政府建设主管部门应当将工程质量监督中发现的涉及主体结构安全和主要使用功能的工程质量问题及整改情况，及时向社会公布。

4. 对监督机构的考核

省、自治区、直辖市人民政府建设主管部门应当按照国家有关规定，对本行政区域内监督机构每3年进行一次考核。监督机构经考核合格后，方可依法对工程实施质量监督，并对工程质量监督承担监督责任。

法苑广角

监督机构应当具备的条件

监督机构应当具备下列条件。

(1) 具有符合规定条件的监督人员。人员数量由县级以上地方人民政府建设主管部门根据实际需要确定。监督人员应当占监督机构总人数的75%以上。

(2) 有固定的工作场所和满足工程质量监督检查工作需要的仪器、设备和工具等。

(3) 有健全的质量监督工作制度，具备与质量监督工作相适应的信息化管理条件。

监督人员应当具备下列条件并经考核合格后，方可从事工程质量监督工作。

(1) 具有工程类专业大学专科以上学历或者工程类执业注册资格。

(2) 具有3年以上工程质量管理或者设计、施工、监理等工作经历。

(3) 熟悉掌握相关法律法规和工程建设强制性标准。

(4) 具有一定的组织协调能力和良好职业道德。

5.4 建设工程竣工验收和质量保修的有关规定

5.4.1 建设工程竣工验收的有关规定

竣工验收是指发包单位在收到承包单位的竣工报告后，组织勘察、设计、监理、施工等单位，依照国家有关法律法规及工程建设规范、标准的规定，对工程是否符合设计文件要求和合同约定的各项内容进行检验，并评价工程是否验收合格的过程。《建筑法》规定，建筑工程竣工经验收合格后，方可交付使用；未经验收或者验收不合格的，不得交付使用。

家装竣工验收的几个关键节点

1. 竣工验收的条件

建设单位收到建设工程竣工报告后，应当组织设计、施工、工程监理等有关单位进行竣工验收。《房屋建筑和市政基础设施工程质量监督管理规定》规定，工程竣工验收应当具备下列条件。

（1）完成工程设计和合同约定的各项内容。

（2）施工单位在工程完工后对工程质量进行了检查，确认工程质量符合有关法律法规和工程建设强制性标准，符合设计文件及合同要求，并提出工程竣工报告。工程竣工报告应经项目经理和施工单位有关负责人审核签字。

（3）对于委托监理的工程项目，工程监理单位对工程进行了质量评估，具有完整的监理资料，并提出工程质量评估报告。工程质量评估报告应经总监理工程师和工程监理单位有关负责人审核签字。

（4）勘察、设计单位对勘察、设计文件及施工过程中由设计单位签署的设计变更通知书进行了检查，并提出质量检查报告。质量检查报告应经该项目勘察、设计负责人和勘察、设计单位有关负责人审核签字。

（5）有完整的技术档案和施工管理资料。

（6）有工程使用的主要建筑材料、建筑构配件和设备的进场试验报告，以及工程质量检测和功能性试验资料。

（7）建设单位已按合同约定支付工程款。

（8）有施工单位签署的工程质量保修书。

（9）对于住宅工程，进行分户验收并验收合格，建设单位按户出具《住宅工程质量分户验收表》。

（10）建设主管部门及工程质量监督机构责令整改的问题全部整改完毕。

（11）法律法规规定的其他条件。

2. 竣工验收的程序

工程竣工验收应当按以下程序进行。

（1）工程完工后，施工单位向建设单位提交工程竣工报告，申请工程竣工验收。实行监理的工程，工程竣工报告须经总监理工程师签署意见。

（2）建设单位收到工程竣工报告后，对符合竣工验收要求的工程，组织勘察、设计、施工、监理等单位组成验收组，制定验收方案。对于重大工程和技术复杂工程，根据需要可邀请有关专家参加验收组。

（3）建设单位应当在工程竣工验收 7 个工作日前将验收的时间、地点及验收组名单书面通知负责监督该工程的工程质量监督机构。

（4）建设单位组织工程竣工验收：① 建设、勘察、设计、施工、工程监理单位分别汇报工程合同履约情况和在工程建设各个环节执行法律法规和工程建设强制性标准的情况；② 审阅建设、勘察、设计、施工、工程监理单位的工程档案资料；③ 实地查验工程质量；④ 对工程勘察、设计、施工、设备安装质量和各管理环节等方面作出全面评价，形成经验收组人员签署的工程竣工验收意见。

参与工程竣工验收的建设、勘察、设计、施工、监理等各方不能形成一致意见时，应当协商提出解决的方法，待意见一致后，重新组织工程竣工验收。

法苑广角

工程竣工验收报告的有关规定

工程竣工验收合格后，建设单位应当及时提交工程竣工验收报告。工程竣工验收报告主要包括工程概况，建设单位执行基本建设程序情况，对工程勘察、设计、施工、监理等方面的评价，工程竣工验收时间、程序、内容和组织形式，工程竣工验收意见等内容。工程竣工验收报告还应附有下列文件。

（1）施工许可证。

（2）施工图设计文件审查意见。

（3）有施工单位签署的工程质量保修书。

（4）验收组人员签署的工程竣工验收意见。

（5）法律法规规定的其他有关文件。

3. 竣工验收的备案

建设单位应当自工程竣工验收合格之日起 15 日内，依照规定向工程所在地的县级以上地方人民政府建设主管部门（以下简称备案机关）备案。建设单位办理工程竣工验收备案应当提交下列文件。

（1）工程竣工验收备案表。

（2）工程竣工验收报告。竣工验收报告应当包括工程报建日期，施工许可证号，施工图设计文件审查意见，勘察、设计、施工、工程监理等单位分别签署的质量合格文件及验收人员签署的竣工验收原始文件，市政基础设施的有关质量检测和功能性试验资料以及备案机关认为需要提供的有关资料。

（3）法律、行政法规规定应当由规划、环保等部门出具的认可文件或者准许使用文件。

（4）法律规定应当由公安消防部门出具的对大型的人员密集场所和其他特殊建设工程验收合格的证明文件。

（5）施工单位签署的工程质量保修书。

（6）法规、规章规定必须提供的其他文件。

除了上述文件，办理住宅工程竣工验收备案还应当提交《住宅质量保证书》和《住宅使用说明书》。

法律锦囊

备案机关收到建设单位报送的竣工验收备案文件，验证文件齐全后，应当在工程竣工验收备案表上签署文件收讫。工程竣工验收备案表一式两份，一份由建设单位保存，一份留备案机关存档。

4. 违法行为的法律责任

建设主管部门或者其他有关部门发现建设单位在竣工验收过程中有违反国家有关建设工程质量管理规定行为的，责令停止使用，重新组织竣工验收。备案机关发现建设单位在竣工验收过程中有违反国家有关建设工程质量管理规定行为的，应当在收讫竣工验收备案文件 15 日内，责令停止使用，重新组织竣工验收。

建设单位在工程竣工验收合格之日起 15 日内未办理工程竣工验收备案的，备案机关责令限期改正，处 20 万元以上 50 万元以下罚款。建设单位将备案机关决定重新组织竣工验收的工程，在重新组织竣工验收前，擅自使用的，备案机关责令停止使用，处工程合同价款 2%以上 4%以下罚款。

建设单位采用虚假证明文件办理工程竣工验收备案的，工程竣工验收无效，备案机关责令停止使用，重新组织竣工验收，处 20 万元以上 50 万元以下罚款；构成犯罪的，依法追究刑事责任。

备案机关决定重新组织竣工验收并责令停止使用的工程，建设单位在备案之前已投入使用或者建设单位擅自继续使用造成使用人损失的，由建设单位依法承担赔偿责任。

5.4.2 建设工程质量保修的有关规定

《建筑法》和《建设工程质量管理条例》均规定，建设工程实行质量保修制度。建设工程质量保修制度是指建设工程竣工验收后，在法律规定或合同约定的保修期限内，针对勘察、设计、施工等方面造成的质量缺陷，由施工单位负责维修、返工或更换，由有关责任方承担经济责任的一种制度。

1. 建设工程质量保修书的有关规定

承包单位在向建设单位提交工程竣工验收报告时，应当向建设单位出具质量保修书。质量保修书中应当明确建设工程的保修范围、保修期限和保修责任等。

1）保修范围的有关规定

《建筑法》规定，建筑工程的保修范围应当包括地基基础工程、主体结构工程、屋面防水工程和其他土建工程，以及电气管线、上下水管线的安装工程，供热、供冷系统工程等项目。不同的建设工程，其保修范围有所不同。

2）保修期限的有关规定

保修期限应当按照保证建筑物合理寿命年限内正常使用、维护使用者合法权益的原则确定。在正常使用条件下，建设工程的最低保修期限如下。

（1）基础设施工程、房屋建筑的地基基础工程和主体结构工程，为设计文件规定的该工程的合理使用年限。

（2）屋面防水工程以及有防水要求的卫生间、房间和外墙面的防渗漏，为5年。

（3）供热与供冷系统，为2个采暖期、供冷期。

（4）电气管线、给排水管道、设备安装和装修工程，为2年。

其他项目的保修期限由发包单位与承包单位约定。建设工程的保修期，自竣工验收合格之日起计算。

3）保修责任的有关规定

建设工程在保修范围和保修期限内发生质量问题的，施工单位应当履行保修义务，并对造成的损失承担赔偿责任。建设工程在超过合理使用年限后需要继续使用的，产权所有人应当委托具有相应资质等级的勘察、设计单位鉴定，并根据鉴定结果采取加固、维修等措施，重新界定使用期。

2. 建设工程质量保证金的有关规定

建设工程质量保证金（以下简称质量保证金）是指发包单位与承包单位在建设工程承包合同中约定，从应付的工程款中预留，用以保证承包单位在缺陷责任期内对建设工程出现的缺陷进行维修的资金。其中，**缺陷责任期**是指承包单位按照合同约定承担缺陷修复义务且发包单位预留质量保证金（已缴纳履约保证金的除外）的期限。

法律锦囊

国务院办公厅于2016年发布的《国务院办公厅关于清理规范工程建设领域保证金的通知》规定，对建筑业企业在工程建设中需要缴纳的保证金，除依法依规设立的投标保证金、履约保证金、工程质量保证金、农民工工资保证金外，其他保证金一律取消。

1）缺陷责任期的有关规定

缺陷责任期从工程通过竣工验收之日起计，一般为1年，最长不超过2年，由发、承包双方在合同中约定。由承包单位原因导致工程无法按规定期限进行竣工验收的，缺陷责任期从实际通过竣工验收之日起计。由发包单位原因导致工程无法按规定期限进行竣工验收的，在承包单位提交竣工验收报告 90 日后，工程自动进入缺陷责任期。

缺陷责任期内，由承包单位原因造成的缺陷，承包单位应负责维修，并承担鉴定及维修费用。如承包单位不维修也不承担费用，发包单位可按合同约定从质量保证金或银行保函中扣除，费用超出保证金额的，发包单位可按合同约定向承包单位进行索赔。承包单位维修并承担相应费用后，不免除对工程的损失赔偿责任。由他人原因造成的缺陷，发包单位负责组织维修，承包单位不承担费用，且发包单位不得从保证金中扣除费用。

2）质量保证金的约定

发包单位应当在招标文件中明确质量保证金预留和返还等内容，并与承包单位在合同条款中对涉及质量保证金的下列事项进行约定。

（1）质量保证金预留、返还方式。

（2）质量保证金预留比例、期限。

（3）质量保证金是否计付利息，如计付利息，利息的计算方式。

（4）缺陷责任期的期限及计算方式。

（5）质量保证金预留、返还及工程维修质量、费用等争议的处理程序。

（6）缺陷责任期内出现缺陷的索赔方式。

（7）逾期返还质量保证金的违约金支付办法及违约责任。

3）质量保证金的预留

缺陷责任期内，实行国库集中支付的政府投资项目，质量保证金的管理应按国库集中支付的有关规定执行。其他政府投资项目，质量保证金可以预留在财政部门或发包单位。缺陷责任期内，如发包单位被撤销，质量保证金随交付使用资产一并移交使用单位管理，由使用单位代行发包单位职责。社会投资项目采用预留质量保证金方式的，发、承包双方可以约定将质量保证金交由第三方金融机构托管。推行银行保函制度，承包单位可以银行保函替代预留质量保证金。

在工程项目竣工前，已经缴纳履约保证金的，发包单位不得同时预留质量保证金。采用工程质量保证担保、工程质量保险等其他保证方式的，发包单位不得再预留质量保证金。

法律锦囊

发包单位应按照合同约定方式预留质量保证金，质量保证金总预留比例不得高于工程价款结算总额的 3%。合同约定由承包单位以银行保函替代预留质量保证金的，保函金额不得高于工程价款结算总额的 3%。

4）质量保证金的返还

缺陷责任期内，承包单位认真履行合同约定的责任，到期后，承包单位向发包单位申请返还质量保证金。

发包单位在接到承包单位返还质量保证金申请后，应于14日内会同承包单位按照合同约定的内容进行核实。如无异议，发包单位应当按照约定将质量保证金返还给承包单位。对返还期限没有约定或者约定不明确的，发包单位应当在核实后14日内将质量保证金返还承包单位，逾期未返还的，依法承担违约责任。发包单位在接到承包单位返还质量保证金申请后14日内不予答复，经催告后14日内仍不予答复，视同认可承包单位的返还质量保证金申请。

发包单位和承包单位对质量保证金预留、返还以及工程维修质量、费用有争议的，按承包合同约定的争议和纠纷解决程序处理。建设工程实行工程总承包的，总承包单位与分包单位有关质量保证金的权利与义务的约定，参照《建设工程质量保证金管理办法》关于发包单位与承包单位相应权利与义务的约定执行。

法苑广角

返还质量保证金的有关规定

有下列情形之一，承包单位请求发包单位返还质量保证金的，人民法院应予支持。

（1）当事人约定的质量保证金返还期限届满。

（2）当事人未约定质量保证金返还期限的，自建设工程通过竣工验收之日起满2年。

（3）因发包单位原因建设工程未按约定期限进行竣工验收的，自承包单位提交工程竣工验收报告90日后当事人约定的质量保证金返还期限届满；当事人未约定质量保证金返还期限的，自承包单位提交工程竣工验收报告90日后起满2年。

发包单位返还质量保证金后，不影响承包单位根据合同约定或者法律规定履行工程保修义务。

3. 违法行为的法律责任

《建筑法》规定，建筑施工企业不履行保修义务或者拖延履行保修义务的，责令改正，可以处以罚款，并对在保修期内因屋顶、墙面渗漏、开裂等质量缺陷造成的损失，承担赔偿责任。

对于房屋建筑工程，除上述外，《房屋建筑工程质量保修办法》还作出了以下规定。

（1）施工单位不按工程质量保修书约定保修的，建设单位可以另行委托其他单位保修，由原施工单位承担相应责任。保修费用由质量缺陷的责任方承担。

（2）在保修期内，因房屋建筑工程质量缺陷造成房屋所有人、使用人或者第三方人身、财产损害的，房屋所有人、使用人或者第三方可以向建设单位提出赔偿要求。建设单位向造成房屋建筑工程质量缺陷的责任方追偿。

（3）因保修不及时造成新的人身、财产损害，由造成拖延的责任方承担赔偿责任。

（4）施工单位有下列行为之一的，由建设主管部门责令改正，并处1万元以上3万元以下的罚款：① 工程竣工验收后，不向建设单位出具质量保修书的；② 质量保修的内容、期限违反规定的。

项目检测

1. 选择题

（1）关于工程建设强制性标准，下列说法中正确的是（　　）。

A. 标准可以由行业主管部门批准发布

B. 工程建设通用的有关安全、卫生和环境保护的标准属于工程建设强制性标准

C. GB/T 表示工程建设强制性标准

D. 工程建设行业专用的信息技术要求属于工程建设强制性标准

（2）施工单位在施工过程中发现设计文件和图纸有差错的，应当（　　）。

A. 及时提出意见和建议

B. 继续按照设计文件和图纸进行施工

C. 由施工单位技术负责人按照技术标准修改设计文件和图纸

D. 按照通常做法施工

（3）施工单位在施工中偷工减料，造成建设工程质量不符合规定的质量标准且情节严重的，住房城乡建设主管部门对该施工单位实施的处罚不包括（　　）。

A. 责令停业整顿　　B. 吊销资质证书

C. 吊销营业执照　　D. 降低资质等级

（4）应按照国家有关规定组织竣工验收的单位是（　　）。

A. 建设单位　　B. 施工单位

C. 工程监理单位　　D. 设计单位

（5）关于建设工程竣工验收备案，下列说法中正确的是（　　）。

A. 施工单位应当自竣工验收合格之日起15日内办理备案

B. 竣工验收备案必须提交工程监理单位签署的工程质量保修书

C. 办理工程竣工验收备案，建设单位应向备案机关提交工程质量监督报告

D. 工程竣工验收备案表一式两份，一份由建设单位保存，一份留备案机关存档

（6）建设工程自办理竣工验收手续后，在保修期内，无论是因施工造成的质量缺陷，还是因勘察、设计等原因造成的质量缺陷，都应由（　　）负责维修、返工或更换，维修的经济责任由责任方承担。

A. 建设单位　　B. 施工单位

C. 工程监理单位　　D. 应承担责任的一方

（7）承包单位在（　　）时，应当向建设单位出具质量保修书。

A. 施工完毕　　B. 提交工程竣工验收报告

C. 竣工验收合格　　D. 工程价款结算完毕

（8）缺陷责任期从工程通过竣工验收之日起计。由发包单位原因导致工程无法按规定期限进行竣工验收的，在承包单位提交竣工验收报告（　　）日后，工程自动进入缺陷责任期。

A. 30　　B. 90　　C. 120　　D. 150

2. 判断题

（1）为满足地方自然条件、风俗习惯等特殊技术要求，可以制定工程建设行业标准。（　　）

（2）施工单位必须向有关的勘察、设计、工程监理等单位提供与建设工程有关的原始资料。（　　）

（3）监理工程师应当按照工程监理规范的要求，采取旁站、巡视和平行检验等形式，对建设工程实施监理。（　　）

（4）建设单位应当在工程竣工验收7个工作日前将验收的时间、地点及验收组名单书面通知负责监督该工程的工程质量监督机构。（　　）

（5）在工程项目竣工前，已经缴纳履约保证金的，发包单位可以同时预留质量保证金。（　　）

3. 简答题

（1）工程建设标准包括哪几种？

（2）建设工程检测机构资质分为哪两个类别？

（3）简述工程竣工验收应当具备的条件。

（4）建设单位应当何时办理工程竣工验收备案？办理时应当提交哪些文件？

项目评价

指导教师对学生的实际学习成果进行评价，学生配合指导教师共同完成表 5-3。

表 5-3　项目评价

<table>
<tr><td>班级</td><td></td><td>组号</td><td></td><td>日期</td><td colspan="2"></td></tr>
<tr><td>姓名</td><td></td><td>学号</td><td></td><td>指导教师</td><td colspan="2"></td></tr>
<tr><td>项目名称</td><td colspan="6">筑基石——建设工程质量法律法规</td></tr>
<tr><td>评价项目</td><td colspan="3">评价内容</td><td>评价方式</td><td>满分/分</td><td>评分/分</td></tr>
<tr><td rowspan="7">知识
（40%）</td><td colspan="3">工程建设标准的分类</td><td rowspan="7">理论测试</td><td>5</td><td></td></tr>
<tr><td colspan="3">工程建设国家标准实施的有关规定</td><td>5</td><td></td></tr>
<tr><td colspan="3">工程建设各有关单位的质量责任</td><td>10</td><td></td></tr>
<tr><td colspan="3">建设工程质量检测的有关规定</td><td>5</td><td></td></tr>
<tr><td colspan="3">建设工程质量监督管理的有关规定</td><td>5</td><td></td></tr>
<tr><td colspan="3">建设工程竣工验收的有关规定</td><td>5</td><td></td></tr>
<tr><td colspan="3">建设工程质量保修的有关规定</td><td>5</td><td></td></tr>
<tr><td rowspan="2">技能
（40%）</td><td colspan="3">指出建设工程质量案件中的法律依据</td><td rowspan="2">实践操作</td><td>20</td><td></td></tr>
<tr><td colspan="3">运用建设工程质量法律法规分析有关案件</td><td>20</td><td></td></tr>
<tr><td rowspan="5">素养
（20%）</td><td colspan="3">积极参加教学活动，主动学习、思考、讨论</td><td rowspan="5">综合评判</td><td>6</td><td></td></tr>
<tr><td colspan="3">认真负责，按时完成学习、实践任务</td><td>4</td><td></td></tr>
<tr><td colspan="3">团结协作，与组员之间密切配合</td><td>4</td><td></td></tr>
<tr><td colspan="3">服从指挥，遵守课堂纪律</td><td>4</td><td></td></tr>
<tr><td colspan="3">守正创新，自信自强</td><td>2</td><td></td></tr>
<tr><td colspan="5">合计</td><td>100</td><td></td></tr>
<tr><td>自我评价</td><td colspan="6"></td></tr>
<tr><td>指导教师评价</td><td colspan="6"></td></tr>
</table>

项目 6

解纷争
——建设工程纠纷处理法律法规

项目导读

在建设活动中，常见的纠纷分为民事纠纷和行政纠纷两种。民事纠纷包括施工单位、设计单位等民事主体之间在合同履行、工程质量、工程款支付等方面的纠纷，通常通过和解、调解、仲裁、民事诉讼等途径解决。行政纠纷包括各民事主体和行使国家行政权力的行政主体之间，因行政许可、行政处罚等行政行为而产生的纠纷，通常通过行政复议、行政诉讼等途径解决。

知识目标

（1）掌握和解与调解的有关规定。

（2）熟悉仲裁协议和仲裁程序的有关规定。

（3）了解仲裁裁决的申请撤销和执行。

（4）掌握民事诉讼的管辖、审判组织和诉讼参加人、证据的有关规定。

（5）熟悉民事诉讼期间和送达的有关规定。

（6）了解民事诉讼的审判程序和执行。

（7）了解行政复议和行政诉讼的有关规定。

技能目标

（1）能指出建设工程纠纷处理过程中的法律依据。

（2）能运用建设工程纠纷处理法律法规解决有关法律问题。

素质目标

（1）培养公正无私、廉洁自律的法治素养。

（2）树立拼搏进取、勇于担当的奋斗精神。

项目引入

在某高校实验楼的竣工验收阶段，建设单位发现该实验楼存在墙体裂缝、防水层失效等质量问题，随即与施工单位进行协商。但双方就质量问题成因、责任划分和赔偿方案等事项无法达成一致，建设单位遂决定通过民事诉讼解决纠纷。建筑学院的教师得知此事后，认为这是一个典型的法律案例，于是决定组建一个模拟法庭，希望通过模拟建设工程质量纠纷案件庭审，让学生们学习有关法律法规，增强学生们解决有关法律问题的能力。下面，让我们一起加入这次模拟庭审吧！

项目工单——模拟建设工程质量纠纷案件庭审

1．学生分组

学生以3～5人为一组进行分组，各小组选出组长并进行任务分工，将小组成员及分工情况填入表6-1中。

表6-1 小组成员及分工情况

班级		组号		指导教师	
小组成员	姓名	学号	任务分工		
组长					
组员					

2．工作计划

各小组查阅资料，了解与建设工程纠纷处理有关的法律知识，制订工作计划，并将其填入表6-2中。

表6-2 工作计划

序号	工作内容	负责人

3. 制订方案

（1）各小组针对工作计划展开讨论，制订实施方案。

（2）指导教师对各小组的实施方案进行评价。

（3）各小组根据指导教师的评价对实施方案进行调整。

（4）调整合格后的实施方案即最终实施方案。

4. 项目实施

各小组按照最终实施方案，模拟建设工程质量纠纷案件庭审，将实施步骤及内容补充完整。

（1）收集资料并撰写剧本。

① 收集建设工程质量纠纷案件。案件：________________________________。

② 深入研究与建设工程纠纷处理有关的法律法规（包括____等）。

③ 通过收集到的资料，撰写模拟庭审的剧本。剧本：____。

（2）开庭审理筹备。

① 组建团队，确定模拟法庭的成员，结合学生个人兴趣，分配审判长、原告、被告、律师、证人、鉴定人、书记员等角色。

② 准备证据材料包，包括合同副本、质量检查报告、现场照片、证据说明等。

③ 设计并布置模拟法庭，包括法庭席位和法庭标志的设立等。

（3）开庭审理。

① 审判长宣布模拟法庭正式开庭，介绍法庭成员和法庭纪律。介绍内容：____。

② 原告方律师或原告本人宣读起诉状，明确诉讼请求、事实和理由，并展示证据。

③ 被告方律师或被告本人进行答辩，针对原告的指控进行反驳，并提出自己的主张和证据。

④ 审判长根据案件需要，询问证人以了解案件事实。

⑤ 双方当事人在审判长的主持下，对各自提交的证据进行质证。质证内容：____。

⑥ 辩论结束后，审判长宣布休庭，合议庭成员充分发表意见并进行表决。

⑦ 合议庭根据讨论结果形成判决或裁定意见。判决或裁定意见：____。

⑧ 审判长宣布判决或裁定结果，然后宣布闭庭。

（4）思考与总结。

① 评估模拟庭审的效果：________________________________。

② 个人收获：____。

6.1 和解与调解的有关规定

在解决建设工程纠纷的途径中，和解和调解均是当事人自愿达成协议的纠纷处理方式，但两者存在区别，具体如下。

（1）行为主体不同。和解是双方当事人通过协商达成和解协议，以解决纠纷。调解是在调解机构的主持下，通过深入细致的工作，使双方当事人达成调解协议，以解决纠纷。

（2）法律后果不同。和解协议靠双方当事人自觉履行，不能作为人民法院的执行根据。而调解协议具有强制执行的法律效力。

6.1.1 和解

和解是指双方当事人自行协商，就实体权利的处分达成协议，从而解决争议的活动。当事人可以在仲裁中达成和解，也可以在民事诉讼的任何阶段达成和解。

《中华人民共和国仲裁法》（以下简称《仲裁法》）规定，当事人申请仲裁后，可以自行和解；达成和解协议的，可以请求仲裁庭根据和解协议作出裁决书，也可以撤回仲裁申请；当事人达成和解协议，撤回仲裁申请后反悔的，可以根据仲裁协议申请仲裁。

《中华人民共和国民事诉讼法》（以下简称《民事诉讼法》）规定，双方当事人可以自行和解；在执行中，双方当事人自行和解达成协议的，执行员应当将协议内容记入笔录，由双方当事人签名或者盖章；申请执行人因受欺诈、胁迫与被执行人达成和解协议，或者当事人不履行和解协议的，人民法院可以根据当事人的申请，恢复对原生效法律文书的执行。

6.1.2 调解

根据调解人性质的不同，调解可分为人民调解、法院调解和仲裁调解三种。

1. 人民调解

人民调解是指人民调解委员会通过说服、疏导等方法，促使当事人在平等协商基础上自愿达成调解协议，解决民间纠纷的活动。当事人可以向人民调解委员会申请调解，人民调解委员会也可以主动调解。当事人一方明确拒绝调解的，不得调解。

人民调解制度

1）人民调解的原则

人民调解委员会调解民间纠纷，应当遵循下列原则。

（1）在当事人自愿、平等的基础上进行调解。

（2）不违背法律法规和国家政策。

（3）尊重当事人的权利，不得因调解而阻止当事人依法通过仲裁、行政、司法等途径维护自己的权利。

2）人民调解的调解协议

经人民调解委员会调解达成调解协议的，可以制作调解协议书。当事人认为无须制作调解协议书的，可以采取口头协议方式，人民调解员应当记录协议内容。调解协议书可以载明下列事项。

（1）当事人的基本情况。

（2）纠纷的主要事实、争议事项以及各方当事人的责任。

（3）当事人达成调解协议的内容，履行的方式、期限。

调解协议书自各方当事人签名、盖章或者按指印，人民调解员签名并加盖人民调解委员会印章之日起生效。调解协议书由当事人各执一份，人民调解委员会留存一份。口头调解协议自各方当事人达成协议之日起生效。

法律锦囊

经人民调解委员会调解达成调解协议后，当事人之间就调解协议的履行或者调解协议的内容发生争议的，一方当事人可以向人民法院提起诉讼。

3）人民调解的效力

经人民调解委员会调解达成的调解协议，具有法律约束力，当事人应当按照约定履行。人民调解委员会应当对调解协议的履行情况进行监督，督促当事人履行约定的义务。

经人民调解委员会调解达成调解协议后，双方当事人认为有必要的，可以自调解协议生效之日起30日内共同向人民法院申请司法确认，人民法院应当及时对调解协议进行审查，依法确认调解协议的效力。人民法院依法确认调解协议有效，一方当事人拒绝履行或者未全部履行的，对方当事人可以向人民法院申请强制执行。人民法院依法确认调解协议无效的，当事人可以通过人民调解方式变更原调解协议或者达成新的调解协议，也可以向人民法院提起诉讼。

2．法院调解

法院调解是指双方当事人在人民法院的主持下，本着互谅互让的精神，在自愿的基础上达成协议，从而使双方的争议得以解决的活动。《民事诉讼法》规定，人民法院审理民事案件，根据当事人自愿的原则，在事实清楚的基础上，分清是非，进行调解。

人民法院进行调解，可以由审判员一人主持，也可以由合议庭主持，并尽可能就地进行。调解达成协议，必须双方自愿，不得强迫。调解协议的内容不得违反法律规定。调解达成协议，人民法院应当制作调解书。调解书应当写明诉讼请求、案件的事实和调解结果。调解书由审判人员、书记员署名，加盖人民法院印章，送达双方当事人。调解书经双方当事人签收后，即具有法律效力。调解未达成协议或者调解书送达前一方反悔的，人民法院应当及时判决。

3. 仲裁调解

仲裁调解是指在仲裁审理过程中，双方当事人在仲裁庭的主持下，经过平等协商，互谅互让，达成协议，经仲裁庭认可后，终结仲裁程序，解决纠纷的活动。

仲裁庭在作出裁决前，可以先行调解。当事人自愿调解的，仲裁庭应当调解。调解不成的，应当及时作出裁决。调解达成协议的，仲裁庭应当制作调解书或者根据协议的结果制作裁决书。调解书与裁决书具有同等法律效力。

调解书应当写明仲裁请求和当事人协议的结果。调解书由仲裁员签名，加盖仲裁委员会印章，送达双方当事人。调解书经双方当事人签收后，即具有法律效力。在调解书签收前当事人反悔的，仲裁庭应当及时作出裁决。

法苑广角

多元化纠纷解决机制

《最高人民法院关于深化人民法院一站式多元解纷机制建设推动矛盾纠纷源头化解的实施意见》提出：坚持把非诉讼纠纷解决机制挺在前面，完善诉讼与非诉讼衔接机制，发挥司法在多元化纠纷解决机制中的引领、推动和保障作用；推动人民法院一站式多元解纷向基层延伸，向社会延伸，向网上延伸，向重点行业领域延伸，健全预防在先、分层递进、专群结合、衔接配套、全面覆盖、线上线下的一站式多元解纷机制，做到矛盾纠纷村村可解、多元化解、一网通调，推动将民事、行政案件万人起诉率稳步下降至合理区间。

6.2 仲裁的有关规定

仲裁是指双方当事人在争议发生前或争议发生后达成协议，将争议的事项提交依法设立的仲裁机构进行审理，并由其作出具有约束力的裁决，双方当事人对此有义务执行的争议解决方式。平等主体的公民、法人和其他组织之间发生的合同纠纷和其他财产权益纠纷，可以仲裁。

法律锦囊

下列纠纷不能仲裁：① 婚姻、收养、监护、扶养、继承纠纷；② 依法应当由行政机关处理的行政争议。

6.2.1 仲裁协议

仲裁协议是指双方当事人之间达成的将他们之间已经发生或将来可能发生的实体权利义务争议，提请仲裁机构仲裁解决的书面意思表示，也是授予仲裁机构对仲裁案件的仲裁权，并排除人民法院司法管辖权的法律依据。当事人采用仲裁方式解决纠纷，应当双方自愿，达成仲裁协议。

1. 仲裁协议的内容

仲裁协议包括合同中订立的仲裁条款和以其他书面方式在纠纷发生前或者纠纷发生后达成的请求仲裁的协议。仲裁协议应当具有下列内容。

（1）请求仲裁的意思表示。

（2）仲裁事项。

（3）选定的仲裁委员会。

2. 仲裁协议的效力

当事人没有仲裁协议，一方申请仲裁的，仲裁委员会不予受理。当事人达成仲裁协议，一方向人民法院起诉的，人民法院不予受理，但仲裁协议无效的除外。有下列情形之一的，仲裁协议无效。

（1）约定的仲裁事项超出法律规定的仲裁范围的。

（2）无民事行为能力人或者限制民事行为能力人订立的仲裁协议。

（3）一方采取胁迫手段，迫使对方订立仲裁协议的。

仲裁协议对仲裁事项或者仲裁委员会没有约定或者约定不明确的，当事人可以补充协议；达不成补充协议的，仲裁协议无效。

法律锦囊

仲裁协议独立存在，合同的变更、解除、终止或者无效，不影响仲裁协议的效力。仲裁庭有权确认合同的效力。

当事人对仲裁协议的效力有异议的，可以请求仲裁委员会作出决定或者请求人民法院作出裁定。一方请求仲裁委员会作出决定，另一方请求人民法院作出裁定的，由人民法院裁定。当事人对仲裁协议的效力有异议，应当在仲裁庭首次开庭前提出。

6.2.2 仲裁程序

1. 仲裁的申请和受理

1）仲裁的申请

当事人申请仲裁应当符合下列条件。

（1）有仲裁协议。

（2）有具体的仲裁请求和事实、理由。

（3）属于仲裁委员会的受理范围。

当事人申请仲裁，应当向仲裁委员会递交仲裁协议、仲裁申请书及副本。仲裁申请书应当载明下列事项。

（1）当事人的姓名、性别、年龄、职业、工作单位和住所，法人或者其他组织的名称、住所和法定代表人或者主要负责人的姓名、职务。

（2）仲裁请求和所根据的事实、理由。

（3）证据和证据来源、证人姓名和住所。

2）仲裁的受理

仲裁委员会收到仲裁申请书之日起 5 日内，认为符合受理条件的，应当受理，并通知当事人；认为不符合受理条件的，应当书面通知当事人不予受理，并说明理由。

仲裁委员会受理仲裁申请后，应当在仲裁规则规定的期限内将仲裁规则和仲裁员名册送达申请人，并将仲裁申请书副本和仲裁规则、仲裁员名册送达被申请人。被申请人收到仲裁申请书副本后，应当在仲裁规则规定的期限内向仲裁委员会提交答辩书。仲裁委员会收到答辩书后，应当在仲裁规则规定的期限内将答辩书副本送达申请人。被申请人未提交答辩书的，不影响仲裁程序的进行。

2. 仲裁庭的组成

仲裁庭可以由 3 名仲裁员或者 1 名仲裁员组成。当事人约定由 3 名仲裁员组成仲裁庭的，应当各自选定或者各自委托仲裁委员会主任指定一名仲裁员，第 3 名仲裁员由当事人共同选定或者共同委托仲裁委员会主任指定，为首席仲裁员。当事人约定由 1 名仲裁员成立仲裁庭的，应当由当事人共同选定或者共同委托仲裁委员会主任指定仲裁员。

当事人没有在仲裁规则规定的期限内约定仲裁庭的组成方式或者选定仲裁员的，由仲裁委员会主任指定。仲裁庭组成后，仲裁委员会应当将仲裁庭的组成情况书面通知当事人。

仲裁员有下列情形之一的，必须回避，当事人也有权提出回避申请。

（1）是本案当事人或者当事人、代理人的近亲属。

（2）与本案有利害关系。

（3）与本案当事人、代理人有其他关系，可能影响公正仲裁的。

(4) 私自会见当事人、代理人，或者接受当事人、代理人的请客送礼的。

法律锦囊

当事人提出回避申请，应当说明理由，在首次开庭前提出。回避事由在首次开庭后知道的，可以在最后一次开庭终结前提出。仲裁员是否回避，由仲裁委员会主任决定；仲裁委员会主任担任仲裁员时，由仲裁委员会集体决定。

3. 仲裁的开庭

仲裁应当开庭进行，当事人协议不开庭的，仲裁庭可以根据仲裁申请书、答辩书以及其他材料作出裁决。仲裁不公开进行，当事人协议公开的，可以公开进行，但涉及国家秘密的除外。

仲裁委员会应当在仲裁规则规定的期限内将开庭日期通知双方当事人。当事人有正当理由的，可以在仲裁规则规定的期限内请求延期开庭。是否延期，由仲裁庭决定。申请人经书面通知，无正当理由不到庭或者未经仲裁庭许可中途退庭的，可以视为撤回仲裁申请。被申请人经书面通知，无正当理由不到庭或者未经仲裁庭许可中途退庭的，可以缺席裁决。

当事人应当对自己的主张提供证据。仲裁庭认为有必要收集的证据，可以自行收集。仲裁庭对专门性问题认为需要鉴定的，可以交由当事人约定的鉴定部门鉴定，也可以由仲裁庭指定的鉴定部门鉴定。根据当事人的请求或者仲裁庭的要求，鉴定部门应当派鉴定人参加开庭。当事人经仲裁庭许可，可以向鉴定人提问。证据应当在开庭时出示，当事人可以质证。在证据可能灭失或者以后难以取得的情况下，当事人可以申请证据保全。当事人申请证据保全的，仲裁委员会应当将当事人的申请提交证据所在地的基层人民法院。

当事人在仲裁过程中有权进行辩论。辩论终结时，首席仲裁员或者独任仲裁员应当征询当事人的最后意见。仲裁庭应当将开庭情况记入笔录。当事人和其他仲裁参与人认为对自己陈述的记录有遗漏或者差错的，有权申请补正。如果不予补正，应当记录该申请。笔录由仲裁员、记录人员、当事人和其他仲裁参与人签名或者盖章。

4. 仲裁的裁决

裁决应当按照多数仲裁员的意见作出，少数仲裁员的不同意见可以记入笔录。仲裁庭不能形成多数意见时，裁决应当按照首席仲裁员的意见作出。

裁决书应当写明仲裁请求、争议事实、裁决理由、裁决结果、仲裁费用的负担和裁决日期。当事人协议不愿写明争议事实和裁决理由的，可以不写。裁决书由仲裁员签名，加盖仲裁委员会印章。对裁决持不同意见的仲裁员，可以签名，也可以不签名。

仲裁庭仲裁纠纷时，其中一部分事实已经清楚，可以就该部分先行裁决。对裁决书中的文字、计算错误或者仲裁庭已经裁决但在裁决书中遗漏的事项，仲裁庭应当补正；当事人自收到裁决书之日起 30 日内，可以请求仲裁庭补正。裁决书自作出之日起发生法律效力。

以案释法

【案例 6-1】甲建筑公司在所承接的某桥梁施工工程竣工后，与乙建设单位因结算款发生争议。甲公司按照合同的约定提起仲裁，追讨未结清的结算款。仲裁庭在审理期间主持调解，双方接受调解结果，乙单位同意支付所欠款项，并当庭签署调解协议。随后，仲裁庭根据调解结果制作了调解书，详细记录了调解的过程、双方的约定及各自的权利义务，且甲公司和乙单位分别签收了调解书。在这个过程中，若当事人不愿调解，仲裁庭可否强制调解？该调解书是否具有法律效力？

【分析】根据《仲裁法》，仲裁庭在作出裁决前，可以先行调解，当事人自愿调解的，仲裁庭应当调解，但是仲裁庭不能强行调解。调解达成协议的，仲裁庭应当制作调解书或者根据协议的结果制作裁决书。调解书与裁决书具有同等法律效力。调解书经双方当事人签收后，即发生法律效力。因此，若当事人不愿调解，仲裁庭不能强制调解。该案例中的调解书符合法律规定，具有法律效力。

6.2.3　仲裁裁决的申请撤销和执行

1. 仲裁裁决的申请撤销

当事人提出证据证明裁决有下列情形之一的，可以向仲裁委员会所在地的中级人民法院申请撤销裁决。

（1）没有仲裁协议的。

（2）裁决的事项不属于仲裁协议的范围或者仲裁委员会无权仲裁的。

（3）仲裁庭的组成或者仲裁的程序违反法定程序的。

（4）裁决所根据的证据是伪造的。

（5）对方当事人隐瞒了足以影响公正裁决的证据的。

（6）仲裁员在仲裁该案时有索贿受贿，徇私舞弊，枉法裁决行为的。

人民法院经组成合议庭审查核实裁决有上述规定情形之一的，应当裁定撤销。人民法院认定该裁决违背社会公共利益的，应当裁定撤销。

当事人申请撤销裁决的，应当自收到裁决书之日起 6 个月内提出。人民法院应当在受理撤销裁决申请之日起 2 个月内作出撤销裁决或者驳回申请的裁定。人民法院受理撤销裁决的申请后，认为可以由仲裁庭重新仲裁的，通知仲裁庭在一定期限内重新仲裁，并裁定中止撤销程序。仲裁庭拒绝重新仲裁的，人民法院应当裁定恢复撤销程序。

2. 仲裁裁决的执行

当事人应当履行裁决。一方当事人不履行的，另一方当事人可以依照《民事诉讼法》的有关规定向人民法院申请执行。受申请的人民法院应当执行。

一方当事人申请执行裁决，另一方当事人申请撤销裁决的，人民法院应当裁定中止执行。人民法院裁定撤销裁决的，应当裁定终结执行。撤销裁决的申请被裁定驳回的，人民法院应当裁定恢复执行。

根据《民事诉讼法》，被申请人提出证据证明仲裁裁决有下列情形之一的，经人民法院组成合议庭审查核实，裁定不予执行。

（1）当事人在合同中没有订有仲裁条款或者事后没有达成书面仲裁协议的。

（2）裁决的事项不属于仲裁协议的范围或者仲裁机构无权仲裁的。

（3）仲裁庭的组成或者仲裁的程序违反法定程序的。

（4）裁决所根据的证据是伪造的。

（5）对方当事人向仲裁机构隐瞒了足以影响公正裁决的证据的。

（6）仲裁员在仲裁该案时有贪污受贿，徇私舞弊，枉法裁决行为的。

人民法院认定执行该裁决违背社会公共利益的，裁定不予执行。裁定书应当送达双方当事人和仲裁机构。仲裁裁决被人民法院裁定不予执行的，当事人可以根据双方达成的书面仲裁协议重新申请仲裁，也可以向人民法院起诉。

笔记

6.3 民事诉讼的有关规定

民事诉讼是指作为平等主体的公民之间、法人之间、其他组织之间或者他们相互之间因财产关系和人身关系发生争议，向人民法院提起诉讼，请求人民法院通过审判裁决解决争议，保护自身合法权益的活动。

6.3.1 民事诉讼的管辖

《民事诉讼法》规定，民事诉讼的管辖包括级别管辖、地域管辖、移送管辖和指定管辖。

1．级别管辖

级别管辖是指上下级人民法院之间审理第一审民事案件的分工和权限的管辖制度。我国人民法院有四级，分别是基层人民法院、中级人民法院、高级人民法院和最高人民法院。基层人民法院管辖第一审民事案件，但《民事诉讼法》另有规定的除外。中级人民法院管辖下列第一审民事案件。

（1）重大涉外案件。

（2）在本辖区有重大影响的案件。

（3）最高人民法院确定由中级人民法院管辖的案件。

高级人民法院管辖在本辖区有重大影响的第一审民事案件。最高人民法院管辖下列第一审民事案件。

（1）在全国有重大影响的案件。

（2）认为应当由本院审理的案件。

2．地域管辖

地域管辖是指按照人民法院的主管范围和当事人住所地来划分同级人民法院之间审判第一审民事案件权限的管辖，它需要根据各种不同民事案件的特点来确定。

1）一般地域管辖

一般地域管辖又称普通管辖，是指以当事人住所地与人民法院辖区的关系来确定管辖人民法院。一般地域管辖的原则是“原告就被告”，即民事案件由被告所在地人民法院管辖。

对公民提起的民事诉讼，由被告住所地人民法院管辖；被告住所地与经常居住地不一致的，由经常居住地人民法院管辖。对法人或者其他组织提起的民事诉讼，由被告住所地人民法院管辖。同一诉讼的几个被告住所地、经常居住地在两个以上人民法院辖区的，各该人民法院都有管辖权。

2）特殊地域管辖

特殊地域管辖是指以诉讼标的所在地或者引起民事法律关系发生、变更、消灭的法律事实所在地为标准确定的管辖。

因合同纠纷提起的诉讼，由被告住所地或者合同履行地人民法院管辖。因保险合同纠纷提起的诉讼，由被告住所地或者保险标的物所在地人民法院管辖。因票据纠纷提起的诉讼，由票据支付地或者被告住所地人民法院管辖。因公司设立、确认股东资格、分配利润、解散等纠纷提起的诉讼，由公司住所地人民法院管辖。因侵权行为提起的诉讼，由侵权行为地或者被告住所地人民法院管辖。

3）专属管辖

专属管辖是指对某些特定类型的案件，法律强制规定只能由特定的人民法院行使管辖权。下列案件，由规定的人民法院专属管辖。

（1）因不动产纠纷提起的诉讼，由不动产所在地人民法院管辖。

（2）因港口作业中发生纠纷提起的诉讼，由港口所在地人民法院管辖。

（3）因继承遗产纠纷提起的诉讼，由被继承人死亡时住所地或者主要遗产所在地人民法院管辖。

4）协议管辖

协议管辖又称合意管辖或约定管辖，是指双方当事人在纠纷发生之前或发生之后，以合意方式约定解决他们之间纠纷的管辖人民法院。

合同或者其他财产权益纠纷的当事人可以书面协议选择被告住所地、合同履行地、合同签订地、原告住所地、标的物所在地等与争议有实际联系的地点的人民法院管辖，但不得违反《民事诉讼法》对级别管辖和专属管辖的规定。

5）共同管辖

共同管辖是指依照法律规定两个以上的人民法院对同一诉讼案件都有管辖权。两个以上人民法院都有管辖权的诉讼，原告可以向其中一个人民法院起诉；原告向两个以上有管辖权的人民法院起诉的，由最先立案的人民法院管辖。

直通考场：民事诉讼管辖的小练习

3. 移送管辖

移送管辖是指没有管辖权的人民法院接受原告起诉后，发现原告起诉的案件不属于自己管辖的，查明这个案件应当由哪个人民法院管辖，主动移送有管辖权的人民法院管辖。

人民法院发现受理的案件不属于本院管辖的，应当移送有管辖权的人民法院，受移送的人民法院应当受理。受移送的人民法院认为受移送的案件依照规定不属于本院管辖的，应当报请上级人民法院指定管辖，不得再自行移送。

4. 指定管辖

指定管辖是指由于种种特殊原因，有管辖权的人民法院不能行使管辖权，或者由于几个人民法院对案件的管辖发生争议，或者移送来的案件也不属于本院管辖时，需要由上级人民法院指定某一人民法院管辖。

有管辖权的人民法院由于特殊原因，不能行使管辖权的，由上级人民法院指定管辖。人民法院之间因管辖权发生争议，由争议双方协商解决；协商解决不了的，报请它们的共同上级人民法院指定管辖。

5. 管辖权的转移

为了解决有管辖权的人民法院由于特殊原因不能或者不宜行使管辖权的问题，《民事诉讼法》对民事诉讼管辖权的转移作出了规定：上级人民法院有权审理下级人民法院管辖的第一审民事案件；确有必要将本院管辖的第一审民事案件交下级人民法院审理的，应当报请其上级人民法院批准；下级人民法院对它所管辖的第一审民事案件，认为需要由上级人民法院审理的，可以报请上级人民法院审理。

法律锦囊

人民法院受理案件后，当事人对管辖权有异议的，应当在提交答辩状期间提出。人民法院对当事人提出的异议，应当审查。异议成立的，裁定将案件移送有管辖权的人民法院；异议不成立的，裁定驳回。当事人未提出管辖异议，并应诉答辩或者提出反诉的，视为受诉人民法院有管辖权，但违反级别管辖和专属管辖规定的除外。

6.3.2 民事诉讼的审判组织和诉讼参加人

1. 审判组织

人民法院行使审判权需要通过一定的组织形式来实施，行使人民法院审判权的组织就是审判组织。审判组织分为合议制和独任制两种。

1）合议制

合议制是指由3名以上审判人员（法官、人民陪审员）组成审判庭，对案件行使人民法院的审判权，依法作出裁判的制度。

人民法院审理第一审民事案件，由审判员、人民陪审员共同组成合议庭或者由审判员组成合议庭。人民法院审理第二审民事案件，由审判员组成合议庭。合议庭的成员人数，必须是单数。合议庭评议案件，实行少数服从多数的原则。评议应当制作笔录，由合议庭成员签名。评议中的不同意见，必须如实记入笔录。

2）独任制

独任制是指由审判员一人对具体案件进行审理和裁判的制度。根据《民事诉讼法》，独任制适用于以下情形。

（1）适用简易程序审理的民事案件，由审判员一人独任审理。

（2）基层人民法院审理的基本事实清楚、权利义务关系明确的第一审民事案件，可以由审判员一人适用普通程序独任审理。

（3）中级人民法院对第一审适用简易程序审结或者不服裁定提起上诉的第二审民事案件，事实清楚、权利义务关系明确的，经双方当事人同意，可以由审判员一人独任审理。

人民法院审理下列民事案件，不得由审判员一人独任审理。

（1）涉及国家利益、社会公共利益的案件。

（2）涉及群体性纠纷，可能影响社会稳定的案件。

（3）人民群众广泛关注或者其他社会影响较大的案件。

（4）属于新类型或者疑难复杂的案件。

（5）法律规定应当组成合议庭审理的案件。

（6）其他不宜由审判员一人独任审理的案件。

法苑广角

诉讼回避的有关规定

审判人员有下列情形之一的，应当自行回避，当事人有权用口头或者书面方式申请他们回避。

（1）是本案当事人或者当事人、诉讼代理人近亲属的。

（2）与本案有利害关系的。

（3）与本案当事人、诉讼代理人有其他关系，可能影响对案件公正审理的。

审判人员接受当事人、诉讼代理人请客送礼，或者违反规定会见当事人、诉讼代理人的，当事人有权要求他们回避。审判人员有上述规定的行为的，应当依法追究法律责任。

以上规定适用于法官助理、书记员、司法技术人员、翻译人员、鉴定人、勘验人。

2. 诉讼参加人

1）当事人

公民、法人和其他组织可以作为民事诉讼的当事人。法人由其法定代表人进行诉讼。其他组织由其主要负责人进行诉讼。

（1）当事人的一般规定。

当事人有权委托代理人，提出回避申请，收集、提供证据，进行辩论，请求调解，提起上诉，申请执行。当事人可以查阅本案有关材料，并可以复制本案有关材料和法律文书。查阅、复制本案有关材料的范围和办法由最高人民法院规定。

当事人必须依法行使诉讼权利，遵守诉讼秩序，履行发生法律效力的判决书、裁定书和调解书。

原告可以放弃或者变更诉讼请求。诉讼请求是指原告通过人民法院对被告人所提出的实体权利请求；放弃诉讼请求是指原告起诉后放弃对被告所提出的实体权利请求；变更诉讼请求是指原告向人民法院起诉后，依法增加或者减少已经提出的实体权利请求。放弃或者变更诉讼请求，是原告的一项诉讼权利，但该项权利的行使不得违反法律，不得损害国家、集体和他人合法权益，否则，人民法院可不予准许。

被告可以承认或者反驳诉讼请求，有权提起反诉。承认诉讼请求是指被告对原告所提出的实体权利请求表示认可；反驳诉讼请求是指被告提出证据或者理由反对原告的诉讼请求；反诉是指诉讼开始后，本诉的被告人以本诉的原告人为被告提出的具有对抗性的独立的诉讼请求。

（2）共同诉讼当事人的有关规定。

共同诉讼是指当事人一方或者双方为二人以上，其诉讼标的是共同的，或者诉讼标的是同一种类、人民法院认为可以合并审理并经当事人同意的诉讼。共同诉讼的一方当事人对诉讼标的有共同权利义务的，其中一人的诉讼行为经其他共同诉讼人承认，对其他共同诉讼人发生效力；对诉讼标的没有共同权利义务的，其中一人的诉讼行为对其他共同诉讼人不发生效力。

当事人一方人数众多的共同诉讼，可以由当事人推选代表人进行诉讼。代表人的诉讼行为对其所代表的当事人发生效力，但代表人变更、放弃诉讼请求或者承认对方当事人的诉讼请求，进行和解，必须经被代表的当事人同意。

诉讼标的是同一种类、当事人一方人数众多在起诉时人数尚未确定的，人民法院可以发出公告，说明案件情况和诉讼请求，通知权利人在一定期间向人民法院登记。向人民法院登记的权利人可以推选代表人进行诉讼；推选不出代表人的，人民法院可以与参加登记的权利人商定代表人。代表人的诉讼行为对其所代表的当事人发生效力，但代表人变更、放弃诉讼请求或者承认对方当事人的诉讼请求，进行和解，必须经被代表的当事人同意。人民法院作出的判决、裁定，对参加登记的全体权利人发生效力。未参加登记的权利人在诉讼时效期间提起诉讼的，适用该判决、裁定。

（3）公益诉讼当事人的有关规定。

对污染环境、侵害众多消费者合法权益等损害社会公共利益的行为，法律规定的机关和有关组织可以向人民法院提起诉讼。

人民检察院在履行职责中发现破坏生态环境和资源保护、食品药品安全领域侵害众多消费者合法权益等损害社会公共利益的行为，在没有上述规定的机关和组织或者上述规定的机关和组织不提起诉讼的情况下，可以向人民法院提起诉讼。上述规定的机关或者组织提起诉讼的，人民检察院可以支持起诉。

（4）第三人。

第三人是指对当事人争议的诉讼标的具有独立的请求权，或者虽无独立的请求权，但案件处理结果同他有法律上的利害关系，从而参加到他人已开始的诉讼中去的人。

对双方当事人的诉讼标的，第三人认为有独立请求权的，有权提起诉讼。对双方当事人的诉讼标的，第三人虽然没有独立请求权，但案件处理结果同他有法律上的利害关系的，可以申请参加诉讼，或者由人民法院通知他参加诉讼。人民法院判决承担民事责任的第三人，有当事人的诉讼权利义务。

法律锦囊

对上述规定的第三人，因不能归责于本人的事由未参加诉讼，但有证据证明发生法律效力的判决、裁定、调解书的部分或者全部内容错误，损害其民事权益的，可以自知道或者应当知道其民事权益受到损害之日起6个月内，向作出该判决、裁定、调解书的人民法院提起诉讼。人民法院经审理，诉讼请求成立的，应当改变或者撤销原判决、裁定、调解书；诉讼请求不成立的，驳回诉讼请求。

2）诉讼代理人

诉讼代理人是指以当事人的名义，在一定权限范围内，为当事人的利益进行诉讼活动的人。被代理的一方当事人称为被代理人。

无诉讼行为能力人由他的监护人作为法定代理人代为诉讼。法定代理人之间互相推诿代理责任的，由人民法院指定其中一人代为诉讼。当事人、法定代理人可以委托1～2人作为诉讼代理人。下列人员可以被委托为诉讼代理人。

（1）律师、基层法律服务工作者。

（2）当事人的近亲属或者工作人员。

（3）当事人所在社区、单位以及有关社会团体推荐的公民。

委托他人代为诉讼，必须向人民法院提交由委托人签名或者盖章的授权委托书。授权委托书必须记明委托事项和权限。诉讼代理人代为承认、放弃、变更诉讼请求，进行和解，提起反诉或者上诉，必须有委托人的特别授权。诉讼代理人的权限如果变更或者解除，当事人应当书面告知人民法院，并由人民法院通知对方当事人。

6.3.3 民事诉讼的证据

1. 证据的种类

证据包括下列种类。

（1）当事人的陈述。

（2）书证。

（3）物证。

（4）视听资料。

（5）电子数据。

（6）证人证言。

（7）鉴定意见。

（8）勘验笔录。

证据必须查证属实，才能作为认定事实的根据。

2．证据的提供

当事人对自己提出的主张，有责任提供证据。当事人及其诉讼代理人因客观原因不能自行收集的证据，或者人民法院认为审理案件需要的证据，人民法院应当调查收集。

当事人对自己提出的主张应当及时提供证据。人民法院根据当事人的主张和案件审理情况，确定当事人应当提供的证据及其期限。当事人在该期限内提供证据确有困难的，可以向人民法院申请延长期限，人民法院根据当事人的申请适当延长。当事人逾期提供证据的，人民法院应当责令其说明理由；拒不说明理由或者理由不成立的，人民法院根据不同情形可以不予采纳该证据，或者采纳该证据但予以训诫、罚款。

人民法院收到当事人提交的证据材料，应当出具收据，写明证据名称、页数、份数、原件或者复印件以及收到时间等，并由经办人员签名或者盖章。

法律锦囊

书证应当提交原件。物证应当提交原物。提交原件或者原物确有困难的，可以提交复制品、照片、副本、节录本。提交外文书证，必须附有中文译本。

3．证据的审查核实

人民法院应当按照法定程序，全面地、客观地审查核实证据。人民法院有权向有关单位和个人调查取证，有关单位和个人不得拒绝。人民法院对有关单位和个人提出的证明文书，应当辨别真伪，审查确定其效力。

4．证据的法庭质证

证据应当在法庭上出示，并由当事人互相质证。对涉及国家秘密、商业秘密和个人隐私的证据应当保密，需要在法庭出示的，不得在公开开庭时出示。经过法定程序公证证明的法律事实和文书，人民法院应当作为认定事实的根据，但有相反证据足以推翻公证证明的除外。人民法院对视听资料，应当辨别真伪，并结合本案的其他证据，审查确定能否作为认定事实的根据。

凡是知道案件情况的单位和个人，都有义务出庭作证。有关单位的负责人应当支持证人作证。不能正确表达意思的人，不能作证。经人民法院通知，证人应当出庭作证。

有下列情形之一的，经人民法院许可，可以通过书面证言、视听传输技术或者视听资料等方式作证。

（1）因健康原因不能出庭的。

（2）因路途遥远，交通不便不能出庭的。

（3）因自然灾害等不可抗力不能出庭的。

（4）其他有正当理由不能出庭的。

人民法院对当事人的陈述，应当结合本案的其他证据，审查确定能否作为认定事实的根据。当事人拒绝陈述的，不影响人民法院根据证据认定案件事实。

法律锦囊

证人因履行出庭作证义务而支出的交通、住宿、就餐等必要费用以及误工损失，由败诉一方当事人负担。当事人申请证人作证的，由该当事人先行垫付；当事人没有申请，人民法院通知证人作证的，由人民法院先行垫付。

5. 证据的鉴定和勘验

当事人可以就查明事实的专门性问题向人民法院申请鉴定。当事人申请鉴定的，由双方当事人协商确定具备资格的鉴定人；协商不成的，由人民法院指定。鉴定人有权了解进行鉴定所需要的案件材料，必要时可以询问当事人、证人。鉴定人应当提出书面鉴定意见，在鉴定书上签名或者盖章。

当事人对鉴定意见有异议或者人民法院认为鉴定人有必要出庭的，鉴定人应当出庭作证。经人民法院通知，鉴定人拒不出庭作证的，鉴定意见不得作为认定事实的根据；支付鉴定费用的当事人可以要求返还鉴定费用。当事人可以申请人民法院通知有专门知识的人出庭，就鉴定人作出的鉴定意见或者专业问题提出意见。

勘验物证或者现场，勘验人必须出示人民法院的证件，并邀请当地基层组织或者当事人所在单位派人参加。当事人或者当事人的成年家属应当到场，拒不到场的，不影响勘验的进行。有关单位和个人根据人民法院的通知，有义务保护现场，协助勘验工作。勘验人应当将勘验情况和结果制作笔录，由勘验人、当事人和被邀参加人签名或者盖章。

6. 证据的保全

在证据可能灭失或者以后难以取得的情况下，当事人可以在诉讼过程中向人民法院申请保全证据，人民法院也可以主动采取保全措施。因情况紧急，在证据可能灭失或者以后难以取得的情况下，利害关系人可以在提起诉讼或者申请仲裁前向证据所在地、被申请人住所地或者对案件有管辖权的人民法院申请保全证据。

甲建筑公司在建造一座大型商业综合体时，发现其施工图纸的关键部分存在设计缺陷，可能导致建筑物结构安全问题。该公司立即意识到，这些施工图纸作为关键证据，若不妥善保管，有可能被设计单位以各种理由收回或修改，导致后续维权困难。请大家想一想，甲公司此时应该怎么办？

6.3.4 民事诉讼的期间和送达

1. 期间

期间是指人民法院、诉讼参加人进行某种诉讼行为的期限，它包括法定期间和人民法院指定的期间。其中，**法定期间**是指由法律直接规定的期间，**指定期间**是指人民法院根据案件的具体情况依职权确定的期间。

期间以时、日、月、年计算，期间开始的时和日，不计算在期间内；期间届满的最后一日是法定休假日的，以法定休假日后的第一日为期间届满的日期。期间不包括在途时间，诉讼文书在期满前交邮的，不算过期。当事人因不可抗拒的事由或者其他正当理由耽误期限的，在障碍消除后的10日内，可以申请顺延期限，是否准许，由人民法院决定。

2. 送达

送达是指人民法院依照法定方式和程序，将诉讼文书送交当事人和其他诉讼参加人的行为。《民事诉讼法》规定，送达诉讼文书必须有送达回证，由受送达人在送达回证上记明收到日期，签名或者盖章；受送达人在送达回证上的签收日期为送达日期。

送达诉讼文书，应当直接送交受送达人。受送达人是公民的，本人不在交他的同住成年家属签收；受送达人是法人或者其他组织的，应当由法人的法定代表人、其他组织的主要负责人或者该法人、组织负责收件的人签收；受送达人有诉讼代理人的，可以送交其代理人签收；受送达人已向人民法院指定代收人的，送交代收人签收。经受送达人同意，人民法院可以采用能够确认其收悉的电子方式送达诉讼文书。

6.3.5 民事诉讼的审判程序

《民事诉讼法》规定，人民法院审理民事案件，依照法律规定实行合议、回避、公开审判和两审终审制度。

1. 第一审程序

第一审程序包括普通程序和简易程序。其中，普通程序是民事诉讼审判程序中最基本、最核心的程序，是整个民事审判程序的基础。

1）起诉和受理

起诉必须符合下列条件。

（1）原告是与本案有直接利害关系的公民、法人和其他组织。

（2）有明确的被告。

（3）有具体的诉讼请求和事实、理由。

（4）属于人民法院受理民事诉讼的范围和受诉人民法院管辖。

起诉应当向人民法院递交起诉状，并按照被告人数提出副本。书写起诉状确有困难的，可以口头起诉，由人民法院记入笔录，并告知对方当事人。

人民法院应当保障当事人依照法律规定享有的起诉权利。对符合条件的起诉，必须受理，且应当在 7 日内立案，并通知当事人；不符合起诉条件的，应当在 7 日内作出裁定书，不予受理；原告对裁定不服的，可以提起上诉。

法律锦囊

人民法院应当在立案之日起 5 日内将起诉状副本发送被告，被告应当在收到之日起 15 日内提出答辩状。

2）开庭审理

人民法院审理民事案件，除涉及国家秘密、个人隐私或者法律另有规定的以外，应当公开进行。开庭审理前，书记员应当查明当事人和其他诉讼参与人是否到庭，宣布法庭纪律。开庭审理时，由审判长或者独任审判员核对当事人，宣布案由，宣布审判人员、法官助理、书记员等的名单，告知当事人有关的诉讼权利义务，询问当事人是否提出回避申请。

（1）法庭调查。

法庭调查按照下列顺序进行：① 当事人陈述；② 告知证人的权利义务，证人作证，宣读未到庭的证人证言；③ 出示书证、物证、视听资料和电子数据；④ 宣读鉴定意见；⑤ 宣读勘验笔录。

法律锦囊

当事人在法庭上可以提出新的证据。当事人经法庭许可，可以向证人、鉴定人、勘验人发问。当事人要求重新进行调查、鉴定或者勘验的，是否准许，由人民法院决定。

（2）法庭辩论。

法庭辩论按照下列顺序进行：① 原告及其诉讼代理人发言；② 被告及其诉讼代理人答辩；③ 第三人及其诉讼代理人发言或者答辩；④ 互相辩论。

法庭辩论终结，由审判长或者独任审判员按照原告、被告、第三人的先后顺序征询各方最后意见。

3）诉讼中止和终结

（1）中止诉讼。

有下列情形之一的，中止诉讼：① 一方当事人死亡，需要等待继承人表明是否参加诉讼的；② 一方当事人丧失诉讼行为能力，尚未确定法定代理人的；③ 作为一方当事人的法人或者其他组织终止，尚未确定权利义务承受人的；④ 一方当事人因不可抗拒的事由，不能参加诉讼的；⑤ 本案必须以另一案的审理结果为依据，而另一案尚未审结的；⑥ 其他应当中止诉讼的情形。

中止诉讼的原因消除后，恢复诉讼。

（2）终结诉讼。

有下列情形之一的，终结诉讼：① 原告死亡，没有继承人，或者继承人放弃诉讼权利的；② 被告死亡，没有遗产，也没有应当承担义务的人的；③ 离婚案件一方当事人死亡的；④ 追索赡养费、扶养费、抚养费以及解除收养关系案件的一方当事人死亡的。

4）判决和裁定

法庭辩论终结，应当依法作出判决。判决前能够调解的，还可以进行调解，调解不成的，应当及时判决。原告经传票传唤，无正当理由拒不到庭的，或者未经法庭许可中途退庭的，可以按撤诉处理；被告反诉的，可以缺席判决。被告经传票传唤，无正当理由拒不到庭的，或者未经法庭许可中途退庭的，可以缺席判决。人民法院裁定不准许撤诉的，原告经传票传唤，无正当理由拒不到庭的，可以缺席判决。人民法院审理案件，其中一部分事实已经清楚，可以就该部分先行判决。

人民法院对公开审理或者不公开审理的案件，一律公开宣告判决。当庭宣判的，应当在 10 日内发送判决书；定期宣判的，宣判后立即发给判决书。宣告判决时，必须告知当事人上诉权利、上诉期限和上诉的人民法院。

人民法院适用普通程序审理的案件，应当在立案之日起 6 个月内审结。有特殊情况需要延长的，经本院院长批准，可以延长 6 个月；还需要延长的，报请上级人民法院批准。

法苑广角

简易程序和小额诉讼

（1）简易程序。

基层人民法院和它派出的法庭审理事实清楚、权利义务关系明确、争议不大的简单的民事案件，适用简易程序。

人民法院适用简易程序审理案件，应当在立案之日起3个月内审结。有特殊情况需要延长的，经本院院长批准，可以延长1个月。

人民法院在审理过程中，发现案件不宜适用简易程序的，裁定转为普通程序。

（2）小额诉讼。

基层人民法院和它派出的法庭审理事实清楚、权利义务关系明确、争议不大的简单金钱给付民事案件，标的额为各省、自治区、直辖市上年度就业人员年平均工资50%以下的，适用小额诉讼的程序审理，实行一审终审。基层人民法院和它派出的法庭审理上述规定的民事案件，标的额超过各省、自治区、直辖市上年度就业人员年平均工资50%但在2倍以下的，双方当事人也可以约定适用小额诉讼的程序。

人民法院适用小额诉讼的程序审理案件，可以一次开庭审结并且当庭宣判。人民法院适用小额诉讼的程序审理案件，应当在立案之日起2个月内审结。有特殊情况需要延长的，经本院院长批准，可以延长1个月。

人民法院在审理过程中，发现案件不宜适用小额诉讼的程序的，应当适用简易程序的其他规定审理或者裁定转为普通程序。

2. 第二审程序

人民法院审理对判决的上诉案件，应当在第二审立案之日起3个月内审结。有特殊情况需要延长的，由本院院长批准。人民法院审理对裁定的上诉案件，应当在第二审立案之日起30日内作出终审裁定。第二审人民法院的判决、裁定，是终审的判决、裁定。

1）上诉的提起

当事人不服地方人民法院第一审判决的，有权在判决书送达之日起15日内向上一级人民法院提起上诉。当事人不服地方人民法院第一审裁定的，有权在裁定书送达之日起10日内向上一级人民法院提起上诉。

上诉应当递交上诉状。上诉状应当通过原审人民法院提出，并按照对方当事人或者代表人的人数提出副本。当事人直接向第二审人民法院上诉的，第二审人民法院应当在5日内将上诉状移交原审人民法院。

2）上诉案件的处理

第二审人民法院对上诉案件，经过审理，按照下列情形，分别处理。

（1）原判决、裁定认定事实清楚，适用法律正确的，以判决、裁定方式驳回上诉，维持原判决、裁定。

（2）原判决、裁定认定事实错误或者适用法律错误的，以判决、裁定方式依法改判、撤销或者变更。

（3）原判决认定基本事实不清的，裁定撤销原判决，发回原审人民法院重审，或者查清事实后改判。

（4）原判决遗漏当事人或者违法缺席判决等严重违反法定程序的，裁定撤销原判决，发回原审人民法院重审。

原审人民法院对发回重审的案件作出判决后，当事人提起上诉的，第二审人民法院不得再次发回重审。

3. 特别程序

人民法院审理选民资格案件、宣告失踪或者宣告死亡案件、指定遗产管理人案件、认定公民无民事行为能力或者限制民事行为能力案件、认定财产无主案件、确认调解协议案件和实现担保物权案件，适用特别程序。

人民法院适用特别程序审理的案件，应当在立案之日起 30 日内或者公告期满后 30 日内审结。有特殊情况需要延长的，由本院院长批准。但审理选民资格的案件除外。

4. 审判监督程序

审判监督程序即再审程序，是对已经生效的判决、裁定、调解书中存在的错误予以纠正的程序。

1）人民法院提起再审

各级人民法院院长对本院已经发生法律效力的判决、裁定、调解书，发现确有错误，认为需要再审的，应当提交审判委员会讨论决定。最高人民法院对地方各级人民法院已经发生法律效力的判决、裁定、调解书，上级人民法院对下级人民法院已经发生法律效力的判决、裁定、调解书，发现确有错误的，有权提审或者指令下级人民法院再审。

2）当事人申请再审

当事人对已经发生法律效力的判决、裁定，认为有错误的，可以向上一级人民法院申请再审；当事人一方人数众多或者双方当事人为公民的案件，也可以向原审人民法院申请再审。当事人申请再审的，不停止判决、裁定的执行。当事人的申请符合下列情形之一的，人民法院应当再审。

（1）有新的证据，足以推翻原判决、裁定的。

（2）原判决、裁定认定的基本事实缺乏证据证明的。

（3）原判决、裁定认定事实的主要证据是伪造的。

（4）原判决、裁定认定事实的主要证据未经质证的。

（5）对审理案件需要的主要证据，当事人因客观原因不能自行收集，书面申请人民法院调查收集，人民法院未调查收集的。

（6）原判决、裁定适用法律确有错误的。

（7）审判组织的组成不合法或者依法应当回避的审判人员没有回避的。

（8）无诉讼行为能力人未经法定代理人代为诉讼或者应当参加诉讼的当事人，因不能归责于本人或者其诉讼代理人的事由，未参加诉讼的。

（9）违反法律规定，剥夺当事人辩论权利的。

（10）未经传票传唤，缺席判决的。

（11）原判决、裁定遗漏或者超出诉讼请求的。

（12）据以作出原判决、裁定的法律文书被撤销或者变更的。

（13）审判人员审理该案件时有贪污受贿，徇私舞弊，枉法裁判行为的。

当事人申请再审，应当在判决、裁定发生法律效力后 6 个月内提出；有上述第（1）项、第（3）项、第（12）项、第（13）项规定情形的，自知道或者应当知道之日起 6 个月内提出。

3）人民检察院提起抗诉

（1）最高人民检察院对各级人民法院已经发生法律效力的判决、裁定，上级人民检察院对下级人民法院已经发生法律效力的判决、裁定，发现有《民事诉讼法》规定情形的，或者发现调解书损害国家利益、社会公共利益的，应当提出抗诉。

（2）地方各级人民检察院对同级人民法院已经发生法律效力的判决、裁定，发现有《民事诉讼法》规定情形的，或者发现调解书损害国家利益、社会公共利益的，可以向同级人民法院提出检察建议，并报上级人民检察院备案；也可以提请上级人民检察院向同级人民法院提出抗诉。

各级人民检察院对审判监督程序以外的其他审判程序中审判人员的违法行为，有权向同级人民法院提出检察建议。

（3）有下列情形之一的，当事人可以向人民检察院申请检察建议或者抗诉：① 人民法院驳回再审申请的；② 人民法院逾期未对再审申请作出裁定的；③ 再审判决、裁定有明显错误的。

人民检察院对当事人的申请应当在 3 个月内进行审查，作出提出或者不予提出检察建议或者抗诉的决定。当事人不得再次向人民检察院申请检察建议或者抗诉。

以案释法

【案例 6-2】在某建设工程施工合同纠纷案件中，人民法院已经作出了判决，且判决生效满 8 个月之后，案件一方当事人甲建筑公司又发现了重要证据，甲公司认为这些证据足以推翻原判决。那么，甲公司是否可以向更高一级的人民法院提出再审申请？

【分析】根据《民事诉讼法》，有新的证据，足以推翻原判决、裁定的，当事人申请再审自知道或者应当知道之日起 6 个月内提出。因此，该建筑公司可以在发现该证据后的 6 个月内，向上一级人民法院提出再审申请。

6.3.6 民事诉讼的执行

执行是指法定执行机关依照法定程序，运用国家强制力，采取法定措施促使义务人履行法律文书确定的义务的行为。

1. 执行的一般规定

1）执行管辖

发生法律效力的民事判决、裁定，以及刑事判决、裁定中的财产部分，由第一审人民法院或者与第一审人民法院同级的被执行的财产所在地人民法院执行。法律规定由人民法院执行的其他法律文书，由被执行人住所地或者被执行的财产所在地人民法院执行。

2）申请执行和指定执行

人民法院自收到申请执行书之日起超过 6 个月未执行的，申请执行人可以向上一级人民法院申请执行。上一级人民法院经审查，可以责令原人民法院在一定期限内执行，也可以决定由本院执行或者指令其他人民法院执行。

3）执行异议的处理

当事人、利害关系人认为执行行为违反法律规定的，可以向负责执行的人民法院提出书面异议。当事人、利害关系人提出书面异议的，人民法院应当自收到书面异议之日起 15 日内审查，理由成立的，裁定撤销或者改正；理由不成立的，裁定驳回。当事人、利害关系人对裁定不服的，可以自裁定送达之日起 10 日内向上一级人民法院申请复议。

执行过程中，案外人对执行标的提出书面异议的，人民法院应当自收到书面异议之日起 15 日内审查，理由成立的，裁定中止对该标的的执行；理由不成立的，裁定驳回。案外人、当事人对裁定不服，认为原判决、裁定错误的，依照审判监督程序办理；与原判决、裁定无关的，可以自裁定送达之日起 15 日内向人民法院提起诉讼。

2. 执行的申请和移送

发生法律效力的民事判决、裁定，当事人必须履行。一方拒绝履行的，对方当事人可以向人民法院申请执行，也可以由审判员移送执行员执行。调解书和其他应当由人民法院执行的法律文书，当事人必须履行。一方拒绝履行的，对方当事人可以向人民法院申请执行。

申请执行的期间为 2 年。申请执行时效的中止、中断，适用法律有关诉讼时效中止、中断的规定。上述期间从法律文书规定履行期间的最后一日起计算；法律文书规定分期履行的，从最后一期履行期限届满之日起计算；法律文书未规定履行期间的，从法律文书生效之日起计算。

甲施工单位在与农民工工资纠纷的案件中败诉，人民法院判决甲单位于2024年8月5日前向农民工支付工资8万元。但直到判决规定的支付截止日期，甲单位都没有支付。在该案件中，农民工可以在哪天之前向人民法院申请强制执行？

3. 执行措施

根据《民事诉讼法》，执行措施主要有以下方面。

（1）对被执行人或者其法定代理人、有关单位的主要负责人或者直接责任人员予以罚款、拘留。

（2）查询、扣押、冻结、划拨、变价被执行人的存款、债券、股票、基金份额等财产。

（3）扣留、提取被执行人应当履行义务部分的收入。

（4）查封、扣押、冻结、拍卖、变卖被执行人应当履行义务部分的财产。

（5）拍卖、变卖被查封、扣押的财产。

（6）发出搜查令，对被执行人及其住所或者财产隐匿地进行搜查。

（7）强制有关单位、有关公民交出指定交付的财物或者票证。

（8）强制被执行人迁出房屋或者强制退出土地。

（9）向有关单位发出协助执行通知书，协助办理有关财产权证照转移手续。

（10）强制执行或者委托有关单位（或其他人）完成判决、裁定和其他法律文书指定的行为。

（11）采取或者通知有关单位协助采取限制出境，在征信系统记录、通过媒体公布不履行义务信息以及法律规定的其他措施。

4. 执行中止和终结

1）执行中止

有下列情形之一的，人民法院应当裁定中止执行。

（1）申请人表示可以延期执行的。

（2）案外人对执行标的提出确有理由的异议的。

（3）作为一方当事人的公民死亡，需要等待继承人继承权利或者承担义务的。

（4）作为一方当事人的法人或者其他组织终止，尚未确定权利义务承受人的。

（5）人民法院认为应当中止执行的其他情形。

中止的情形消失后，恢复执行。

2）执行终结

有下列情形之一的，人民法院裁定终结执行。

（1）申请人撤销申请的。

（2）据以执行的法律文书被撤销的。

（3）作为被执行人的公民死亡，无遗产可供执行，又无义务承担人的。

（4）追索赡养费、扶养费、抚养费案件的权利人死亡的。

（5）作为被执行人的公民因生活困难无力偿还借款，无收入来源，又丧失劳动能力的。

（6）人民法院认为应当终结执行的其他情形。

中止和终结执行的裁定，送达当事人后立即生效。

6.4 行政复议和行政诉讼的有关规定

6.4.1 行政复议

行政复议是指公民、法人或者其他组织认为行政机关的行政行为侵犯其合法权益，向行政复议机关提出行政复议申请，行政复议机关依照法定程序对被申请的具体行政行为进行合法性、适当性审查，并作出行政复议决定的一种法律制度。

行政复议易错点总结

1. 行政复议的范围

有下列情形之一的，公民、法人或者其他组织可以依照《中华人民共和国行政复议法》（以下简称《行政复议法》）申请行政复议。

（1）对行政机关作出的行政处罚决定不服。

（2）对行政机关作出的行政强制措施、行政强制执行决定不服。

（3）申请行政许可，行政机关拒绝或者在法定期限内不予答复，或者对行政机关作出的有关行政许可的其他决定不服。

（4）对行政机关作出的确认自然资源的所有权或者使用权的决定不服。

（5）对行政机关作出的征收征用决定及其补偿决定不服。

（6）对行政机关作出的赔偿决定或者不予赔偿决定不服。

（7）对行政机关作出的不予受理工伤认定申请的决定或者工伤认定结论不服。

（8）认为行政机关侵犯其经营自主权或者农村土地承包经营权、农村土地经营权。

（9）认为行政机关滥用行政权力排除或者限制竞争。

（10）认为行政机关违法集资、摊派费用或者违法要求履行其他义务。

（11）申请行政机关履行保护人身权利、财产权利、受教育权利等合法权益的法定职责，行政机关拒绝履行、未依法履行或者不予答复。

（12）申请行政机关依法给付抚恤金、社会保险待遇或者最低生活保障等社会保障，行政机关没有依法给付。

（13）认为行政机关不依法订立、不依法履行、未按照约定履行或者违法变更、解除政府特许经营协议、土地房屋征收补偿协议等行政协议。

（14）认为行政机关在政府信息公开工作中侵犯其合法权益。

（15）认为行政机关的其他行政行为侵犯其合法权益。

法苑广角

不属于行政复议范围的事项

下列事项不属于行政复议范围。

（1）国防、外交等国家行为。

（2）行政法规、规章或者行政机关制定、发布的具有普遍约束力的决定、命令等规范性文件。

（3）行政机关对行政机关工作人员的奖惩、任免等决定。

（4）行政机关对民事纠纷作出的调解。

2. 行政复议的申请和受理

1）行政复议的申请

公民、法人或者其他组织认为行政行为侵犯其合法权益的，可以自知道或者应当知道该行政行为之日起60日内提出行政复议申请；但是法律规定的申请期限超过60日的除外。

申请人申请行政复议，可以书面申请；书面申请有困难的，也可以口头申请。

2）行政复议的受理

行政复议机关收到行政复议申请后，应当在5日内进行审查。对符合下列规定的，行政复议机关应当予以受理。

（1）有明确的申请人和符合《行政复议法》规定的被申请人。

（2）申请人与被申请行政复议的行政行为有利害关系。

（3）有具体的行政复议请求和理由。

（4）在法定申请期限内提出。

（5）属于《行政复议法》规定的行政复议范围。

（6）属于本机关的管辖范围。

（7）行政复议机关未受理过该申请人就同一行政行为提出的行政复议申请，并且人民法院未受理过该申请人就同一行政行为提起的行政诉讼。

对不符合上述规定的行政复议申请，行政复议机关应当在审查期限内决定不予受理并说明理由；不属于本机关管辖的，还应当在不予受理决定中告知申请人有管辖权的行政复议机关。行政复议申请的审查期限届满，行政复议机关未作出不予受理决定的，审查期限届满之日起视为受理。

3. 行政复议的审理和决定

1）行政复议的审理

行政复议机关受理行政复议申请后，依照《行政复议法》适用普通程序或者简易程序进行审理。行政复议机构应当指定行政复议人员负责办理行政复议案件。行政复议人员对办理行政复议案件过程中知悉的国家秘密、商业秘密和个人隐私，应当予以保密。

法苑广角

适用简易程序的行政复议案件

行政复议机关审理下列行政复议案件，认为事实清楚、权利义务关系明确、争议不大的，可以适用简易程序。

（1）被申请行政复议的行政行为是当场作出。

（2）被申请行政复议的行政行为是警告或者通报批评。

（3）案件涉及款额 3 000 元以下。

（4）属于政府信息公开案件。

除上述规定以外的行政复议案件，当事人各方同意适用简易程序的，可以适用简易程序。

2）行政复议的决定

行政复议机关依照《行政复议法》审理行政复议案件，由行政复议机构对行政行为进行审查，提出意见，经行政复议机关的负责人同意或者集体讨论通过后，以行政复议机关的名义作出行政复议决定。经过听证的行政复议案件，行政复议机关应当根据听证笔录、审查认定的事实和证据，依照《行政复议法》作出行政复议决定。提请行政复议委员会提出咨询意见的行政复议案件，行政复议机关应当将咨询意见作为作出行政复议决定的重要参考依据。

适用普通程序审理的行政复议案件，行政复议机关应当自受理申请之日起 60 日内作出行政复议决定；但是法律规定的行政复议期限少于 60 日的除外。情况复杂，不能在规定期限内作出行政复议决定的，经行政复议机构的负责人批准，可以适当延长，并书面告知当事人；但是延长期限最多不得超过 30 日。适用简易程序审理的行政复议案件，行政复议机关应当自受理申请之日起 30 日内作出行政复议决定。

法律锦囊

公民、法人或者其他组织对行政复议决定不服的，可以依照《中华人民共和国行政诉讼法》（以下简称《行政诉讼法》）的规定向人民法院提起行政诉讼，但是法律规定行政复议决定为最终裁决的除外。

公民、法人或者其他组织申请行政复议，行政复议机关已经依法受理的，在行政复议期间不得向人民法院提起行政诉讼。公民、法人或者其他组织向人民法院提起行政诉讼，人民法院已经依法受理的，不得申请行政复议。

6.4.2 行政诉讼

行政诉讼是指公民、法人或者其他组织认为行政机关和行政机关工作人员的行政行为侵犯其合法权益，向人民法院提起诉讼，人民法院依法受理、审理并作出裁判的一种法律制度。

1. 行政诉讼的范围

人民法院受理公民、法人或者其他组织提起的下列诉讼。

（1）对行政拘留、暂扣或者吊销许可证和执照、责令停产停业、没收违法所得、没收非法财物、罚款、警告等行政处罚不服的。

（2）对限制人身自由或者对财产的查封、扣押、冻结等行政强制措施和行政强制执行不服的。

（3）申请行政许可，行政机关拒绝或者在法定期限内不予答复，或者对行政机关作出的有关行政许可的其他决定不服的。

（4）对行政机关作出的关于确认土地、矿藏、水流、森林、山岭、草原、荒地、滩涂、海域等自然资源的所有权或者使用权的决定不服的。

（5）对征收、征用决定及其补偿决定不服的。

（6）申请行政机关履行保护人身权、财产权等合法权益的法定职责，行政机关拒绝履行或者不予答复的。

（7）认为行政机关侵犯其经营自主权或者农村土地承包经营权、农村土地经营权的。

（8）认为行政机关滥用行政权力排除或者限制竞争的。

（9）认为行政机关违法集资、摊派费用或者违法要求履行其他义务的。

（10）认为行政机关没有依法支付抚恤金、最低生活保障待遇或者社会保险待遇的。

（11）认为行政机关不依法履行、未按照约定履行或者违法变更、解除政府特许经营协议、土地房屋征收补偿协议等协议的。

（12）认为行政机关侵犯其他人身权、财产权等合法权益的。

除上述规定外，人民法院受理法律法规规定可以提起诉讼的其他行政案件。

法苑广角

人民法院不受理的行政诉讼事项范围

人民法院不受理公民、法人或者其他组织对下列事项提起的诉讼。

（1）国防、外交等国家行为。

（2）行政法规、规章或者行政机关制定、发布的具有普遍约束力的决定、命令。

（3）行政机关对行政机关工作人员的奖惩、任免等决定。

（4）法律规定由行政机关最终裁决的行政行为。

2. 行政诉讼的起诉和受理

1）行政诉讼的起诉

公民、法人或者其他组织不服复议决定的，可以在收到复议决定书之日起 15 日内向人民法院提起诉讼。复议机关逾期不作决定的，申请人可以在复议期满之日起 15 日内向人民法院提起诉讼。法律另有规定的除外。

公民、法人或者其他组织直接向人民法院提起诉讼的，应当自知道或者应当知道作出行政行为之日起 6 个月内提出。法律另有规定的除外。因不动产提起诉讼的案件自行政行为作出之日起超过 20 年，其他案件自行政行为作出之日起超过 5 年提起诉讼的，人民法院不予受理。提起诉讼应当符合下列条件。

（1）原告是符合《行政诉讼法》规定的公民、法人或者其他组织。

（2）有明确的被告。

（3）有具体的诉讼请求和事实根据。

（4）属于人民法院受案范围和受诉人民法院管辖。

起诉应当向人民法院递交起诉状，并按照被告人数提出副本。书写起诉状确有困难的，可以口头起诉，由人民法院记入笔录，出具注明日期的书面凭证，并告知对方当事人。

法苑广角

提起行政诉讼的有关规定

《行政诉讼法》对提起行政诉讼的情形规定如下。

行政行为的相对人以及其他与行政行为有利害关系的公民、法人或者其他组织，有权提起诉讼。有权提起诉讼的公民死亡，其近亲属可以提起诉讼。有权提起诉讼的法人或者其他组织终止，承受其权利的法人或者其他组织可以提起诉讼。

人民检察院在履行职责中发现生态环境和资源保护、食品药品安全、国有财产保护、国有土地使用权出让等领域负有监督管理职责的行政机关违法行使职权或者不作为，致使国家利益或者社会公共利益受到侵害的，应当向行政机关提出检察建议，督促其依法履行职责。行政机关不依法履行职责的，人民检察院依法向人民法院提起诉讼。

2）行政诉讼的受理

人民法院在接到起诉状时对符合法律规定的起诉条件的，应当登记立案。对当场不能判定是否符合法律规定的起诉条件的，应当接收起诉状，出具注明收到日期的书面凭证，并在7日内决定是否立案。不符合起诉条件的，作出不予立案的裁定。裁定书应当载明不予立案的理由。原告对裁定不服的，可以提起上诉。

起诉状内容欠缺或者有其他错误的，应当给予指导和释明，并一次性告知当事人需要补正的内容。不得未经指导和释明即以起诉不符合条件为由不接收起诉状。

对于不接收起诉状、接收起诉状后不出具书面凭证，以及不一次性告知当事人需要补正的起诉状内容的，当事人可以向上级人民法院投诉，上级人民法院应当责令改正，并对直接负责的主管人员和其他直接责任人员依法给予处分。

3．行政诉讼的审理和判决

1）行政诉讼的审理

人民法院审理行政案件，依法实行合议、回避、公开审判和两审终审制度。人民法院公开审理行政案件，但涉及国家秘密、个人隐私和法律另有规定的除外。涉及商业秘密的案件，当事人申请不公开审理的，可以不公开审理。

2）行政诉讼的判决

人民法院对公开审理和不公开审理的案件，一律公开宣告判决。当庭宣判的，应当在10日内发送判决书；定期宣判的，宣判后立即发给判决书。宣告判决时，必须告知当事人上诉权利、上诉期限和上诉的人民法院。

人民法院应当在立案之日起6个月内作出第一审判决。有特殊情况需要延长的，由高级人民法院批准，高级人民法院审理第一审案件需要延长的，由最高人民法院批准。

4．行政诉讼的执行

当事人必须履行人民法院发生法律效力的判决、裁定、调解书。公民、法人或者其他组织拒绝履行判决、裁定、调解书的，行政机关或者第三人可以向第一审人民法院申请强制执行，或者由行政机关依法强制执行。

寻法问道

2024年5月16日，“2024年《法治蓝皮书·中国法院信息化发展报告》（以下简称《法院信息化蓝皮书》）成果发布会”在京召开。《法院信息化蓝皮书》指出，2023年中国法院信息化建设稳中求进、守正创新，围绕“公正与效率”工作主题，紧跟司法工作理念和工作重心的转变，不断增强服务意识，努力推动构建围绕核心业务展开的现代化审执体制机制，以全国法院“一张网”建设为抓手，提升一体化应用能力和司法质效，在司法大数据支持下提升司法参与社会治理能力，从审判理念、审判机制、审判体系、审判管理等方面推进审判工作现代化，支撑和服务保障中国式现代化。

（资料来源：万静，《2024年〈法治蓝皮书·中国法院信息化发展报告〉发布》，法治网，2024年5月16日）

项目检测

1. 选择题

（1）某工程建设项目发、承包双方围绕工程款经多次协商未能达成一致，承包单位因此诉诸人民法院。这种纠纷属于（　　）。

A. 行政纠纷　　B. 民事纠纷

C. 刑事纠纷　　D. 程序纠纷

（2）某建设单位和施工单位因工程款发生纠纷，施工单位将建设单位诉至人民法院，后本案经调解达成协议，并制作了调解书。关于调解，下列说法中正确的是（　　）。

A. 法院调解应由审判员一人主持

B. 调解未达成协议，人民法院应当及时制作调解书

C. 调解书与裁决书的效力不同

D. 调解书经双方当事人签收后，即具有法律效力

（3）下列选项中，不属于仲裁协议内容的是（　　）。

A. 仲裁事项　　B. 选定的仲裁委员会

C. 仲裁裁决的效力　　D. 请求仲裁的意思表示

（4）关于仲裁协议，下列说法中正确的是（　　）。

A. 仲裁协议应当是书面形式

B. 仲裁协议可以口头订立，但需要双方认可

C．当事人对仲裁协议的效力有异议，可以在仲裁庭开庭后提出

D．合同的变更、解除、终止或者无效，影响仲裁协议的效力

（5）关于移送管辖，下列说法中正确的是（　　）。

A．移送管辖是没有管辖权的人民法院把案件移送给有管辖权的人民法院审理

B．移送管辖仅限于上下级人民法院之间

C．移送管辖与管辖权转移的程序完全相同

D．受移送的人民法院认为受移送的案件不属于本院管辖的，可以再自行移送

（6）某施工合同纠纷案件经仲裁裁决，将已经竣工工程的部分楼层折价给施工单位抵偿工程欠款，但建设单位拒绝履行裁决。因此，施工单位决定申请执行仲裁裁决。关于该案例中的申请执行仲裁裁决，下列说法中正确的是（　　）。

A．施工单位申请执行的期间为1年

B．申请执行本案的仲裁裁决，由施工单位所在地的中级人民法院管辖

C．申请执行本案的仲裁裁决，由本案工程合同签订地的中级人民法院管辖

D．施工单位有权向人民法院申请执行

（7）关于民事诉讼的审判程序，下列说法中正确的是（　　）。

A．第一审程序包括普通程序和特殊程序

B．原告必须以书面形式起诉

C．原告必须与案件有直接利害关系

D．原告提交起诉状的同时提交全部证据

2．判断题

（1）在全国有重大影响的案件应由高级人民法院管辖。（　　）

（2）人民法院审理第二审民事案件，审判员、人民陪审员共同组成合议庭。（　　）

（3）起诉应当向人民法院递交起诉状，并按照被告人数提出副本。（　　）

（4）当事人对已经发生法律效力的判决、裁定，认为有错误的，可以向上一级人民法院申请再审。（　　）

（5）人民法院对公开审理和不公开审理的案件，一律公开宣告判决。（　　）

3．简答题

（1）调解的形式主要有哪些？

（2）我国法院有四级，分别是什么？

（3）民事诉讼的执行措施有哪些？

项目评价

指导教师对学生的实际学习成果进行评价，学生配合指导教师共同完成表 6-3。

表 6-3 项目评价

<table>
<tr><td>班级</td><td></td><td>组号</td><td></td><td>日期</td><td colspan="2"></td></tr>
<tr><td>姓名</td><td></td><td>学号</td><td></td><td>指导教师</td><td colspan="2"></td></tr>
<tr><td>项目名称</td><td colspan="6">解纷争——建设工程纠纷处理法律法规</td></tr>
<tr><td>评价项目</td><td colspan="3">评价内容</td><td>评价方式</td><td>满分/分</td><td>评分/分</td></tr>
<tr><td rowspan="7">知识
（40%）</td><td colspan="3">和解与调解的有关规定</td><td rowspan="7">理论测试</td><td>5</td><td></td></tr>
<tr><td colspan="3">仲裁协议和仲裁程序</td><td>5</td><td></td></tr>
<tr><td colspan="3">仲裁裁决的申请撤销和执行</td><td>8</td><td></td></tr>
<tr><td colspan="3">民事诉讼的管辖、审判组织和诉讼参加人、证据的有关规定</td><td>8</td><td></td></tr>
<tr><td colspan="3">民事诉讼的期间和送达</td><td>4</td><td></td></tr>
<tr><td colspan="3">民事诉讼的审判程序和执行</td><td>5</td><td></td></tr>
<tr><td colspan="3">行政复议和行政诉讼的有关规定</td><td>5</td><td></td></tr>
<tr><td rowspan="2">技能
（40%）</td><td colspan="3">指出建设工程纠纷处理过程中的法律依据</td><td rowspan="2">实践操作</td><td>20</td><td></td></tr>
<tr><td colspan="3">运用建设工程纠纷处理法律法规解决有关法律问题</td><td>20</td><td></td></tr>
<tr><td rowspan="5">素养
（20%）</td><td colspan="3">积极参加教学活动，主动学习、思考、讨论</td><td rowspan="5">综合评判</td><td>6</td><td></td></tr>
<tr><td colspan="3">认真负责，按时完成学习、实践任务</td><td>4</td><td></td></tr>
<tr><td colspan="3">团结协作，与组员之间密切配合</td><td>4</td><td></td></tr>
<tr><td colspan="3">服从指挥，遵守课堂纪律</td><td>4</td><td></td></tr>
<tr><td colspan="3">守正创新，自信自强</td><td>2</td><td></td></tr>
<tr><td colspan="5">合计</td><td>100</td><td></td></tr>
<tr><td>自我评价</td><td colspan="6"></td></tr>
<tr><td>指导教师评价</td><td colspan="6"></td></tr>
</table>

项目7

树文明
——建设工程其他法律法规

项目导读

对建设工程而言，注重环境保护，为劳动者提供充分的劳动保障，积极保护历史文化遗产，是实现可持续发展、维护劳动者合法权益、弘扬民族历史文化的必要措施。环境保护、劳动保障、历史文化遗产保护法律法规共同构建了工程项目绿色文明建设的法治基石，有力保障了社会公共利益，促进了经济、政治、文化、社会、生态的协调发展。

知识目标

(1) 掌握建设工程噪声、大气、水、固体废物污染防治的有关规定。
(2) 了解劳动合同的类型。
(3) 掌握劳动合同订立、履行、变更、解除和终止的有关规定。
(4) 了解集体合同、劳务派遣和非全日制用工的有关规定。
(5) 了解劳动争议的解决方式。
(6) 了解受法律保护的历史文化遗产的范围。
(7) 掌握历史文化遗产保护对建设活动的有关规定。

技能目标

(1) 能指出建设工程环境保护、劳动保障和历史文化遗产保护案件中的法律依据。
(2) 能运用有关法律法规分析建设工程环境保护、劳动保障和历史文化遗产保护案件。

素质目标

(1) 增强保护生态环境、建设美丽祖国的责任感。
(2) 培养依法维护自身合法权利的法治思维。
(3) 树立敬畏历史、传承薪火的历史文化遗产保护意识。

项目引入

为了提升学生的环保意识和法律素养，建筑学院精心筹备了一场“建设工程环境保护法律法规翻转课堂”。作为建筑学院的一名学生，小尹一直梦想着能建造出既符合环保标准又能引领行业潮流的建筑作品。面对建筑行业快速发展带来的环境压力，小尹深知了解建设工程环境保护法律法规的重要性，于是他踊跃报名参加，期待在这场别开生面的课堂上深入了解环境保护法律法规在建设工程中的作用。下面，让我们跟随小尹的脚步，一起参加这场翻转课堂吧！

项目工单——参加建设工程环境保护法律法规翻转课堂

1. 学生分组

学生以3～5人为一组进行分组，各小组选出组长并进行任务分工，将小组成员及分工情况填入表7-1中。

表7-1　小组成员及分工情况

班级		组号		指导教师	
小组成员	姓名	学号	任务分工		
组长					
组员					

2. 工作计划

各小组查阅资料，了解与建设工程环境保护有关的法律知识，制订工作计划，并将其填入表7-2中。

表7-2　工作计划

序号	工作内容	负责人

3. 制订方案

（1）各小组针对工作计划展开讨论，制订实施方案。

（2）指导教师对各小组的实施方案进行评价。

（3）各小组根据指导教师的评价对实施方案进行调整。

（4）调整合格后的实施方案即最终实施方案。

4. 项目实施

各小组按照最终实施方案，参加建设工程环境保护法律法规翻转课堂，将实施步骤及内容补充完整。

（1）课前准备阶段。

① 搜集与建设工程环境保护法律法规有关的案例、行业报告等资料。资料：____。

② 阅读学习资料，组长汇总组员的问题与感想。问题与感想：____。

（2）课堂活动阶段。

① 指导教师简要介绍课程背景、目标及学习要点，明确翻转课堂的教学模式和流程。

② 组内讨论。根据课前准备的问题，各小组内部进行深入讨论，尝试解答问题，并准备小组汇报材料。

③ 汇报与互动。各小组制作PPT，轮流进行汇报，分享所学关键知识点、疑问点和案例等，并与其他小组进行讨论。

关键知识点：____。

疑问点：____。

案例：____。

讨论内容：____。

④ 指导教师播放关于建设工程环境保护法律法规的讲解视频，视频内容应涵盖基本概念、有关法律法规的重要条款、实际案例等。

（3）思考与总结。

① 指导教师建立社交媒体学习小组，分享教学资源和小组记录。

② 指导教师总结课程要点，强调学习重点和难点。重点和难点：____。

③ 学生撰写学习心得。学习心得：____。

7.1 建设工程环境保护的有关规定

《中华人民共和国环境保护法》（以下简称《环境保护法》）规定：保护环境是国家的基本国策；一切单位和个人都有保护环境的义务；建设项目中防治污染的设施，应当与主体工程同时设计、同时施工、同时投产使用（称为环境保护“三同时”制度）。

7.1.1 噪声污染防治的有关规定

噪声是指在工业生产、建筑施工、交通运输和社会生活中产生的干扰周围生活环境的声音。噪声污染是指超过噪声排放标准或者未依法采取防控措施产生噪声，并干扰他人正常生活、工作和学习的现象。

1. 建设项目噪声污染的防治

新建、改建、扩建可能产生噪声污染的建设项目，应当依法进行环境影响评价。建设项目在投入生产或者使用之前，建设单位应当依照有关法律法规的规定，对配套建设的噪声污染防治设施进行验收，编制验收报告，并向社会公开。未经验收或者验收不合格的，该建设项目不得投入生产或者使用。

建设噪声敏感建筑物，应当符合民用建筑隔声设计相关标准要求，不符合标准要求的，不得通过验收、交付使用；在交通干线两侧、工业企业周边等地方建设噪声敏感建筑物，还应当按照规定间隔一定距离，并采取减少振动、降低噪声的措施。

2. 建筑施工噪声污染的防治

建筑施工噪声是指在建筑施工过程中产生的噪声。

1）建设单位对噪声污染的防治

建设单位应当按照规定将噪声污染防治费用列入工程造价，在施工合同中明确施工单位的噪声污染防治责任。施工单位应当按照规定制定噪声污染防治实施方案，采取有效措施，减少振动，降低噪声。建设单位应当监督施工单位落实噪声污染防治实施方案。

在噪声敏感建筑物集中区域施工作业，建设单位应当按照国家规定，设置噪声自动监测系统，与监督管理部门联网，保存原始监测记录，对监测数据的真实性和准确性负责。

法律锦囊

县级以上地方人民政府根据国家声环境质量标准和国土空间规划以及用地现状，划定本行政区域各类声环境质量标准的适用区域；将以用于居住、科学研究、医疗卫生、文化教育、机关团体办公、社会福利等的建筑物为主的区域，划定为噪声敏感建筑物集中区域，加强噪声污染防治。

2）施工单位对噪声污染的防治

在噪声敏感建筑物集中区域施工作业，应当优先使用低噪声施工工艺和设备。在噪声敏感建筑物集中区域，禁止夜间进行产生噪声的建筑施工作业，但抢修、抢险施工作业，以及因生产工艺要求或者其他特殊需要必须连续施工作业的除外。因特殊需要必须连续施工作业的，应当取得地方人民政府住房和城乡建设、生态环境主管部门或者地方人民政府指定的部门的证明，并在施工现场显著位置公示或者以其他方式公告附近居民。

法律锦囊

《建筑施工场界环境噪声排放标准》（GB 12523—2011）规定，建筑施工过程中场界环境噪声不得超过规定的排放限值。其中，昼间（6:00—22:00）的排放限值为 70 dB（A），夜间（22:00—次日 6:00）的排放限值为 55 dB（A）。夜间噪声最大声级超过限值的幅度不得高于 15 dB（A）。

3. 交通运输噪声污染的防治

交通运输噪声是指机动车、铁路机车车辆、城市轨道交通车辆、机动船舶、航空器等交通运输工具在运行时产生的噪声。

新建公路、铁路线路选线设计，应当尽量避开噪声敏感建筑物集中区域。新建民用机场选址与噪声敏感建筑物集中区域的距离应当符合标准要求。

新建、改建、扩建经过噪声敏感建筑物集中区域的高速公路、城市高架、铁路和城市轨道交通线路等的，建设单位应当在可能造成噪声污染的重点路段设置声屏障或者采取其他减少振动、降低噪声的措施，符合有关交通基础设施工程技术规范以及标准要求。在禁止建设区域禁止新建与航空无关的噪声敏感建筑物。在限制建设区域确需建设噪声敏感建筑物的，建设单位应当对噪声敏感建筑物进行建筑隔声设计，符合民用建筑隔声设计相关标准要求。

4. 社会生活噪声污染的防治

社会生活噪声是指人为活动产生的除工业噪声、建筑施工噪声和交通运输噪声之外的噪声。

对已竣工交付使用的住宅楼、商铺、办公楼等建筑物进行室内装修活动，应当按照规定限定作业时间，采取有效措施，防止、减轻噪声污染。

新建居民住房的房地产开发经营者应当在销售场所公示住房可能受到噪声影响的情况以及采取或者拟采取的防治措施，并纳入买卖合同。新建居民住房的房地产开发经营者应当在买卖合同中明确住房的共用设施设备位置和建筑隔声情况。居民住宅区安装电梯、水泵、变压器等共用设施设备的，建设单位应当合理设置，采取减少振动、降低噪声的措施，符合民用建筑隔声设计相关标准要求。已建成使用的居民住宅区电梯、水泵、变压器等共用设施设备应由专业运营单位负责维护管理，并符合民用建筑隔声设计相关标准要求。

根据《中国噪声污染防治报告》(2024)，2023 年我国声环境质量总体向好，全国声环境功能区昼间达标率为 96.1%，夜间达标率为 87.0%，与 2022 年相比，昼间和夜间达标率分别升高 0.1 和 0.4 个百分点。但与此同时，社会生活噪声投诉举报数量持续增多，同比升高 0.9 个百分点。

面对这一现状，亟需社会各界携手并进，共同努力应对。全社会应当增强噪声污染防治意识，积极开展噪声污染防治活动，形成人人有责、人人参与、人人受益的良好噪声污染防治氛围，共同维护生活环境和谐安宁。

7.1.2 大气污染防治的有关规定

大气污染是指大气中污染物质的浓度达到有害程度，以至破坏生态系统和人类正常生存与发展的条件，对人或物造成危害的现象。

1. 建设项目大气污染的防治

企事业单位和其他生产经营者建设对大气环境有影响的项目，应当依法进行环境影响评价、公开环境影响评价文件；向大气排放污染物的，应当符合大气污染物排放标准，遵守重点大气污染物排放总量控制要求。

2. 向大气排放污染物的防治

企事业单位和其他生产经营者向大气排放污染物的，应当依照法律法规和国务院生态环境主管部门的规定设置大气污染物排放口。禁止通过偷排、篡改或者伪造监测数据、以逃避现场检查为目的的临时停产、非紧急情况下开启应急排放通道、不正常运行大气污染防治设施等逃避监管的方式排放大气污染物。

3. 施工车辆等设备大气污染的防治

机动车船、非道路移动机械不得超过标准排放大气污染物。在用重型柴油车、非道路移动机械未安装污染控制装置或者污染控制装置不符合要求，不能达标排放的，应当加装或者更换符合要求的污染控制装置。

在用机动车排放大气污染物超过标准的，应当进行维修；经维修或者采用污染控制技术后，大气污染物排放仍不符合国家在用机动车排放标准的，应当强制报废。其所有人应当将机动车交售给报废机动车回收拆解企业，由报废机动车回收拆解企业按照国家有关规定进行登记、拆解、销毁等处理。国家鼓励和支持高排放机动车船、非道路移动机械提前报废。

4. 施工现场扬尘污染的防治

1）建设单位扬尘污染的防治

建设单位应当将防治扬尘污染的费用列入工程造价，并在施工承包合同中明确施工单位扬尘污染防治责任。暂时不能开工的建设用地，建设单位应当对裸露地面进行覆盖；超过3个月的，应当进行绿化、铺装或者遮盖。

2）施工单位扬尘污染的防治

施工单位应当制定具体的施工扬尘污染防治实施方案。从事房屋建筑、市政基础设施建设、河道整治以及建筑物拆除等的施工单位，应当向负责监督管理扬尘污染防治的主管部门备案。施工现场扬尘如图7-1所示。

施工单位应当在施工工地设置硬质围挡，并采取覆盖、分段作业、择时施工、洒水抑尘（见图7-2）、冲洗地面和车辆等有效防尘降尘措施。建筑土方、工程渣土、建筑垃圾应当及时清运；在场地内堆存的，应当采用密闭式防尘网遮盖。工程渣土、建筑垃圾应当进行资源化处理。施工单位应当在施工工地公示扬尘污染防治措施、负责人、扬尘监督管理主管部门等信息。

图7-1 施工现场扬尘

图7-2 施工工地洒水抑尘

法苑广角

施工单位采取施工工地防尘降尘措施的具体要求

根据《住房和城乡建设部办公厅关于进一步加强施工工地和道路扬尘管控工作的通知》，施工单位在施工现场应积极采取施工工地防尘降尘措施，具体要求如下。

（1）对施工现场实行封闭管理。城市范围内主要路段的施工工地应设置高度不小于2.5 m的封闭围挡，一般路段的施工工地应设置高度不小于1.8 m的封闭围挡。施工工地的封闭围挡应坚固、稳定、整洁、美观。

（2）加强物料管理。施工现场的建筑材料、构件、料具应按总平面布局进行码放。在规定区域内的施工现场应使用预拌混凝土及预拌砂浆，采用现场搅拌混凝土或砂浆的场所应采取封闭、降尘、降噪措施，水泥和其他易飞扬的细颗粒建筑材料应密闭存放或采取覆盖等措施。

（3）注重降尘作业。施工现场土方作业应采取防止扬尘措施，主要道路应定期清扫、洒水。拆除建筑物或构筑物时，应采用隔离、洒水等降噪、降尘措施，并及时清理废弃物。施工进行铣刨、切割等作业时，应采取有效防扬尘措施；灰土和无机料应采用预拌进场，碾压过程中应洒水降尘。

（4）硬化路面和清洗车辆。施工现场的主要道路及材料加工区地面应进行硬化处理，道路应畅通，路面应平整坚实。裸露的场地和堆放的土方应采取覆盖、固化或绿化等措施。施工现场出入口应设置车辆冲洗设施，并对驶出车辆进行清洗。

（5）清运建筑垃圾。土方和建筑垃圾的运输应采用封闭式运输车辆或采取覆盖措施。建筑物内施工垃圾的清运，应采用器具或管道运输，严禁随意抛掷。施工现场严禁焚烧各类废弃物。

（6）加强监测监控。鼓励施工工地安装在线监测和视频监控设备，并与当地有关主管部门联网。当环境空气质量指数达到中度及以上污染时，施工现场应增加洒水频次，加强覆盖措施，减少易造成大气污染的施工作业。

3）运输、贮存物料过程中扬尘污染的防治

运输煤炭、垃圾、渣土、砂石、土方、灰浆等散装、流体物料的车辆应当采取密闭或者其他措施，防止物料遗撒而造成扬尘污染，并按照规定路线行驶。装卸物料应当采取密闭或者喷淋等方式防治扬尘污染。

贮存煤炭、煤矸石、煤渣、煤灰、水泥、石灰、石膏、砂土等易产生扬尘的物料应当密闭；不能密闭的，应当设置不低于堆放物高度的严密围挡，并采取有效覆盖措施防治扬尘污染。码头、矿山、填埋场和消纳场应当实施分区作业，并采取有效措施防治扬尘污染。

以案释法

【案例7-1】某小区居民就邻近建筑工地施工产生的严重扬尘问题，向市住房和城乡建设局投诉。市住房和城乡建设局立即派人对该工地进行检查，发现该工地正处于土方开挖阶段，大量裸露土方未进行覆盖，导致周边尘土扬起，严重影响了当地居民的正常生活。该施工单位的行为有何不妥之处？

【分析】该施工单位对建筑土方未能及时清运和采取有效防尘降尘措施，导致大量尘土扬起而污染了环境。《中华人民共和国大气污染防治法》（以下简称《大气污染防治法》）规定：施工单位应当在施工工地设置硬质围挡，并采取覆盖、分段作业、择时施工、洒水抑尘、冲洗地面和车辆等有效防尘降尘措施；建筑土方、工程渣土、建筑垃圾应当及时清运；在场地内堆存的，应当采用密闭式防尘网遮盖；工程渣土、建筑垃圾应当进行资源化处理。

7.1.3 水污染防治的有关规定

水污染是指水体因某种物质的介入，导致其化学、物理、生物或者放射性等方面特性的改变，从而影响水的有效利用，危害人体健康或者破坏生态环境，造成水质恶化的现象。

1．建设项目水污染的防治

1）依法进行环境影响评价的规定

新建、改建、扩建直接或者间接向水体排放污染物的建设项目和其他水上设施，应当依法进行环境影响评价。

建设单位在江河、湖泊新建、改建、扩建排污口的，应当取得水行政主管部门或者流域管理机构同意；涉及通航、渔业水域的，环境保护主管部门在审批环境影响评价文件时，应当征求交通、渔业主管部门的意见。

建设项目的水污染防治设施，应当与主体工程同时设计、同时施工、同时投入使用。水污染防治设施应当符合经批准或者备案的环境影响评价文件的要求。

2）禁止在饮用水水源保护区开展建设活动的规定

禁止在饮用水水源一级保护区内新建、改建、扩建与供水设施和保护水源无关的建设项目；已建成的与供水设施和保护水源无关的建设项目，由县级以上人民政府责令拆除或者关闭。

禁止在饮用水水源二级保护区内新建、改建、扩建排放污染物的建设项目；已建成的排放污染物的建设项目，由县级以上人民政府责令拆除或者关闭。

禁止在饮用水水源准保护区内新建、扩建对水体污染严重的建设项目；改建建设项目，不得增加排污量。

3）不得影响城镇排水与污水处理设施安全的规定

新建、改建、扩建建设工程，不得影响城镇排水与污水处理设施安全。建设工程开工前，建设单位应当查明工程建设范围内地下城镇排水与污水处理设施的相关情况。城镇排水主管部门及其他相关部门和单位应当及时提供相关资料。

建设工程施工范围内有排水管网等城镇排水与污水处理设施的，建设单位应当与施工单位、设施维护运营单位共同制定设施保护方案，并采取相应的安全保护措施。因工程建设需要拆除、改动城镇排水与污水处理设施的，建设单位应当制定拆除、改动方案，报城镇排水主管部门审核，并承担重建、改建和采取临时措施的费用。

2. 施工现场水污染的防治

1）取得排污许可证的规定

直接或者间接向水体排放工业废水和医疗污水以及其他按照规定应当取得排污许可证方可排放的废水、污水的企事业单位和其他生产经营者，应当取得排污许可证；城镇污水集中处理设施的运营单位，也应当取得排污许可证。排污许可证应当明确排放水污染物的种类、浓度、总量和排放去向等要求。禁止企事业单位和其他生产经营者无排污许可证或者违反排污许可证的规定向水体排放上述规定的废水、污水。

排污许可证是对排污单位进行生态环境监管的主要依据。排污单位应当遵守排污许可证的规定，按照生态环境管理要求运行和维护污染防治设施，建立环境管理制度，严格控制污染物排放。

2）设置排污口的规定

排污单位应当按照生态环境主管部门的规定建设规范化污染物排放口，并设置标志牌。污染物排放口的位置和数量、污染物的排放方式和排放去向应当与排污许可证的规定相符。实施新建、改建、扩建项目和技术改造的排污单位，应当在建设污染防治设施的同时，建设规范化污染物排放口。

3）按要求监测污染物的规定

排放水污染物，不得超过国家或者地方规定的水污染物排放标准和重点水污染物排放总量控制指标。实行排污许可管理的企事业单位和其他生产经营者应当按照国家有关规定和监测规范，对所排放的水污染物自行监测，并保存原始监测记录。重点排污单位还应当安装水污染物排放自动监测设备，与环境保护主管部门的监控设备联网，并保证监测设备正常运行。实行排污许可管理的企事业单位和其他生产经营者应当对监测数据的真实性和准确性负责。

4）排放污染物的规定

排污单位应当建立环境管理台账记录制度，按照排污许可证规定的格式、内容和频次，如实记录主要生产设施、污染防治设施运行情况以及污染物排放浓度、排放量。环境管理台账记录保存期限不得少于5年。

禁止向水体排放油类、酸液、碱液或者剧毒废液。禁止在水体清洗装贮过油类或者有毒污染物的车辆和容器。禁止向水体排放、倾倒放射性固体废物或者含有高放射性和中放射性物质的废水。向水体排放含低放射性物质的废水，应当符合国家有关放射性污染防治的规定和标准。

禁止向水体排放、倾倒工业废渣、城镇垃圾和其他废弃物。禁止将含有汞、镉、砷、铬、铅、氰化物、黄磷等的可溶性剧毒废渣向水体排放、倾倒或者直接埋入地下。存放可溶性剧毒废渣的场所，应当采取防水、防渗漏、防流失的措施。禁止在江河、湖泊、运河、渠道、水库最高水位线以下的滩地和岸坡堆放、存贮固体废弃物和其他污染物。

禁止利用渗井、渗坑、裂隙、溶洞，私设暗管，篡改、伪造监测数据，或者不正常运行水污染防治设施等逃避监管的方式排放水污染物。兴建地下工程设施或者进行地下勘探、采矿等活动，应当采取防护性措施，防止地下水污染。

法律锦囊

可能发生水污染事故的企事业单位，应当制定有关水污染事故的应急方案，做好应急准备，并定期进行演练。企事业单位发生事故或者其他突发性事件，造成或者可能造成水污染事故的，应当立即启动本单位的应急方案，采取隔离等应急措施，防止水污染物进入水体，并向事故发生地的县级以上地方人民政府或者环境保护主管部门报告。

7.1.4 固体废物污染防治的有关规定

固体废物污染是指固体废物排入环境所引起的环境质量下降而有害于人类及其他生物的正常生存和发展的现象。

1. 建设项目固体废物污染的防治

建设产生、贮存、利用、处置固体废物的项目，应当依法进行环境影响评价，并遵守国家有关建设项目环境保护管理的规定。

建设项目的环境影响评价文件确定需要配套建设的固体废物污染环境防治设施，应当与主体工程同时设计、同时施工、同时投入使用。建设项目的初步设计，应当按照环境保护设计规范的要求，将固体废物污染环境防治内容纳入环境影响评价文件，落实防治固体废物污染环境和破坏生态的措施以及固体废物污染环境防治设施投资概算。

建设单位应当依照有关法律法规的规定，对配套建设的固体废物污染环境防治设施进行验收，编制验收报告，并向社会公开。

2. 施工现场固体废物污染的防治

1）一般固体废物污染的防治

任何单位和个人都应当采取措施，减少固体废物的产生量，促进固体废物的综合利用，降低固体废物的危害性。产生、收集、贮存、运输、利用、处置固体废物的单位和个人，应当采取措施，防止或者减少固体废物对环境的污染，对所造成的环境污染依法承担责任。

产生、收集、贮存、运输、利用、处置固体废物的单位和其他生产经营者，应当采取防扬散、防流失、防渗漏或者其他防止污染环境的措施，不得擅自倾倒、堆放、丢弃、遗撒固体废物。禁止任何单位或者个人向江河、湖泊、运河、渠道、水库及其最高水位线以下的滩地和岸坡以及法律法规规定的其他地点倾倒、堆放、贮存固体废物。

施工单位应当编制建筑垃圾处理方案，采取污染防治措施，并报县级以上地方人民政府环境卫生主管部门备案。施工单位应当及时清运工程施工过程中产生的建筑垃圾等固体废物，并按照环境卫生主管部门的规定进行利用或者处置。施工单位不得擅自倾倒、抛撒或者堆放工程施工过程中产生的建筑垃圾。

2）危险废物污染的防治

从事收集、贮存、利用、处置危险废物经营活动的单位，应当按照国家有关规定申请取得许可证。禁止无许可证或者未按照许可证规定从事危险废物收集、贮存、利用、处置的经营活动。禁止将危险废物提供或者委托给无许可证的单位或者其他生产经营者从事收集、贮存、利用、处置活动。

收集、贮存危险废物，应当按照危险废物特性分类进行。禁止混合收集、贮存、运输、处置性质不相容而未经安全性处置的危险废物。贮存危险废物应当采取符合国家环境保护标准的防护措施。禁止将危险废物混入非危险废物中贮存。从事收集、贮存、利用、处置危险废物经营活动的单位，贮存危险废物不得超过 1 年；确需延长期限的，应当报经颁发许可证的生态环境主管部门批准；法律、行政法规另有规定的除外。

法律锦囊

建设单位、设计单位、施工单位、工程监理单位应建立建筑垃圾减量化的协调机制。施工过程中，应避免或减少设计变更、施工拆改。施工现场建筑垃圾的减量化工作应遵循“估算先行、源头减量、分类管理、就地处理、排放控制”的总体原则。

7.1.5 违法行为的法律责任

违反噪声污染、大气污染、水污染、固体废物污染防治有关规定的法律责任，可查阅《环境保护法》《中华人民共和国噪声污染防治法》《大气污染防治法》《中华人民共和国水污染防治法》《中华人民共和国固体废物污染环境防治法》等法律法规。

法律锦囊

保护环境和节约资源都是国家的基本国策。国家实施节约与开发并举、把节约放在首位的能源发展战略。《中华人民共和国节约能源法》《中华人民共和国循环经济促进法》《民用建筑节能条例》等法律法规对建设工程领域节约能源与循环经济工作作出了具体规定。

7.2　建设工程劳动保障的有关规定

《中华人民共和国劳动法》（以下简称《劳动法》）规定：用人单位应当依法建立和完善规章制度，保障劳动者享有劳动权利和履行劳动义务；劳动合同是劳动者与用人单位确立劳动关系、明确双方权利和义务的协议，建立劳动关系应当订立劳动合同；劳动合同依法订立即具有法律约束力，当事人必须履行劳动合同规定的义务。

7.2.1　劳动合同的类型

根据期限的不同，劳动合同可分为三种，分别为固定期限劳动合同、无固定期限劳动合同和以完成一定工作任务为期限的劳动合同。

1．固定期限劳动合同

固定期限劳动合同是指用人单位与劳动者约定合同终止时间的劳动合同。用人单位与劳动者协商一致，可以订立固定期限劳动合同。

2．无固定期限劳动合同

无固定期限劳动合同是指用人单位与劳动者约定无确定终止时间的劳动合同。用人单位与劳动者协商一致，可以订立无固定期限劳动合同。有下列情形之一，劳动者提出或者同意续订、订立劳动合同的，除劳动者提出订立固定期限劳动合同外，应当订立无固定期限劳动合同。

（1）劳动者在该用人单位连续工作满 10 年的。

（2）用人单位初次实行劳动合同制度或者国有企业改制重新订立劳动合同时，劳动者在该用人单位连续工作满 10 年且距法定退休年龄不足 10 年的。

（3）连续订立 2 次固定期限劳动合同，且劳动者没有法律规定的情形，续订劳动合同的。

法律锦囊

用人单位自用工之日起满 1 年不与劳动者订立书面劳动合同的，视为用人单位与劳动者已订立无固定期限劳动合同。

3. 以完成一定工作任务为期限的劳动合同

以完成一定工作任务为期限的劳动合同是指用人单位与劳动者约定以某项工作的完成为合同期限的劳动合同。用人单位与劳动者协商一致，可以订立以完成一定工作任务为期限的劳动合同。

7.2.2 劳动合同的订立

1. 劳动合同的形式

建立劳动关系，应当订立书面劳动合同。已建立劳动关系，未同时订立书面劳动合同的，应当自用工之日起 1 个月内订立书面劳动合同。用人单位与劳动者在用工前订立劳动合同的，劳动关系自用工之日起建立。

签订劳动合同时的注意事项

2. 劳动合同订立时的义务

用人单位招用劳动者时，应当如实告知劳动者工作内容、工作条件、工作地点、职业危害、安全生产状况、劳动报酬，以及劳动者要求了解的其他情况；用人单位有权了解劳动者与劳动合同直接相关的基本情况，劳动者应当如实说明。

用人单位招用劳动者，不得扣押劳动者的居民身份证和其他证件，不得要求劳动者提供担保或者以其他名义向劳动者收取财物。

3. 劳动合同的内容

1）劳动合同的条款

《中华人民共和国劳动合同法》（以下简称《劳动合同法》）规定，劳动合同应当具备以下条款。

（1）用人单位的名称、住所和法定代表人或者主要负责人。

（2）劳动者的姓名、住址和居民身份证或者其他有效身份证件号码。

（3）劳动合同期限。

（4）工作内容和工作地点。

（5）工作时间和休息休假。

（6）劳动报酬。

（7）社会保险。

（8）劳动保护、劳动条件和职业危害防护。

（9）法律法规规定应当纳入劳动合同的其他事项。

劳动合同除上述规定的必备条款外，用人单位与劳动者可以约定试用期、培训、保守秘密、补充保险和福利待遇等其他事项。

法律锦囊

社会保险作为劳动合同的必备条款，是为了保障公民在年老、疾病、工伤、失业、生育等情况下依法从国家和社会获得物质帮助的权利。《中华人民共和国社会保险法》对基本养老保险、基本医疗保险、工伤保险、失业保险、生育保险等社会保险作出了详细的规定。

2）劳动合同试用期的规定

劳动合同期限 3 个月以上不满 1 年的，试用期不得超过 1 个月；劳动合同期限 1 年以上不满 3 年的，试用期不得超过 2 个月；3 年以上固定期限和无固定期限的劳动合同，试用期不得超过 6 个月。

同一用人单位与同一劳动者只能约定一次试用期。以完成一定工作任务为期限的劳动合同或者劳动合同期限不满 3 个月的，不得约定试用期。试用期包含在劳动合同期限内。劳动合同仅约定试用期的，试用期不成立，该期限为劳动合同期限。

4. 劳动合同的效力

劳动合同由用人单位与劳动者协商一致，并经用人单位与劳动者在劳动合同文本上签字或者盖章生效。劳动合同文本由用人单位和劳动者各执一份。《劳动合同法》第二十六条规定，下列劳动合同无效或者部分无效。

（1）以欺诈、胁迫的手段或者乘人之危，使对方在违背真实意思的情况下订立或者变更劳动合同的。

（2）用人单位免除自己的法定责任、排除劳动者权利的。

（3）违反法律、行政法规强制性规定的。

对劳动合同的无效或者部分无效有争议的，由劳动争议仲裁机构或者人民法院确认。

法律锦囊

劳动合同部分无效，不影响其他部分效力的，其他部分仍然有效。劳动合同被确认无效，劳动者已付出劳动的，用人单位应当向劳动者支付劳动报酬。劳动报酬的数额，参照本单位相同或者相近岗位劳动者的劳动报酬确定。

7.2.3 劳动合同的履行和变更

1. 劳动合同的履行

用人单位与劳动者应当按照劳动合同的约定，全面履行各自的义务。

1）用人单位应当向劳动者支付劳动报酬

用人单位应当按照劳动合同约定和国家规定，向劳动者及时足额支付劳动报酬。用人单位拖欠或者未足额支付劳动报酬的，劳动者可以依法向当地人民法院申请支付令，人民法院应当依法发出支付令。

2）用人单位不得强迫劳动者加班

用人单位应当严格执行劳动定额标准，不得强迫或者变相强迫劳动者加班。用人单位安排加班的，应当按照国家有关规定向劳动者支付加班费。

3）劳动者有权拒绝违章指挥、冒险作业

劳动者拒绝用人单位管理人员违章指挥、强令冒险作业的，不视为违反劳动合同。劳动者对危害生命安全和身体健康的劳动条件，有权对用人单位提出批评、检举和控告。

4）用人单位发生变动不影响劳动合同的履行

用人单位变更名称、法定代表人、主要负责人或者投资人等事项，不影响劳动合同的履行。用人单位发生合并或者分立等情况，原劳动合同继续有效，劳动合同由承继其权利和义务的用人单位继续履行。

头脑风暴

在某建筑工地上，工人小李正在进行高层外墙的粉刷作业，他注意到所使用的脚手架部分连接扣件松动，且部分踏板存在断裂现象。于是，小李立即向班组长报告了这一情况，并建议立即停止作业。然而，班组长对小李的报告置若罔闻，并要求小李继续作业。小李拒绝了班组长的要求，班组长却说小李不履行劳动义务，违反了劳动合同。请大家想一想，该班组长的行为有何不妥之处？

2. 劳动合同的变更

用人单位与劳动者协商一致，可以变更劳动合同约定的内容。变更劳动合同，应当采用书面形式。变更后的劳动合同文本由用人单位和劳动者各执一份。

7.2.4 劳动合同的解除和终止

1. 劳动合同的解除

1）协议解除劳动合同

用人单位与劳动者协商一致，可以解除劳动合同。

2）劳动者单方解除劳动合同

劳动者提前 30 日以书面形式通知用人单位，可以解除劳动合同。劳动者在试用期内提前 3 日通知用人单位，可以解除劳动合同。用人单位有下列情形之一的，劳动者可以解除劳动合同。

（1）未按照劳动合同约定提供劳动保护或者劳动条件的。

（2）未及时足额支付劳动报酬的。

（3）未依法为劳动者缴纳社会保险费的。

（4）用人单位的规章制度违反法律法规的规定，损害劳动者权益的。

（5）因《劳动合同法》第二十六条第一款规定的情形致使劳动合同无效的。

（6）法律、行政法规规定劳动者可以解除劳动合同的其他情形。

用人单位以暴力、威胁或者非法限制人身自由的手段强迫劳动者劳动的，或者用人单位违章指挥、强令冒险作业危及劳动者人身安全的，劳动者可以立即解除劳动合同，不需要事先告知用人单位。

3）用人单位单方解除劳动合同

（1）即时解除合同。

《劳动合同法》规定，劳动者有下列情形之一的，用人单位可以解除劳动合同：① 在试用期间被证明不符合录用条件的；② 严重违反用人单位的规章制度的；③ 严重失职，营私舞弊，给用人单位造成重大损害的；④ 劳动者同时与其他用人单位建立劳动关系，对完成本单位的工作任务造成严重影响，或者经用人单位提出，拒不改正的；⑤ 因《劳动合同法》第二十六条第一款第一项规定的情形致使劳动合同无效的；⑥ 被依法追究刑事责任的。

（2）预告解除合同。

《劳动合同法》规定，有下列情形之一的，用人单位提前 30 日以书面形式通知劳动者本人或者额外支付劳动者 1 个月工资后，可以解除劳动合同：① 劳动者患病或者非因工负伤，在规定的医疗期满后不能从事原工作，也不能从事由用人单位另行安排的工作的；② 劳动者不能胜任工作，经过培训或者调整工作岗位，仍不能胜任工作的；③ 劳动合同订立时所依据的客观情况发生重大变化，致使劳动合同无法履行，经用人单位与劳动者协商，未能就变更劳动合同内容达成协议的。

（3）经济性裁员。

《劳动合同法》规定，有下列情形之一，需要裁减人员20人以上或者裁减不足20人但占企业职工总数10%以上的，用人单位提前30日向工会或者全体职工说明情况，听取工会或者职工的意见后，裁减人员方案经向劳动行政部门报告，可以裁减人员：① 依照企业破产法规定进行重整的；② 生产经营发生严重困难的；③ 企业转产、重大技术革新或者经营方式调整，经变更劳动合同后，仍需裁减人员的；④ 其他因劳动合同订立时所依据的客观经济情况发生重大变化，致使劳动合同无法履行的。

裁减人员时，应当优先留用下列人员：① 与本单位订立较长期限的固定期限劳动合同的；② 与本单位订立无固定期限劳动合同的；③ 家庭无其他就业人员，有需要扶养的老人或者未成年人的。

法律锦囊

用人单位依照上述规定裁减人员，在6个月内重新招用人员的，应当通知被裁减的人员，并在同等条件下优先招用被裁减的人员。

（4）用人单位不得解除劳动合同的情况。

劳动者有下列情形之一的，用人单位不得依照上述规定解除劳动合同：① 从事接触职业病危害作业的劳动者未进行离岗前职业健康检查，或者疑似职业病病人在诊断或者医学观察期间的；② 在本单位患职业病或者因工负伤并被确认丧失或者部分丧失劳动能力的；③ 患病或者非因工负伤，在规定的医疗期内的；④ 女职工在孕期、产期、哺乳期的；⑤ 在本单位连续工作满15年，且距法定退休年龄不足5年的；⑥ 法律、行政法规规定的其他情形。

某施工单位的工人老李因长期接触有害粉尘而患上尘肺病。尽管老李为公司辛勤工作多年，但公司得知其病情后，担心要支付高昂的工伤赔偿金和医疗费用，决定与老李解除劳动合同。请大家想一想，该施工单位的行为有何不妥之处？

2. 劳动合同的终止

有下列情形之一的，劳动合同终止。

（1）劳动合同期满的。

（2）劳动者开始依法享受基本养老保险待遇的。

（3）劳动者死亡，或者被人民法院宣告死亡或者宣告失踪的。

（4）用人单位被依法宣告破产的。

（5）用人单位被吊销营业执照、责令关闭、撤销或者用人单位决定提前解散的。

（6）法律、行政法规规定的其他情形。

法律锦囊

在一些情形下，用人单位不得终止劳动合同，或终止劳动合同后用人单位应向劳动者支付经济补偿。有关不得终止劳动合同或需要支付经济补偿的情形见《劳动合同法》。

7.2.5 集体合同、劳务派遣和非全日制用工的有关规定

1. 集体合同的有关规定

1）集体合同的订立

企业职工一方与用人单位通过平等协商，可以就劳动报酬、工作时间、休息休假、劳动安全卫生、保险福利等事项订立集体合同。集体合同草案应当提交职工代表大会或者全体职工讨论通过。集体合同由工会代表企业职工一方与用人单位订立；尚未建立工会的用人单位，由上级工会指导劳动者推举的代表与用人单位订立。

2）集体合同的分类

集体合同可分为专项集体合同、行业性集体合同和区域性集体合同。企业职工一方与用人单位可以订立劳动安全卫生、女职工权益保护、工资调整机制等专项集体合同。在县级以下区域内，建筑业、采矿业、餐饮服务业等行业可以由工会与企业方面代表订立行业性集体合同，或者订立区域性集体合同。

3）集体合同的劳动报酬和劳动条件

集体合同中劳动报酬和劳动条件等标准不得低于当地人民政府规定的最低标准。用人单位与劳动者订立的劳动合同中劳动报酬和劳动条件等标准不得低于集体合同规定的标准。

4）集体合同的效力

集体合同订立后，应当报送劳动行政部门；劳动行政部门自收到集体合同文本之日起15日内未提出异议的，集体合同即行生效。依法订立的集体合同对用人单位和劳动者具有约束力。行业性、区域性集体合同对当地本行业、本区域的用人单位和劳动者具有约束力。

2. 劳务派遣的有关规定

1）劳务派遣劳动合同的订立

劳务派遣单位是被派遣劳动者的用人单位，应当履行对被派遣劳动者的义务。劳务派遣单位与被派遣劳动者订立的劳动合同，除应当载明劳动合同的必备条款外，还应当载明被派遣劳动者的用工单位以及派遣期限、工作岗位等情况。

劳务派遣单位应当与被派遣劳动者订立2年以上的固定期限劳动合同，按月支付劳动报酬；被派遣劳动者在无工作期间，劳务派遣单位应当按照所在地人民政府规定的最低工资标准，向其按月支付报酬。

2）劳务派遣协议的订立

劳务派遣单位派遣劳动者应当与用工单位订立劳务派遣协议。劳务派遣协议应当约定派遣岗位和人员数量、派遣期限、劳动报酬和社会保险费的数额与支付方式以及违反协议的责任。用工单位应当根据工作岗位的实际需要与劳务派遣单位确定派遣期限，不得将连续用工期限分割订立数个短期劳务派遣协议。劳务派遣单位应当将劳务派遣协议的内容告知被派遣劳动者。

3）被派遣劳动者的劳动报酬和劳动条件

劳务派遣单位不得克扣用工单位按照劳务派遣协议支付给被派遣劳动者的劳动报酬。劳务派遣单位和用工单位不得向被派遣劳动者收取费用。劳务派遣单位跨地区派遣劳动者的，被派遣劳动者享有的劳动报酬和劳动条件，按照用工单位所在地的标准执行。

4）用工单位的义务

用工单位应当履行下列义务。

（1）执行国家劳动标准，提供相应的劳动条件和劳动保护。

（2）告知被派遣劳动者的工作要求和劳动报酬。

（3）支付加班费、绩效奖金，提供与工作岗位相关的福利待遇。

（4）对在岗被派遣劳动者进行工作岗位所必需的培训。

（5）连续用工的，实行正常的工资调整机制。

用工单位不得将被派遣劳动者再派遣到其他用人单位。

5）被派遣劳动者的权利

被派遣劳动者享有与用工单位的劳动者同工同酬的权利。用工单位应当按照同工同酬原则，对被派遣劳动者与本单位同类岗位的劳动者实行相同的劳动报酬分配办法。用工单位无同类岗位劳动者的，参照用工单位所在地相同或者相近岗位劳动者的劳动报酬确定。

劳务派遣单位与被派遣劳动者订立的劳动合同和与用工单位订立的劳务派遣协议，载明或者约定的向被派遣劳动者支付的劳动报酬应当符合上述规定。

法律锦囊

劳动合同用工是我国的企业基本用工形式。劳务派遣用工是补充形式，只能在临时性、辅助性或者替代性的工作岗位上实施。

临时性工作岗位是指存续时间不超过 6 个月的岗位；**辅助性工作岗位**是指为主营业务岗位提供服务的非主营业务岗位；**替代性工作岗位**是指用工单位的劳动者因脱产学习、休假等原因无法工作的一定期间内，可以由其他劳动者替代工作的岗位。

根据《劳务派遣暂行规定》，用工单位应当严格控制劳务派遣用工数量，使用的被派遣劳动者数量不得超过其用工总量的 10%。

3. 非全日制用工的有关规定

非全日制用工是指以小时计酬为主，劳动者在同一用人单位一般平均每日工作时间不超过 4 小时、每周工作时间累计不超过 24 小时的用工形式。

1）非全日制用工劳动合同的订立

非全日制用工双方当事人可以订立口头协议。从事非全日制用工的劳动者可以与一个或者一个以上用人单位订立劳动合同；但是，后订立的劳动合同不得影响先订立的劳动合同的履行。

2）非全日制用工合同的终止用工和劳动报酬

非全日制用工双方当事人任何一方都可以随时通知对方终止用工。终止用工，用人单位不向劳动者支付经济补偿。

非全日制用工小时计酬标准不得低于用人单位所在地人民政府规定的最低小时工资标准。非全日制用工劳动报酬结算支付周期最长不得超过 15 日。

法律锦囊

非全日制用工双方当事人不得约定试用期。劳务派遣单位不得以非全日制用工形式招用被派遣劳动者。

7.2.6 劳动争议的解决

1. 劳动争议的范围

劳动争议的范围主要有以下方面。

（1）因确认劳动关系发生的争议。

（2）因订立、履行、变更、解除和终止劳动合同发生的争议。

（3）因除名、辞退和辞职、离职发生的争议。

（4）因工作时间、休息休假、社会保险、福利、培训以及劳动保护发生的争议。

（5）因劳动报酬、工伤医疗费、经济补偿或者赔偿金等发生的争议。

（6）法律法规规定的其他劳动争议。

2. 劳动争议的解决方式

用人单位与劳动者发生劳动争议，当事人可以依法申请调解、仲裁、提起诉讼，也可以协商解决。处理劳动争议必须遵守以下基本原则。

（1）调解原则。

（2）及时处理原则。

（3）以事实为依据，以法律为准绳的原则。

（4）当事人在适用法律上一律平等的原则。

发生劳动争议，当事人对自己提出的主张，有责任提供证据。与争议事项有关的证据属于用人单位掌握管理的，用人单位应当提供；用人单位不提供的，应当承担不利后果。

1）协商

发生劳动争议，劳动者可以与用人单位协商，也可以请工会或者第三方共同与用人单位协商，达成和解协议。

2）调解

发生劳动争议，当事人不愿协商、协商不成或者达成和解协议后不履行的，可以到下列调解组织申请调解。

（1）企业劳动争议调解委员会。

（2）依法设立的基层人民调解组织。

（3）在乡镇、街道设立的具有劳动争议调解职能的组织。

法律锦囊

企业劳动争议调解委员会由职工代表和企业代表组成。职工代表由工会成员担任或者由全体职工推举产生，企业代表由企业负责人指定。企业劳动争议调解委员会主任由工会成员或者双方推举的人员担任。

当事人申请劳动争议调解可以书面申请，也可以口头申请。口头申请的，调解组织应当当场记录申请人基本情况、申请调解的争议事项、理由和时间。

经调解达成协议的，应当制作调解协议书。调解协议书由双方当事人签名或者盖章，经调解员签名并加盖调解组织印章后生效，对双方当事人具有约束力，当事人应当履行。因支付拖欠劳动报酬、工伤医疗费、经济补偿或者赔偿金事项达成调解协议，用人单位在协议约定期限内不履行的，劳动者可以持调解协议书依法向人民法院申请支付令。人民法院应当依法发出支付令。

3）**仲裁**

自劳动争议调解组织收到调解申请之日起15日内未达成调解协议的，当事人可以依法申请仲裁。达成调解协议后，一方当事人在协议约定期限内不履行调解协议的，另一方当事人可以依法申请仲裁。

劳动争议由劳动合同履行地或者用人单位所在地的劳动争议仲裁委员会管辖。双方当事人分别向劳动合同履行地和用人单位所在地的劳动争议仲裁委员会申请仲裁的，由劳动合同履行地的劳动争议仲裁委员会管辖。劳动争议申请仲裁的时效期间为1年。仲裁时效期间从当事人知道或者应当知道其权利被侵害之日起计算。

法律锦囊

发生劳动争议的劳动者和用人单位为劳动争议仲裁案件的双方当事人。劳务派遣单位或者用工单位与劳动者发生劳动争议的，劳务派遣单位和用工单位为共同当事人。与劳动争议案件的处理结果有利害关系的第三人，可以申请参加仲裁活动或者由劳动争议仲裁委员会通知其参加仲裁活动。

申请人申请仲裁应当提交书面仲裁申请，并按照被申请人人数提交副本。仲裁申请书应当载明下列事项。

（1）劳动者的姓名、性别、年龄、职业、工作单位和住所，用人单位的名称、住所和法定代表人或者主要负责人的姓名、职务。

（2）仲裁请求和所根据的事实、理由。

（3）证据和证据来源、证人姓名和住所。

劳动争议仲裁委员会收到仲裁申请之日起5日内，认为符合受理条件的，应当受理，并通知申请人；认为不符合受理条件的，应当书面通知申请人不予受理，并说明理由。劳动争议仲裁委员会受理仲裁申请后，应当在5日内将仲裁申请书副本送达被申请人。

被申请人收到仲裁申请书副本后，应当在10日内向劳动争议仲裁委员会提交答辩书。劳动争议仲裁委员会收到答辩书后，应当在5日内将答辩书副本送达申请人。被申请人未提交答辩书的，不影响仲裁程序的进行。

劳动争议仲裁委员会裁决劳动争议案件实行仲裁庭制。仲裁庭裁决劳动争议案件，应当自劳动争议仲裁委员会受理仲裁申请之日起45日内结束。案情复杂需要延期的，经劳动争议仲裁委员会主任批准，可以延期并书面通知当事人，但是延长期限不得超过15日。仲裁庭裁决劳动争议案件时，其中一部分事实已经清楚，可以就该部分先行裁决。

法律锦囊

当事人申请劳动争议仲裁后，可以自行和解。达成和解协议的，可以撤回仲裁申请。仲裁庭在作出裁决前，应当先行调解。调解达成协议的，仲裁庭应当制作调解书。调解不成或者调解书送达前，一方当事人反悔的，仲裁庭应当及时作出裁决。

当事人对发生法律效力的调解书、裁决书，应当依照规定的期限履行。一方当事人逾期不履行的，另一方当事人可以依照民事诉讼法的有关规定向人民法院申请执行。受理申请的人民法院应当依法执行。

4）诉讼

发生劳动争议，对劳动争议仲裁委员会不予受理或者逾期未作出决定的申请人可以就该劳动争议事项向人民法院提起诉讼；当事人对仲裁裁决不服的，除法律另有规定的外，可以向人民法院提起诉讼。

7.2.7 违法行为的法律责任

1. 用人单位的法律责任

1）对非法扣押劳动者身份证件和收取财物等行为的处罚

用人单位违反规定，扣押劳动者居民身份证等证件的，由劳动行政部门责令限期退还劳动者本人，并依照有关法律规定给予处罚。

用人单位违反规定，以担保或者其他名义向劳动者收取财物的，由劳动行政部门责令限期退还劳动者本人，并以每人500元以上2 000元以下的标准处以罚款；给劳动者造成损害的，应当承担赔偿责任。

劳动者依法解除或者终止劳动合同，用人单位扣押劳动者档案或者其他物品的，依照上述规定处罚。

2）对规章制度违法的处罚

用人单位直接涉及劳动者切身利益的规章制度违反法律法规规定的，由劳动行政部门责令改正，给予警告；给劳动者造成损害的，应当承担赔偿责任。

3）对劳动合同未载明必备条款行为的处罚

用人单位提供的劳动合同文本未载明法律规定的劳动合同必备条款或者用人单位未将劳动合同文本交付劳动者的，由劳动行政部门责令改正；给劳动者造成损害的，应当承担赔偿责任。

4）对不按时订立书面劳动合同行为的处罚

用人单位自用工之日起超过1个月不满1年未与劳动者订立书面劳动合同的，应当向劳动者每月支付2倍的工资。用人单位违反规定不与劳动者订立无固定期限劳动合同的，自应当订立无固定期限劳动合同之日起向劳动者每月支付2倍的工资。

5）对违反试用期规定行为的处罚

用人单位违反规定与劳动者约定试用期的，由劳动行政部门责令改正；违法约定的试用期已经履行的，由用人单位以劳动者试用期满月工资为标准，按已经履行的超过法定试用期的期间向劳动者支付赔偿金。

6）对不按规定支付劳动报酬等行为的处罚

用人单位有下列情形之一的，由劳动行政部门责令限期支付劳动报酬、加班费或者经济补偿；劳动报酬低于当地最低工资标准的，应当支付其差额部分；逾期不支付的，责令用人单位按应付金额50%以上100%以下的标准向劳动者加付赔偿金。

（1）未按照劳动合同的约定或者国家规定及时足额支付劳动者劳动报酬的。

（2）低于当地最低工资标准支付劳动者工资的。

（3）安排加班不支付加班费的。

（4）解除或者终止劳动合同，未依照规定向劳动者支付经济补偿的。

7）对非法解除或终止劳动合同行为的处罚

用人单位非法解除或者终止劳动合同的，应当依照《劳动合同法》第四十七条规定的经济补偿标准的2倍向劳动者支付赔偿金。

法律锦囊

《劳动合同法》第四十七条的内容具体如下。

经济补偿按劳动者在本单位工作的年限，每满1年支付1个月工资的标准向劳动者支付。6个月以上不满1年的，按1年计算；不满6个月的，向劳动者支付半个月工资的经济补偿。

劳动者月工资高于用人单位所在直辖市、设区的市级人民政府公布的本地区上年度职工月平均工资3倍的，向其支付经济补偿的标准按职工月平均工资3倍的数额支付，向其支付经济补偿的年限最高不超过12年。

上述所称月工资是指劳动者在劳动合同解除或者终止前12个月的平均工资。

8）对强迫劳动等行为的处罚

用人单位有下列情形之一的，依法给予行政处罚；构成犯罪的，依法追究刑事责任；给劳动者造成损害的，应当承担赔偿责任。

（1）以暴力、威胁或者非法限制人身自由的手段强迫劳动的。

（2）违章指挥或者强令冒险作业危及劳动者人身安全的。

（3）侮辱、体罚、殴打、非法搜查或者拘禁劳动者的。

（4）劳动条件恶劣、环境污染严重，给劳动者身心健康造成严重损害的。

9）对未出具解除或终止劳动合同书面证明行为的处罚

用人单位违反规定未向劳动者出具解除或者终止劳动合同的书面证明，由劳动行政部门责令改正；给劳动者造成损害的，应当承担赔偿责任。

用人单位招用与其他用人单位尚未解除或者终止劳动合同的劳动者，给其他用人单位造成损失的，应当承担连带赔偿责任。

10）对不具备合法经营资格的用人单位的处罚

对不具备合法经营资格的用人单位的违法犯罪行为，依法追究法律责任；劳动者已经付出劳动的，该单位或者其出资人应当依照有关规定向劳动者支付劳动报酬、经济补偿、赔偿金；给劳动者造成损害的，应当承担赔偿责任。

11）对非法招用劳动者行为的处罚

因用人单位过错被确认劳动合同无效，给劳动者造成损害的，用人单位应当承担赔偿责任。个人承包经营违反规定招用劳动者，给劳动者造成损害的，发包的组织与个人承包经营者承担连带赔偿责任。

12）对劳务派遣违法行为的处罚

未经许可擅自经营劳务派遣业务的，由劳动行政部门责令停止违法行为，没收违法所得，并处违法所得 1 倍以上 5 倍以下的罚款；没有违法所得的，可以处 5 万元以下的罚款。

劳务派遣单位、用工单位违反有关劳务派遣规定的，由劳动行政部门责令限期改正；逾期不改正的，以每人 5 000 元以上 1 万元以下的标准处以罚款，对劳务派遣单位，吊销其劳务派遣业务经营许可证。用工单位给被派遣劳动者造成损害的，劳务派遣单位与用工单位承担连带赔偿责任。

2．劳动者的法律责任

劳动者违反规定解除劳动合同，或者违反劳动合同中约定的保密义务或者竞业限制，给用人单位造成损失的，应当承担赔偿责任。因劳动者过错被确认劳动合同无效，给用人单位造成损害的，劳动者应当承担赔偿责任。

笔记

7.3　建设工程历史文化遗产保护的有关规定

7.3.1　受法律保护的历史文化遗产的范围

1．国家保护的文物

在中华人民共和国境内，下列文物受国家保护。

（1）具有历史、艺术、科学价值的古文化遗址、古墓葬、古建筑、石窟寺和石刻、壁画。

（2）与重大历史事件、革命运动或者著名人物有关的以及具有重要纪念意义、教育意义或者史料价值的近代现代重要史迹、实物、代表性建筑。

（3）历史上各时代珍贵的艺术品、工艺美术品。

（4）历史上各时代重要的文献资料以及具有历史、艺术、科学价值的手稿和图书资料等。

（5）反映历史上各时代、各民族社会制度、社会生产、社会生活的代表性实物。

文物认定的标准和办法由国务院文物行政部门制定，并报国务院批准。具有科学价值的古脊椎动物化石和古人类化石同文物一样受国家保护。

2．国家所有的文物

中华人民共和国境内地下、内水和领海中遗存的一切文物，属于国家所有。

1）属于国家所有的不可移动文物范围

古文化遗址、古墓葬、石窟寺属于国家所有。国家指定保护的纪念建筑物、古建筑、石刻、壁画、近代现代代表性建筑等不可移动文物，除国家另有规定的以外，属于国家所有。国有不可移动文物的所有权不因其所依附的土地所有权或者使用权的改变而改变。

2）属于国家所有的可移动文物范围

下列可移动文物，属于国家所有。

（1）中国境内出土的文物，国家另有规定的除外。

（2）国有文物收藏单位以及其他国家机关、部队和国有企业、事业组织等收藏、保管的文物。

（3）国家征集、购买的文物。

（4）公民、法人和其他组织捐赠给国家的文物。

（5）法律规定属于国家所有的其他文物。

属于国家所有的可移动文物的所有权不因其保管、收藏单位的终止或者变更而改变。国有文物所有权受法律保护，不容侵犯。

法苑广角

水下文物的保护范围

水下文物是指遗存于下列水域的具有历史、艺术和科学价值的人类文化遗产，包括以下内容。

（1）遗存于中国内水、领海内的一切起源于中国的、起源国不明的和起源于外国的文物。

（2）遗存于中国领海以外依照中国法律由中国管辖的其他海域内的起源于中国的和起源国不明的文物。

（3）遗存于外国领海以外的其他管辖海域以及公海区域内的起源于中国的文物。

在上述规定内容中，第（1）项和第（2）项所规定的水下文物属于国家所有，国家对其行使管辖权；第（3）项所规定的水下文物，遗存于外国领海以外的其他管辖海域以及公海区域内的起源国不明的文物，国家享有辨认器物物主的权利。上述规定内容不包括1911年以后的与重大历史事件、革命运动以及著名人物无关的水下遗存。

3. 集体所有和私人所有的文物

属于集体所有和私人所有的纪念建筑物、古建筑和祖传文物以及依法取得的其他文物，其所有权受法律保护。文物的所有者必须遵守国家有关文物保护的法律法规的规定。

4. 历史文化名城名镇名村

历史文化名城，由国务院建设主管部门会同国务院文物行政主管部门报国务院核定公布。历史文化街区、村镇，由省、自治区、直辖市人民政府城乡规划行政主管部门会同文物行政主管部门报本级人民政府核定公布。具备下列条件的城市、镇、村庄，可以申报历史文化名城、名镇、名村。

（1）保存文物特别丰富。

（2）历史建筑集中成片。

（3）保留着传统格局和历史风貌。

（4）历史上曾经作为政治、经济、文化、交通中心或者军事要地，或者发生过重要历史事件，或者其传统产业、历史上建设的重大工程对本地区的发展产生过重要影响，或者能够集中反映本地区建筑的文化特色、民族特色。

7.3.2　历史文化遗产保护对建设活动的有关规定

1. 对建设工程选址的规定

建设工程选址，应当尽可能避开不可移动文物；因特殊情况不能避开的，对文物保护单位应当尽可能实施原址保护。实施原址保护的，建设单位应当事先确定保护措施，根据文物保护单位的级别报相应的文物行政部门批准；未经批准的，不得开工建设。无法实施原址保护，必须迁移异地保护或者拆除的，应当报省、自治区、直辖市人民政府批准；迁移或者拆除省级文物保护单位的，批准前须征得国务院文物行政部门同意。全国重点文物保护单位不得拆除；需要迁移的，须由省、自治区、直辖市人民政府报国务院批准。

上述规定拆除的国有不可移动文物中具有收藏价值的壁画、雕塑、建筑构件等，由文物行政部门指定的文物收藏单位收藏。原址保护、迁移、拆除所需费用，由建设单位列入建设工程预算。

2. 对在文物保护单位区域从事建设活动的规定

文物保护单位的保护范围内不得进行其他建设工程或者爆破、钻探、挖掘等作业。但是，因特殊情况需要在文物保护单位的保护范围内进行其他建设工程或者爆破、钻探、挖掘等作业的，必须保证文物保护单位的安全，并经核定公布该文物保护单位的人民政府批准，在批准前应当征得上一级人民政府文物行政部门同意；在全国重点文物保护单位的保护范围内进行其他建设工程或者爆破、钻探、挖掘等作业的，必须经省、自治区、直辖市人民政府批准，在批准前应当征得国务院文物行政部门同意。

在文物保护单位的建设控制地带内进行建设工程，不得破坏文物保护单位的历史风貌；工程设计方案应当根据文物保护单位的级别，经相应的文物行政部门同意后，报城乡建设规划部门批准。

在文物保护单位的保护范围和建设控制地带内，不得建设污染文物保护单位及其环境的设施，不得进行可能影响文物保护单位安全及其环境的活动。对已有的污染文物保护单位及其环境的设施，应当限期治理。

法律锦囊

文物保护单位的保护范围是指对文物保护单位本体及周围一定范围实施重点保护的区域。**文物保护单位的建设控制地带**是指在文物保护单位的保护范围外，为保护文物保护单位的安全、环境、历史风貌对建设项目加以限制的区域。

3. 对在历史文化名城名镇名村从事建设活动的规定

在历史文化名城、名镇、名村保护范围内从事建设活动，应当符合保护规划的要求，不得损害历史文化遗产的真实性和完整性，不得对其传统格局和历史风貌构成破坏性影响。在历史文化名城、名镇、名村保护范围内禁止进行下列活动。

（1）开山、采石、开矿等破坏传统格局和历史风貌的活动。

（2）占用保护规划确定保留的园林绿地、河湖水系、道路等。

（3）修建生产、贮存爆炸性、易燃性、放射性、毒害性、腐蚀性物品的工厂、仓库等。

（4）在历史建筑上刻划、涂污。

历史文化街区、名镇、名村建设控制地带内的新建建筑物、构筑物，应当符合保护规划确定的建设控制要求。在历史文化街区、名镇、名村核心保护范围内，不得进行新建、扩建活动。但是，新建、扩建必要的基础设施和公共服务设施除外。

在历史文化街区、名镇、名村核心保护范围内，新建、扩建必要的基础设施和公共服务设施的，城市、县人民政府城乡规划主管部门核发建设工程规划许可证、乡村建设规划许可证前，应当征求同级文物主管部门的意见；拆除历史建筑以外的建筑物、构筑物或者其他设施的，应当经城市、县人民政府城乡规划主管部门会同同级文物主管部门批准。

4. 对不可移动文物修缮、保养等的规定

承担文物保护单位的修缮、迁移、重建工程的单位，应当同时取得文物行政主管部门发给的相应等级的文物保护工程资质证书和建设主管部门发给的相应等级的资质证书。其中，不涉及建筑活动的文物保护单位的修缮、迁移、重建，应当由取得文物行政主管部门发给的相应等级的文物保护工程资质证书的单位承担。

对历史建筑进行外部修缮装饰、添加设施以及改变历史建筑的结构或者使用性质的，应当经城市、县人民政府城乡规划主管部门会同同级文物主管部门批准，并依照有关法律法规的规定办理相关手续。

5. 考古发掘对建设活动的有关规定

进行大型基本建设工程，建设单位应当事先报请省、自治区、直辖市人民政府文物行政部门组织从事考古发掘的单位在工程范围内有可能埋藏文物的地方进行考古调查、勘探。考古调查、勘探中发现文物的，由省、自治区、直辖市人民政府文物行政部门根据文物保护的要求会同建设单位共同商定保护措施；遇有重要发现的，由省、自治区、直辖市人民政府文物行政部门及时报国务院文物行政部门处理。

需要配合建设工程进行的考古发掘工作，应当由省、自治区、直辖市文物行政部门在勘探工作的基础上提出发掘计划，报国务院文物行政部门批准。确因建设工期紧迫或

者有自然破坏危险，对古文化遗址、古墓葬急需进行抢救发掘的，由省、自治区、直辖市人民政府文物行政部门组织发掘，并同时补办审批手续。建设单位对配合建设工程进行的考古调查、勘探、发掘，应当予以协助，不得妨碍考古调查、勘探、发掘。

凡因进行基本建设和生产建设需要的考古调查、勘探、发掘，所需费用由建设单位列入建设工程预算。

以案释法

【案例 7-2】在某高校地下车库工程施工中，一名挖掘机驾驶员意外挖掘到一座明朝古墓，然而他没有立即向有关部门报告这一重要发现，而是将古墓重新掩埋。夜幕降临后，他组织人员潜入现场，盗走了古墓中的珍贵文物，其中包括20件精美的瓷器。尽管公安部门迅速介入，成功追回了部分被盗文物，但遗憾的是仍有大量文物下落不明。该挖掘机驾驶员的行为有何不妥之处？

【分析】该案例中，挖掘机驾驶员发现古墓之后没有依法及时报告，而是伙同他人将古墓里的文物盗走，违反了《中华人民共和国文物保护法》（以下简称《文物保护法》）的有关规定。根据《文物保护法》，在进行建设工程中，任何单位或者个人发现文物，应当保护现场，立即报告当地文物行政部门，任何单位或者个人不得哄抢、私分、藏匿。

7.3.3　违法行为的法律责任

1．对盗掘古文化遗址等行为的处罚

有下列行为之一，构成犯罪的，依法追究刑事责任。

（1）盗掘古文化遗址、古墓葬的。

（2）故意或者过失损毁国家保护的珍贵文物的。

（3）擅自将国有馆藏文物出售或者私自送给非国有单位或者个人的。

（4）将国家禁止出境的珍贵文物私自出售或者送给外国人的。

（5）以牟利为目的倒卖国家禁止经营的文物的。

（6）走私文物的。

（7）盗窃、哄抢、私分或者非法侵占国有文物的。

（8）应当追究刑事责任的其他妨害文物管理行为。

2．对造成文物灭失、损毁等行为的处罚

造成文物灭失、损毁的，依法承担民事责任。构成违反治安管理行为的，由公安机关依法给予治安管理处罚。构成走私行为，尚不构成犯罪的，由海关依照有关法律、行政法规的规定给予处罚。

3. 对发现文物隐匿不报等行为的处罚

有下列行为之一，尚不构成犯罪的，由县级以上人民政府文物主管部门会同公安机关追缴文物；情节严重的，处 5 000 元以上 5 万元以下的罚款。

（1）发现文物隐匿不报或者拒不上交的。

（2）未按照规定移交拣选文物的。

4. 对擅自在文物保护范围内开展建设活动行为的处罚

案例解析

有下列行为之一，尚不构成犯罪的，由县级以上人民政府文物主管部门责令改正，造成严重后果的，处 5 万元以上 50 万元以下的罚款；情节严重的，由原发证机关吊销资质证书。

（1）擅自在文物保护单位的保护范围内进行建设工程或者爆破、钻探、挖掘等作业的。

（2）在文物保护单位的建设控制地带内进行建设工程，其工程设计方案未经文物行政部门同意、报城乡建设规划部门批准，对文物保护单位的历史风貌造成破坏的。

（3）擅自迁移、拆除不可移动文物的。

（4）擅自修缮不可移动文物，明显改变文物原状的。

（5）擅自在原址重建已全部毁坏的不可移动文物，造成文物破坏的。

（6）施工单位未取得文物保护工程资质证书，擅自从事文物修缮、迁移、重建的。

刻划、涂污或者损坏文物尚不严重的，或者损毁依照法律规定设立的文物保护单位标志的，由公安机关或者文物所在单位给予警告，可以并处罚款。

项目检测

1. 选择题

（1）关于环境保护“三同时”制度，下列说法中错误的是（　　）。

A. 建设项目中防治污染的设施应当与主体工程同时竣工

B. 建设项目中防治污染的设施应当与主体工程同时设计

C. 建设项目中防治污染的设施应当与主体工程同时施工

D. 建设项目中防治污染的设施应当与主体工程同时投产使用

（2）（　　）应当依照有关法律法规的规定，对配套建设的噪声污染防治设施进行验收。

A. 建设主管部门　　B. 建设单位

C. 环境保护行政主管部门　　D. 施工单位

（3）一般情况下，夜间施工的时段是（　　）。

A．当日 18 时至午夜 24 时

B．当日 18 时至次日 8 时

C．当日 20 时至次日 6 时

D．当日 22 时至次日 6 时

（4）企事业单位发生事故或者其他突发性事件，造成或者可能造成水污染事故的，应当立即启动本单位的应急方案，采取隔离等应急措施，防止水污染物进入水体，并向（　　）的县级以上地方人民政府或者环境保护主管部门报告。

A．单位所在地　　B．单位登记地

C．事故发生地　　D．污染影响地

（5）关于劳动合同的订立，下列说法中符合《劳动合同法》的是（　　）。

A．员工张三的劳动合同期限不满 3 个月，可以约定试用期 3 天

B．某公司与员工李四在用工前订立劳动合同，劳动关系自用工之日起建立

C．某公司与员工王五自用工之日起 2 个月内订立书面劳动合同

D．员工赵六的劳动合同期限为 3 年，试用期不得超过 12 个月

（6）张三与某施工单位订立了一份 2 年期限的劳动合同，合同约定了试用期，同时约定合同生效时间为 6 月 1 日，则试用期最晚应当截止于（　　）。

A．6 月 30 日　　B．7 月 31 日

C．8 月 31 日　　D．11 月 30 日

（7）下列情形中，用人单位可以随时解除劳动合同的是（　　）。

A．劳动者在试用期后被证明不符合录用条件的

B．劳动者严重违反用人单位规章制度的

C．劳动者被起诉有大量欠债的

D．劳动者经常生病不能从事岗位工作的

（8）下列情形中，用人单位不得解除劳动合同的是（　　）。

A．劳动者在试用期间被证明不符合录用条件的

B．劳动者严重违反用人单位规章制度的

C．劳动者被依法追究刑事责任的

D．劳动者患病或者非因工负伤，在规定的医疗期内的

2．判断题

（1）在噪声敏感建筑物集中区域，禁止夜间进行产生噪声的建筑施工作业，但抢修、抢险施工作业，因生产工艺要求或者其他特殊需要必须连续施工作业的除外。（　　）

（2）企事业单位和其他生产经营者建设对大气环境有影响的项目，应当依法进行环境影响评价，但不必公开环境影响评价文件。（　　）

（3）建设单位在江河、湖泊新建、改建、扩建排污口的，应当取得水行政主管部门或者流域管理机构同意。（　）

（4）施工单位不得擅自倾倒、抛撒或者堆放工程施工过程中产生的建筑垃圾。（　）

（5）劳动合同的必备条款中不包括社会保险。（　）

（6）女职工在孕期、产期、哺乳期的，用人单位不得解除劳动合同。（　）

（7）当事人申请劳动争议调解应当书面申请，不可以口头申请。（　）

（8）进行大型基本建设工程，建设单位应当事先报请省、自治区、直辖市人民政府文物行政部门组织从事考古发掘的单位在工程范围内有可能埋藏文物的地方进行考古调查、勘探。（　）

3. 简答题

（1）简述建设单位噪声污染的防治责任。

（2）劳动合同有哪些类型？

（3）哪些情况下的劳动合同属于无效劳动合同？

（4）解决劳动争议有哪些方式？

（5）简述考古发掘对建设活动的有关规定。

项目评价

指导教师对学生的实际学习成果进行评价，学生配合指导教师共同完成表 7-3。

表 7-3　项目评价

班级		组号		日期	
姓名		学号		指导教师	
项目名称	树文明——建设工程其他法律法规				

评价项目	评价内容	评价方式	满分/分	评分/分
知识（40%）	噪声、大气、水、固体废物污染防治的有关规定	理论测试	8	
	劳动合同的类型		3	
	劳动合同订立、履行、变更、解除和终止的有关规定		8	
	集体合同、劳务派遣和非全日制用工的有关规定		6	
	劳动争议的解决方式		6	
	受法律保护的历史文化遗产的范围		3	
	历史文化遗产保护对建设活动的有关规定		6	
技能（40%）	指出建设工程环境保护、劳动保障和历史文化遗产保护案件中的法律依据	实践操作	20	
	运用有关法律法规分析建设工程环境保护、劳动保障和历史文化遗产保护案件		20	
素养（20%）	积极参加教学活动，主动学习、思考、讨论	综合评判	6	
	认真负责，按时完成学习、实践任务		4	
	团结协作，与组员之间密切配合		4	
	服从指挥，遵守课堂纪律		4	
	守正创新，自信自强		2	
合计			100	
自我评价				
指导教师评价				

参考文献

[1] 全国一级建造师执业资格考试用书编写委员会. 建设工程法规及相关知识 [M]. 北京：中国建筑工业出版社，2024.

[2] 陈东佐. 建筑法规概论 [M]. 7版. 北京：中国建筑工业出版社，2024.

[3] 秦华，王永仁. 建筑法规概论 [M]. 北京：中国建筑工业出版社，2022.

[4] 杨陈慧，杨甲奇. 建设工程法规实务 [M]. 2版. 重庆：重庆大学出版社，2024.

[5] 马凤玲，刘晓宏，王德东. 建设法规 [M]. 3版. 北京：中国建筑工业出版社，2023.